戒毒治疗师

——吸毒相关人格障碍共病矫治案例

汤洪源 著

山东大学出版社
SHANDONG UNIVERSITY PRESS
·济南·

图书在版编目(CIP)数据

戒毒治疗师：吸毒相关人格障碍共病矫治案例/汤洪源著.—济南：山东大学出版社，2022.11

ISBN 978-7-5607-7613-2

Ⅰ.①戒… Ⅱ.①汤… Ⅲ.①戒毒—工作—案例—中国 Ⅳ.①D669.8

中国版本图书馆 CIP 数据核字(2022)第 208722 号

责任编辑 张韶明
文案编辑 刘晓燕
封面设计 王秋忆

戒毒治疗师

JIEDU ZHILIAOSHI

——吸毒相关人格障碍共病矫治案例

出版发行 山东大学出版社
社　　址 山东省济南市山大南路 20 号
邮政编码 250100
发行热线 (0531)88363008
经　　销 新华书店
印　　刷 济南乾丰云印刷科技有限公司
规　　格 720 毫米×1000 毫米 1/16
　　　　 16.75 印张 273 千字
版　　次 2022 年 11 月第 1 版
印　　次 2022 年 11 月第 1 次印刷
定　　价 89.00 元

序　一

十几年前，我曾与不远万里来到昆明的本书作者(汤洪源)有过一次关于药物依赖防治问题的深入讨论，其中印象最深的是我们探讨了如何把心理学的知识与方法应用到我国戒毒工作之中，如何培养和提升戒毒治疗工作者的专业能力，如何应用心理学方法帮助戒毒人员戒毒康复。十几年过去了，可喜的是作者一直在这条道路上砥砺前行，终于在戒毒人员人格重塑方面取得了一定成绩，收获到了满满的戒毒成果。《戒毒治疗师——吸毒相关人格障碍共病矫治案例》便是作者研究成果的具体体现。

"物质成瘾人格障碍共病"矫治问题，目前国内关注不多，鲜有报道，更缺乏资料收集整理和经验总结。对此，该书正好是一种难得的补充。该书介绍的七个案例，以第一人称形式讲述了戒毒矫治故事，从一个新的视角介绍毒品，颇有创意，使读者看到了吸毒相关人格障碍共病在患者吸毒成瘾后的形成和发展变化的过程，以及毒品对社会、家庭、个人造成的具体危害和戒毒人员人格重塑的过程及重塑后的状况。

该书介绍了人格特征、吸食毒品和人格障碍共病的关系、应用医学、心理学、管理学、教育学、社会学、法学、康复训练学等不同学科的理论与实践，以及综合矫治吸毒相关人格障碍共病的方法。作为戒毒工作经验的提炼和总结，难能可贵，不失为一本既具有戒毒科普性又具有理论与实践性的专业书籍，直观、真实，具有实操性和指导性，值得一读。

更令人肃然起敬的是，书中反映了我国戒毒战线上千千万万个医生、警察、志愿者、教师、康复师对戒毒事业的无私奉献和拼搏精神。在此，让我们为他们点赞。

凡是过往，皆为序章。还望作者汤洪源同志在戒毒矫治与戒毒康复的道路上披荆斩棘、乘风破浪，不忘初心、实现夙愿，为我国的戒毒事业做出更大贡献。

张锐敏

2022年1月21日于北京

（张锐敏，中国药物滥用防治协会副会长、常务理事，国家禁毒委中国毒品滥用防治专家委员会委员，司法部戒毒局司法行政戒毒工作专家咨询委员会委员，云南省药物依赖防治研究所前副所长。）

序　二

2017年，由山东省司法厅牵头，联合山东社会科学院、山东农业大学、山东大学、山东师范大学、山东中医药大学、山东体育学院等七个科研院所共同成立山东省戒毒研究中心，组建成立了医疗戒毒、心理戒毒、运动戒毒、文化戒毒四个实验室，因为组建戒毒研究中心和汤洪源教授相识。之后，我院公开在社会层面招聘产业教授，汤洪源教授在我院专家委员会高票通过，由此我们联系更加密切。作为山东省戒毒系统在山东师范大学心理学院唯一一个产业教授，汤洪源教授受邀对2020级应用心理专业硕士进行“应用心理学专题”授课。汤教授的授课风格风趣幽默、课堂互动积极热烈，深受学生喜爱。汤教授以自己多年的专业实践从不同视角帮助同学们开阔了学习视野、培养了专业兴趣，提升了应用心理专业硕士的培养质量，拓宽了应用心理专业硕士研究生将来的就业途径和渠道。

阅读了洪源教授写的《戒毒治疗师——吸毒相关人格障碍共病矫治案例》这本书，我感触颇深。《2019年世界毒品问题报告》显示，在前一年全球有2.71亿人使用过毒品，3500万人患有药物滥用障碍，其中仅有1/7的人获得治疗。从《2020年中国毒情形势报告》中看到，截至2020年年底，全国现有吸毒人员180.1万人，滥用合成毒品103.1万人；利用网络平台在线吸毒人数增多。毒品问题仍是影响我国乃至世界的重要社会问题。自2008年6月《禁毒法》颁布实施，特别是2013年《司法行政机关强制隔离戒毒工作规定》颁布以来，我国戒毒工作进入快速发展时期。目前全国形成了统一的戒毒模式，戒毒体制机制不断完善。读完洪源教授撰写的《戒毒治疗师——吸毒相关人格障碍共病矫治案例》这本书，更感觉司法行政戒毒工作的艰巨性和重要性，更能够感受到在戒毒一线工作的同志们的付出和奉献，在此，向工作在禁毒与戒毒战线的同志们表示由衷的敬意。

《戒毒治疗师——吸毒相关人格障碍共病矫治案例》这本书总体来说，具有以下三个特点：

一是选题独特、立意新颖、观点鲜明，在戒毒工作中具有较高的指导性。人格障碍共病是心理学专业治疗中最为困难的一组疾病。选择吸毒相关人格障碍共病进行矫治，从一个崭新的领域尝试人格重塑戒毒，从一个独特的视角填补了吸毒相关人格障碍共病进行人格重塑这个课题的空白，具有一定的指导意义。

二是案例真实、活灵活现，体现了强制隔离戒毒政策和方法的有效性。本书选择了吸毒相关人格障碍共病的七个案例，让读者从不同侧面看到吸毒相关人格障碍共病产生的原因、矫治过程，让人们更加明白毒品对社会、家庭、个人造成的具体危害，起到了很好的宣传教育作用。通过案例故事介绍人格重塑方法，充分体现了我国强制隔离戒毒制度的优越性和必要性。

三是图文并茂、通俗易懂，具有较高的趣味性、可读性和可借鉴性。本书查阅了大量的人格障碍矫治方面的资料，与现实工作相结合，大胆地提出了自己的思考，既有理论基础，又有实践经验，具有较强的借鉴意义。特别是理论与案例相结合，图文并茂，注重实用性，突出操作性，学术观点具有前瞻性。适用于教师、医生、戒毒者、戒毒警察、戒毒志愿者、戒毒人员家属及心理学爱好者等各阶层人士阅读。

感谢洪源教授及战斗在戒毒战线的同志们所做的努力，衷心希望洪源教授为中国的戒毒事业做出更大贡献。

李寿欣
2022 年 2 月 23 日于济南

（李寿欣，山东师范大学心理学院院长、教授、博士生导师。）

序　三

认识汤洪源同志大约是在2014年8月，那时候我担任山东省司法厅副厅长兼任山东省戒毒管理局党委书记、局长，洪源同志作为全省乃至全国司法行政系统颇有影响的专家，我们经常会在调研、座谈等活动中碰面。每次见面交流，关于戒毒工作尤其是专业戒毒工作，我们都有说不完的话题，一来二往也就熟悉了。后来，厅里建立厅领导联系专家制度，经与省戒毒管理局综合处商量，直接确定我联系的专家就是洪源同志，其间，我们在科学戒毒方面进行了许多有益的探索、交流。

洪源同志作为专家，主持和参与了很多全国、全省层面的戒毒工作研究课题，并短暂到省戒毒管理局参与课题攻坚，那段时间与洪源同志有了更多的工作交流，他钻研学问近乎偏执的性格令人钦佩。破解吸毒成瘾戒治这个世界性难题，需要更多像洪源同志这样具有丰富实践经验的专业人才，与社会上的专家学者通力合作、优势互补，以专业化、科学化、社会化的方法，帮助吸毒成瘾人员戒除毒瘾创造无限可能性。

洪源同志参与编撰了“当代中国戒毒创新研究”系列丛书，并在其中很好地发挥了专业特长。其中，《文疗和心疗戒毒研究》一书，就是他拿出框架提纲，并带领有关高校的专家和一线警察完成的专业著作。

山东省戒毒管理局曾与北京望里科技公司合作，开展毒瘾苛求评估系统戒毒人员男女样本评估测量与大数据人工智能研究，洪源同志积极参与其中，做了大量的工作，高质量完成了“人工智能在毒瘾苛求评估系统中的应用”课题，并代表山东省戒毒管理局在全国药物依赖防治研讨会上做了专题戒毒科研报告，他带领完成的“高频旋转生物磁场戒毒可行性研究”课题，也得到了与会专家学者的高度关注和一致好评。《人工智能在毒瘾苛求评估系统中的应用》一文发表在 *Brain and Behavior* 上，在学术界形成了一定影响。

因为对戒毒事业的辛勤付出和无私奉献，洪源同志曾被评为山东省“人民满意政法干警”，并被记个人一等功，荣获全国司法行政系统先进个人、“全国最美法律服务人”特别提名奖等，这些都是对他工作的肯定和鼓励。

读了洪源同志撰写的《戒毒治疗师——吸毒相关人格障碍共病矫治案例》一书，总体感到，这是一个非常难得的研究成果，体现了洪源同志工作中一贯的严谨和情怀，汇聚了洪源同志多年从事戒毒工作的实践和研究成果。沿着作者的写作思路，我认为本书有五个方面的突出特点。

第一，反社会型、强迫型、表演型、偏执型、分裂型、冲动型、依赖型等七种人格障碍的概述，既是实践经验的观察，又是科学的理性细分，大致反映了人格障碍的类型，不仅在理论上有重要建树，而且为分类施治提供了很好的理论及实践依据。

第二，从各类型人格障碍形成的原因、机制及表现，到诊断和治疗研究，实现了分层递进式的理论研究与实务操作，体系性、操作性较强。

第三，最有特色与创新性也是最吸引人的是案例部分。通过案例，详细介绍主人公如何吸毒、吸毒过程中发生的故事、强制隔离戒毒的情况，特别是重点介绍戒毒治疗师在强制隔离戒毒所对他们进行人格重塑的过程，现身说法，带入感强，具有非常高的参考、借鉴和操作价值。

第四，案例最后部分记载案例主人公在解除强制隔离戒毒回归社会后的真实状况，既具体展示了戒治成果与成效，又实现了和前述理论与实务的呼应，增强了理论的科学性、说服力以及实操的信服力。

第五，通过阐述对吸毒人格障碍矫治的思考，进一步提升了理论与实践深度，为做好人格障碍矫治、彻底戒除毒瘾提供更多借鉴。

《戒毒治疗师——吸毒相关人格障碍共病矫治案例》这本书立意新颖、主题鲜明，专业性、实用性和创新性都很强，非常值得借鉴和推广。

感谢洪源同志对戒毒工作的贡献，也感谢洪源同志对我工作的支持！还望洪源同志进一步发挥专业优势，在专业戒毒领域做出更大贡献。

齐延安

2022 年 3 月 23 日于济南

（齐延安，山东省司法厅一级巡视员。曾任山东省司法厅党委委员、副厅长，兼任山东省戒毒管理局党委书记、局长。）

前　言

当前我国治理毒品的形势依然严峻，毒品问题正处于持续蔓延期，毒品犯罪正处于多发、高发期，毒品治理也处于攻坚期。毒品对国家、社会、家庭和吸毒者本人造成的危害巨大，特别是新型合成毒品容易导致抑郁、焦虑、孤独、自私、撒谎、欺骗、怀疑、暴虐、狂躁、冲动等各种情绪和行为异常。因吸毒导致的人格改变，即吸毒前充满孝心、勤劳善良、积极上进、乐于助人并勇于奉献的人，在吸毒后却变成了蔑视亲情、缺乏爱心、懒惰散漫、撒谎成性、好逸恶劳甚至丧尽天良的人，因吸毒导致的社会犯罪、家庭伤害等问题不断发生，给国家、社会和家庭造成了极大危害。什么是吸毒相关人格障碍共病？有哪些常见的吸毒相关人格障碍共病？如何识别不同类型吸毒相关人格障碍共病？矫治方法、步骤、评价标准都有哪些？《戒毒治疗师——吸毒相关人格障碍共病矫治案例》就是从一个戒毒治疗师的视角去尝试解决这些问题。

我国对吸毒者有三个界定：一是违法者；二是受害者；三是慢性脑病病人。吸毒相关人格障碍共病就是慢性脑病更具体、更专业、更权威的诊断。从治疗的角度说，戒毒的过程就是对戒毒人员进行人格重塑的过程。

目前，对我国从事戒毒工作的不同阶层人员还没有统一的专业职称和命名。从强制隔离戒毒，到医疗戒毒、社区戒毒和社区康复，特别是司法行政系统人民警察从事强制隔离戒毒工作以来，形成了全国统一的戒毒模式，智慧戒毒、文化戒毒、心理戒毒、医疗戒毒、运动康复戒毒等不同戒毒方法形成了较好的戒治效果，这些年戒毒工作所取得的成效，凝聚了戒毒医生、戒毒护士、戒毒警察、戒毒志愿者、戒毒社工等所有人员的心血，戒毒成效有目共睹。如果用一个响亮的名字或职称称呼这部分人的话，笔者认为“戒毒治疗师”比较贴切。本书命名《戒毒治疗师——吸毒相关人格障碍共病矫治案例》，不仅仅是因为笔者是科班出身的执业医师、心理治疗师，更重要的是戒毒治疗并不单纯是医学和心理学治疗，还需要具有社会学、法学、文学、艺术、传统文化、自然科学等不同学科专业人员的共同努力与协作，需要社会各界爱心人士一起努力，在“以人为本、科学戒毒，关怀救助、综合矫治”的戒毒方针指导下，由承担着管理、教育、康复、习艺等职能的人员共同完成戒毒这项艰巨任务。因此，戒毒治疗师代表的不仅仅是医生和心理工作者，而是所有为此付出心血和牺牲的同仁们。

本书共分九章。通过具体戒毒事例，揭开了戒毒工作神秘的面纱，是戒毒治疗师工作的真实写照。案例中牵涉的戒毒人员全部是真人真事，只是名字全部使用了化名，他们目前都保持自律，我们仍在持续的观察跟踪中。第一章是毒品概述。从毒品的起源开始，讲述毒品由“贡品”“神丹妙药”“战争中不怕死的神药”等进化到现在新型毒品的过程，从不同视角去介绍毒品以及毒品对国家、社会、家庭和个人的危害。第二章是吸毒相关人格障碍共病概述。简要介绍人格、人格障碍及吸毒相关人格障碍共病状况，大体介绍吸毒相关人格障碍共病治疗现状。第三章主要介绍吸毒相关反社会型人格障碍共病及其具体矫治案例。第四章主要介绍吸毒相关强迫型人格障碍共病及其矫治案例。第五章主要介绍吸毒相关表演型人格障碍共病及其矫治案例。第六章主要介绍吸毒相关偏执型人格障碍共病及其矫治案例。第七章主要介绍吸毒相关分裂型人格障碍共病及其矫治案例。第八章主要介绍吸毒相关冲动型人格障碍共病及其矫治案例。第九章主要介绍吸毒相关依赖型人格障碍共病及其矫治案例。第三章至第九章每一章都分四节，章节开始都用引言的形式对案例有一个简介。第一节分别是反社会型、强迫型、表演型、偏执型、分裂型、冲动型、依赖型人格障碍共病概述，简要介绍各型人格障碍共病形成的原因、机制、表现、诊断和治疗。第二节主要介绍吸毒相关人格障碍共病的表现和治疗。第三节是本书每一章最吸引人的案例部分，详细介绍了主人公如何吸毒、吸毒过程中发生的故事、强制戒毒的过程，重点介绍了戒毒治疗师在强制隔离戒毒所这个环境中如何对他们进行人格重塑戒毒。案例的最后，介绍本案例主人公在解除强制隔离戒毒走向社会后的真实状况，后续照管既对他们提供专业帮扶和支持，也是戒治成果的具体展示。第四节是作者针对吸毒相关人格障碍共病案例矫治进行的一些思考，为今后进一步做好戒毒工作提供借鉴、意见和建议。

本书适用于戒毒工作者、戒毒志愿者、医护人员、心理咨询师、戒毒治疗师、教师、心理学爱好者、吸毒者、吸毒者家属，以及关心、帮助、支持禁毒、戒毒事业的爱心人士阅读。

通过阅读，可以帮助读者对毒品及毒品危害有更深入的了解，加强禁毒、戒毒教育宣传，让人们更加珍爱生命、远离毒品。

本书不仅是笔者辛勤努力、不断耕耘的成果，也凝聚了广大戒毒警察不怕困难、勇于奉献、共克时艰的心血和汗水，展现了司法行政系统戒毒警察的智慧和良好精神风貌。更重要的是强制隔离戒毒是在以习近平同志为核心的党中央坚强领导下，在中国特色社会主义制度下产生的戒毒模式，只有中国这种制度的优越性才有可能实现目前禁毒戒毒的大好形势，这是任何其他国家和制度无可比拟的现实。我们应该感恩这个时代，感恩中国特色社会主义制度，感恩中国共产党的领导，只有在这样的一个时代和国度，我们才有机会破解吸毒这个世界难题。

吸毒相关人格障碍共病的诊断和治疗，目前相关的参考资料比较少。《戒毒治疗师——吸毒相关人格障碍共病矫治案例》，是在习近平新时代中国特色社会主义思想指引下戒毒工作的一次大胆尝试，书中难免有不成熟甚至错误之处，恳请广大专家学者和读者批评指正。

作 者

2021 年 2 月 16 日

目 录

第一章　毒品概述

根据《刑法》和《禁毒法》的有关规定，毒品是指鸦片、海洛因、甲基苯丙胺（冰毒）、吗啡、大麻、可卡因，以及国家规定管制的其他能够使人形成瘾癖的麻醉药品和精神药品。笼统地讲，毒品也是药品，它如果用来给患者治病就是药品，用来让人获取欣快的享受就是毒品。“毒品”一词往往使人深恶痛绝，但鲜有人知道，毒品的发展也有着久远的历史。接下来，让我们一起从另一个视角揭开毒品的神秘面纱。

第一节　从另一个视角看毒品

尽管我们经常在电视、电影、报纸、小说等中看到或听说吸毒、贩毒以及吸毒后发生的毒驾、盗窃、抢劫、杀人等恶性事件，但很多人还是感觉在现实中毒品离我们很远。

其实不然。事实可能是，吸毒甚至贩毒的人就藏匿在我们周围。我国生产的醋酸酐、乙醚、三氯甲烷等易制毒化学品流入非法渠道、走私出境的问题曾一度十分突出。此外，目前毒品的种类正日趋多元化，涉毒区域也不断扩大。所以，对毒品问题，我们也要从不同视角去观察和分析，争取未雨绸缪，从源头上去预防，以求最终破解这个世界难题。

以往我们看到的毒品介绍往往从其定义、分类及危害等方面出发，本章对毒品的介绍则从一个独特的视角出发，以便让读者更加深刻和直观地了解毒品的真面目。

一、美丽的“罪恶之花”

从植物学的视角看，最初的毒品来自美丽的罂粟花。罂粟（*Papaver somniferum*），是罂粟科的一年生植物。罂粟花谢之后，就结出圆球形的果实来。果实成熟之后，会在顶部裂开许多小口，让种子散出。因为果实的形状很像“罂”这种口小肚大的容器，里面的种子又多又小，像是“粟”（小米），所以古人给它起名“罂粟”。罂粟种子基本无毒，里面富含油脂，还有一种特殊的风味，所以可用来榨油，国外也有人在烘焙之后将其作为调味品。需要指出的是，在我国罂粟种子是严禁随便生产销售的。

在罂粟的果实还没有成熟时，划破它的果皮会流出白色乳汁。乳汁干燥之后会成为黑色的凝胶状物①，这就是阿片（Opium），其另一个更为人熟知的音译名是“鸦片”。阿片中富含有毒生物碱，目前已经分离出30多种，包括吗啡、可待因、蒂巴因、罂粟碱、牛心果碱、罂粟壳碱等，它们合起来可以占到阿片质量的10%～25%。正是这些有毒生物碱，让阿片有了治疗疾病的作用，同时也成了危害甚大的毒品和毒品原材料。

在毒品泛滥这个国际性问题上，某些植物在其中扮演着重要的角色。很多毒品化合物要么存在于天然的植物体内，要么可由某些植物经过一些简单的加工制成。在这些“毒品植物”中，毫无疑问，罂粟是影响最大、危害最广的一种，堪称美丽的“罪恶之花”——它的花瓣红艳欲滴，远远望去，就像一团一团的火焰。

花本无罪。若不是因为罂粟植株能提取毒品，罂粟花本该是一种很有推广潜力的观赏花卉。当我们看到一簇簇、一片片的罂粟花，看到长长的根茎上支撑着火红的花朵，在风中摇曳，构成了一幅美丽的图画时，谁都不会否认这种花的美丽。

虽然看上去美丽，但罂粟花本身没有任何香味，本不具备媚惑人心的特质。但从罂粟花中提取的有毒生物碱却具有很强的成瘾作用，正是这种成瘾性，让吗啡烷类生物碱成为对人类来说最可怕的植物合成毒药之一，也成就了罂粟“毒草之后”的地位。奈何不法分子将罪恶之手伸向了它，使这美丽异常的观赏花变成了臭名昭著的“毒花”。

---

① 邢湘臣：《认识三大毒品植物，远离毒品》，《花卉》2008年第1期。

二、珍贵的“药品”

罂粟果有收敛作用，它既能敛肺止咳，又能止泻，所以常常用来治疗肺虚咳嗽或腹泻。在治疗肺气不收而导致的久咳不止时，它常与乌梅等配伍；而在治疗痢疾或是腹泻时，则可以单用。罂粟果的作用还体现在治疗肾虚引起的遗精、滑精方面，它也常常被用来治疗早泄、阳痿这两种疾病。除此之外，罂粟果的止痛作用也很明显，它在治疗胃脘疼痛方面有很不错的疗效。

吗啡有明显的镇痛作用，并有高度选择性，镇痛时，患者的意识不会受影响，其他感觉亦存在。吗啡对持续性疼痛(慢性痛)的效力胜过对间断性锐痛的效力，若增加剂量亦可对锐痛有效。其镇痛原理除提高痛阈外，对疼痛反应的改变也是一个重要因素。用吗啡后，痛刺激虽仍旧能感觉到，但紧张、恐惧、退缩等普通应有的反应却会消失，使患者“痛而不苦”。经常伴随疼痛出现的不愉快情绪若被消灭，疼痛也就较易忍受。吗啡的镇痛作用约为可待因的4倍。

吗啡还有催眠作用，但应用后患者睡眠浅而易醒，因此不能视为真正的催眠药。吗啡的止咳作用也很强，能够抑制咳嗽中枢。吗啡止咳所需的剂量比止痛小，例如，吗啡2～4毫克即可产生显著止咳作用，而止痛则需5～15毫克。应用吗啡后常见许多不良反应，例如头痛、头晕、恶心、呕吐、便秘、尿急而又排尿困难、出汗、胆绞痛等，但最危险的是呼吸抑制，可致人窒息乃至死亡。可待因的镇咳作用不及吗啡，但没有吗啡成瘾性强、易致便秘、抑制呼吸等不良反应，因此用可待因来止咳更为常见。

连续服用吗啡2周以上，即可成为吗啡成瘾者，有时连服数日即可成瘾。成瘾后，患者于每次服用后出现“欣快症”(一种情绪上的变化，患者处在一种特殊的“愉快”状态中，无忧无虑，对精神上和肉体上的痛苦听之任之，漠不关心。此种特殊的“愉快”状态为成瘾的重要原因)。在“欣快症”的发病过程中，患者正确判断和推理的能力、批判性思维尚存，运动机能也无障碍，喜孤寂，沉醉于幻想之中。如届时得不到吗啡，5～8小时后即呈现严重戒断症状，即精神萎靡，偶有兴奋状态，引发阵发性哭泣与叫喊，不断乞求；连打呵欠与喷嚏，涕泪交流，冷汗淋漓；也可发生呕吐与腹泻，不能睡眠。如此持续2～3天后，大部分症状始可消退，有时亦有循环虚脱与意识丧失。如给予足量吗啡，则所有戒断症状立即消失。吗啡成瘾的戒断治疗比较困难，并且容易复发。

三、罂粟的历史演变

从药用的视角看，罂粟最早是上贡给皇帝的贡品。

很久以前，在伊拉克的巴格达附近，人们发现了一种神奇而美丽的植物，从它的果实中提取了一种能够解百毒的珍贵药品，叫“底也伽”，只有达官贵人才能享受到它。

唐朝时期的中国是当时世界上最强盛的国家，上承隋朝，下启五代十国，经济、社会、科技、文化、艺术蓬勃发展，呈现出多元化的发展景象。唐朝乾封年间，阿拉伯人与中国的贸易往来十分频繁，他们带来了象牙、香料、宝石，同时也带来了“底也伽”、罂粟和鸦片。《旧唐书·西戎传·拂菻》还原了唐王朝同拜占庭帝国（拂菻）的交往：乾封二年（667 年），遣使献底也伽。底也伽就是一种从罂粟中提取，由多种物质混制而成，含有鸦片成分的药物。在当时的西方世界，它是非常珍贵的解毒药。这便是鸦片传入中国的最早证据。从那时起，中国人就逐渐开始种植罂粟。唐开元时期的《本草拾遗》是最早记录罂粟的中医古籍。

到了宋代，中国的医学家开始尝试用罂粟来治病，最初把它作为灵丹妙药，有权享用的人很少。从宋代开始，人们不仅拿罂粟来治病，还拿它做食疗。作为药物，人们将罂粟的籽、壳炒熟，研成粉末，加上蜂蜜，制成蜜丸服用。作为滋补品，罂粟还被制成“鱼饼”和“佛粥”食用。“鱼饼”是将罂粟籽洗净磨乳，去渣后煮沸收聚，制成小块，服用时以红曲水酒蒸后取出，制成鱼鳞状的小薄块，这种罂粟饼即为“鱼饼”。“佛粥”则是用罂粟籽和竹酒煮成。宋朝时，人们还没有掌握提取罂粟汁制成鸦片的技术。

元代时，鸦片已经成为社会上一类重要的商品。据记载，蒙古人曾远征印度并掠取大量战利品，鸦片就是其中一种。

明代李时珍在《本草纲目》中记载：“阿芙蓉（鸦片）前代罕闻，近方有用者。”当时鸦片最被世人看中的，是以讹传讹的“壮阳”功效。

明代郑和下西洋带回许多土特产，其中有一种“碗药”，就是鸦片。中国人也是从明朝开始自制鸦片，李时珍在《本草纲目》中这样写道：“阿芙蓉（鸦片）前代罕闻，近方有用者。云是罂粟花之津液也。罂粟结青苞时，午后以大针刺其外面青皮，勿损里面硬皮，或三五处，次晨津出，以竹刀刮，收入瓷器，阴干用之。”据《明会典》记载，东南亚之泰国、爪哇、马六甲等地盛产乌香（鸦片），并不时作为贡品献给明朝皇帝。因鸦片进口量有限，是真正的奢侈品，所以“价与黄金等”。

万历十四年(1586 年)九月起，万历皇帝每天“头晕眼黑，力乏不兴”，因病不能上朝，不上朝时间长达 28 年。万历皇帝每天在宫中试验、服食丹药，部分丹药中就含有鸦片，他还给鸦片起名为“福寿膏”。1958 年，定陵被挖掘后，研究人员对万历皇帝的尸体进行了化验，结果发现他的骨头中含有吗啡等成分，这是万历皇帝服用鸦片的铁证，万历皇帝也由此成为中国历史上最早吸食鸦片的皇帝。

明朝末年，鸦片进口数量大增，吸食方法也有了极大的改进。荷兰人把美洲地区的烟斗连同烟叶传入中国，开启了中国的吸烟史。清朝中期以后，罂粟开始在我国各地广泛种植。

18～19 世纪的欧美医学家仍普遍认同古希腊医生的看法，把鸦片当作医治百病的“万灵药”。由于当时医疗条件落后，而且对疾病成因不太清楚，因此当时医生的目标是抑制病痛，而非治愈疾病。在这种医治思想的指导下，鸦片由于其麻醉与镇痛的功能，自然大有用武之地。

纵观整个 19 世纪，鸦片在西欧和美国被广泛应用，就像今天的阿司匹林(Aspirin)和扑热息痛(Paracetamol)一样普遍。英国沼泽地区的民众用鸦片缓解农业劳动带来的单调与繁重感，以及治疗沼泽地气候引发的疟疾、热症、风湿、神经痛和肌肉痛等病症，因此对鸦片的滥用尤其严重。

第二节 庞大的毒品家族

毒品是一个十分庞大的家族，毒品家族中的任何一个成员都十分危险。

广义药物学上的“毒品”定义，是指使人形成瘾癖的药物，不但包括吸毒者滥用的鸦片、海洛因、冰毒等，还包括容易引发依赖性的天然植物、烟、酒和溶剂等。

法律意义上，毒品是指麻醉药品和精神药品。《刑法》第 357 条规定:“本法所称的毒品，是指鸦片、海洛因、甲基苯丙胺(冰毒)、吗啡、大麻、可卡因以及国家规定管制的其他能够使人形成瘾癖的麻醉药品和精神药品。”我国《麻醉药品品种目录》(2013 年版)列明了 121 种麻醉药品，《精神药品品种目录》(2013 年版)列明了149种精神药品,其中麻醉药品可分为阿片类、大麻类和可卡因类,精神药品可分为兴奋剂、抑制剂和致幻剂。近年来,在美国等地流行起来的迷幻药也属于毒品范畴。国际上通常把毒品分为九大类,其中对人体危害最大的是阿片类、可卡因类和大麻类,而可卡因类被称为“百毒之王”。

为在毒品分类的基础上进一步增加读者的感性认识,以下简要介绍部分常见的传统毒品和新型毒品。

一、常见的传统毒品

(一)鸦片

鸦片俗称“大烟”,由罂粟果实中流出的乳液经干燥凝结而成,因产地不同而呈黑色或褐色,味苦。生鸦片经过烧煮和发酵,可制成精制鸦片,吸食时有一种强烈的香甜气味。吸食者初吸时会感到头晕目眩、恶心或头痛,多次吸食就会上瘾。

(二)吗啡

吗啡属于阿片类毒品,是从鸦片中分离出来的一种生物碱,呈无色或白色结晶粉末状,吸食后会产生欣快感,比鸦片容易成瘾。长期使用会引起精神失常、谵妄和幻想,过量使用会导致呼吸衰竭而死亡。吗啡因具有镇痛、催眠、止咳、止泻等作用,历史上曾被用作精神药品,用于戒断鸦片,但由于其不良反应过大,因此最终被认定为毒品。

(三)海洛因

海洛因俗称“白粉”,化学名称“二乙酰吗啡”,由吗啡和醋酸酐反应制成,长期使用会破坏人的免疫功能,并导致心、肝、肾等主要脏器的损害。注射吸食海洛因还能传播艾滋病等疾病。海洛因吸食成瘾快,极难戒断。历史上它曾被用作精神药品,用于戒断吗啡,但由于其不良反应过大,因此最终被认定为毒品。海洛因被称为“世界毒品之王”,是我国目前监控、查禁的最主要的毒品之一。

(四)大麻

大麻为桑科一年生草本植物,主要指矮小、多分枝的印度大麻。大麻类毒品主要包括大麻烟、大麻脂和大麻油,主要活性成分是四氢大麻酚。

大量或长期使用大麻会对人的身体健康造成严重损害:首先,大麻可造成神经障碍，吸食大麻过量可发生意识不清、焦虑、抑郁等，对他人产生敌意或有自杀倾向；长期吸食大麻可诱发精神错乱、偏执和妄想。其次，大麻可对人体记忆和行为造成损害，滥用大麻可使大脑记忆及注意力、计算力和判断力减退，使人思维迟钝、木讷，记忆混乱；长期吸食可引起退行性脑病，可破坏机体免疫系统，造成细胞与体液免疫功能低下，易受病毒、细菌感染，还可以引起气管炎、咽炎、气喘发作、喉头水肿等疾病。

（五）杜冷丁

杜冷丁在医学上叫“盐酸哌替啶”，为白色结晶性粉末，味微苦，无臭，其作用和机理与吗啡相似，但镇静、麻醉作用较小，仅相当于吗啡的1/10～1/8。杜冷丁是一种临床应用的合成镇痛药，长期使用会产生依赖性，被列为严格管制的麻醉药品。

（六）可卡因

可卡因又称“古柯碱”，是从古柯叶中提取的一种白色晶状的生物碱，是强效的中枢神经兴奋剂和局部麻醉剂。研究认为，可卡因能阻断人体神经兴奋的传导，产生局部麻醉，并可通过加强人体内化学物质（如多巴胺）的活性来刺激大脑皮层，兴奋中枢神经。长期或大量使用会使人表现出情绪高涨、好动，甚而会有攻击倾向。进一步研究也证实，使用可卡因后，相应脑区的结构和功能都会发生变化。

二、常见的新型毒品

（一）冰毒

冰毒的主要成分为甲基苯丙胺，因外观为纯白结晶体，故也被俗称为“冰”。冰毒对人体中枢神经系统具有极强的刺激作用且毒性强烈，精神依赖性很强，吸食后会产生强烈的生理兴奋，大量消耗人的体力并降低免疫功能，严重损害心脏、大脑组织甚至导致死亡；冰毒还会造成精神障碍，使人表现出妄想、好斗、错觉，从而引发暴力行为。

（二）摇头丸

摇头丸是冰毒的衍生物，以亚甲基二氧甲基苯丙胺（MDMA）等苯丙胺类兴奋剂为主要成分，具有兴奋和致幻双重作用，滥用后可出现长时间随音乐剧烈摆动头部的现象，故称为“摇头丸”。摇头丸外观多呈片剂，五颜六色，服用后会导致中枢神经强烈兴奋，在幻觉作用下常常引发集体淫乱、自残与攻击行为，并可诱发精神分裂症及急性心脑疾病，精神依赖性强。

（三）K 粉

K 粉即氯胺酮，静脉全麻药，有时也可用作兽用麻醉药。K 粉为白色结晶状粉末，无臭，易溶于水，服用后遇快节奏音乐便会强烈扭动身体，出现神经中毒、精神分裂症状，出现幻听、幻觉、幻视等，对记忆和思维能力可造成严重的损害。此外，K 粉易让人产生性冲动，所以又称为“迷奸粉”。

（四）咖啡因

咖啡因是化学合成或从茶叶、咖啡果中提炼出来的一种生物碱，大剂量长期使用会对人体造成损害，引起惊厥、心律失常，并可加重或诱发消化性肠道溃疡，甚至导致吸食者下一代智力低下、肢体畸形；同时，咖啡因具有成瘾性，停用会出现戒断症状。

（五）三唑仑

三唑仑又名“海乐神”“酣乐欣”，为淡蓝色片，是一种强烈的麻醉药品，口服后可以迅速使人昏迷晕倒，故俗称“迷药”“蒙汗药”“迷魂药”。三唑仑可以伴随酒精类共同服用，也可溶于水及各种饮料中，其见效迅速，药效比普通安定药物强 45～100 倍。

（六）Y-羟丁酸

Y-羟丁酸对中枢神经系统有强烈的抑制作用，目前是我国规定管制的第一类精神药品。2005 年中国就将其列入第二类精神药品予以管制，并于 2007 年变更为第一类精神药品。滥用 Y-羟丁酸会造成暂时性记忆丧失、恶心、呕吐、头痛、反射作用丧失，甚至很快失去意识、昏迷及死亡，与酒精并用更会加剧其危险性。

此外，新型毒品还有安纳咖、氟硝安定、麦角乙二胺（LSD）、安眠酮、丁丙诺啡、地西泮及有机溶剂和鼻吸剂等[①]，在此就不一一介绍了。

① 刘志民：《“新型毒品”及其危害》，《药物不良反应杂志》2005 年第 4 期。

第三节　谈谈吸毒

一、吸毒的真正原因

吸毒现象存在于人类社会中已经有相当长的时间。为什么吸毒现象屡禁不止？为什么戒毒这么难？为什么戒毒者总是不断复吸？这是人们一直在思考的问题。再给大家举个简单的例子：即使不看烟盒上的提示，有谁不知道抽烟有害健康呢？但是，烟民们都有过半夜惊醒抽根烟的经历，成瘾后，哪怕知道这种行为对健康、生活有很大的负面影响，也很难停止这种行为。其实，很多吸毒者都在反复重演这样的过程，所以从这个角度来讲，我们应该从更深的层次去了解、从更高的维度去探究吸毒这件事。

那么，人为什么会吸毒呢？原因是多方面的，既有心理原因，也有社会环境原因。

（一）好奇心理

吸毒的原因很多，好奇心常常是引起吸毒的一个普遍因素。如果问吸毒者为什么开始吸毒，得到的绝大多数回答是“因为好奇”。我国学者对近千名吸毒者的问卷调查发现，第一次因好奇而染上毒瘾的占60%左右。有的人竟是为了体验一把“腾云驾雾”的感觉，吸上后便一发不可收拾。

（二）无知无畏

从生理层面上来讲，正值青春发育阶段的青少年，神经和内分泌系统变化剧烈，心理状态不稳定，自控能力较差，更容易受到外界不良因素的影响。与成年人相比，他们的社会经验相对较少，缺乏辨别能力，因而更容易上当受骗。缺乏对毒品危害性的认识乃是青少年成为“瘾君子”的一个重要原因。人的一生中，挫折是难以避免的，而青少年遇到挫折容易动摇，为了寻求解脱，便借毒品的麻醉作用来自我安慰。相当一部分吸毒者就是在一开始缺乏对毒品危害性的认识，遇到挫折后染上毒瘾的。

（三）从众心理

有研究发现，父母吸毒行为与孩子吸毒行为之间存在较高的相关性；同伴作用的影响更大，有的人颇具“哥们儿义气”，吸毒自然也会“随大流”。父母吸毒是青少年吸毒的重要诱因,一方面父母吸毒使家庭气氛变得压抑而可怕,使得年轻人想要逃避;另一方面父母吸毒为孩子树立了坏榜样,成为孩子模仿的对象。同伴吸毒则是青少年吸毒的"催化剂",诱导着青少年一步步陷入毒品的深渊。

(四)其他原因

吸毒者中不乏为寻求刺激和显富比阔而走上吸毒之路的人。在许多情况下,吸毒者为了获得松弛、欣快之感,为了摆脱压抑,从痛苦和焦虑中得到解脱,为了获取一种自主、顿悟和充满权力的感觉而吸毒。甚至有些人认为,吸毒可以促进艺术创作;还有的人为了炫耀自己的财富、显示自己的"时尚"而吸毒。吸食多种毒品者对药物的依赖性很强,他们会出现严重的情绪紊乱,无法正常生活,更无法实现自己的价值;长期重度成瘾者可能表现出严重的心理紊乱征象。

二、从新的视角看待吸毒者

过去的几十年中,我们常常只关注吸毒者们阴暗的一面,却很少关注其无助、可怜的另一面。笔者无意去否定过去几十年大家对毒品和吸毒者的认知,只是希望通过和大家的探讨以及活生生的具体戒毒案例,让大家看到生命的多个侧面,在原有的认知基础上融入新的视角,把各个角度的认知整合起来,整体地、丰满地看待他们,重新了解他们、认识他们。只有当人们放弃偏见,客观地面对他们的个体成长经历,给他们重新定位时,家庭和社会才能真正接纳他们,他们也才能真正感受到家人、社会对他们的理解、包容、接纳和爱,才能真正回归正常生活。

在本书中,笔者希望通过一个个活生生的具体案例,展现吸毒者普遍的却又被人们忽略的心理活动,勾勒出适用于所有人的基本心理地图,让人们更清晰地看到一个个体是如何在家庭、学校、社会等环境中逐渐发展变化成当下的样子,以帮助人们慢慢体会自己、认识自己、了解自己。

医院的医生通常把戒毒的人称为"客人",就是想让这些在社会上常处于边缘位置的人知道,他们在临床心理医生眼里仍然是一个"人",是始终受人尊重的、有价值的人,我们没有任何理由抛弃、放弃或者排斥他们。人人生而平等,在笔者的世界观里,从没有被当作"次品"和"废品"的人,只有转化和重生的天使。

很多时候，一提到毒品，社会大众就会自动做出这样的认知反应：毒品是万恶的根源！真的是这样吗？我们所说的“毒品”到底是什么？

毒品其实是一种物质，一种药品，一种存在。当人类合理地使用这些物质时，它是治病救命的良方，比如曲马多、杜冷丁、止咳水、吗啡等，都属于麻醉镇痛剂；比如止咳水，含有盐酸麻黄素和磷酸可待因，是治疗咳嗽的良药。但一旦被人过度使用，就成了毒品。就好比诺贝尔发明的炸药，初衷是为了矿山开发、铁路修建、隧道开凿、河道挖掘等工业建设，后来却被用于战争，沦为了杀戮的工具。

上面列举的这些物质本名也并不叫毒品，它们曾被广泛用于医疗、军事、工业建设等多个领域，但当人们不加节制地过度滥用这些物质后，导致了上瘾以及众多病理性症状。此时，世人才给这些物质冠以“毒品”的名号。

毒品到底是什么？

毒品是一种叠加了“人类不可节制的贪婪、欲望以及负性情绪”且被人类过度使用，并对它形成依赖的物质。毒品是人类贪婪、欲望、负性情绪的替罪羊。至今，对吸食毒品的归因，人们没有从自身出发，而是采取了外归因的方式，认为“都是毒品惹的祸，自己是被毒品所害”。这种归因方式缺乏自我觉察和自我审视的能力，用对外界诱惑的怪罪取代了自我反省，把自己犯的错嫁祸于他物。这也是吸毒人员在认识上普遍存在的误区。他们把责任统统推给了毒品，推给了社会，而不去承担自己的责任，这样要戒掉毒品谈何容易？只有把指向外界的手指收回来转向自身，才能分清责任，还原事实真相，承担起属于自己的责任，才能真正打开自己的内心，真正开始生命的自我疗愈。

毒品又是怎样在精神、心理上毁掉一个人的呢？

授人以鱼不如授人以渔。救人最好修心，而杀人莫过诛心。毒品就是这样一种足以摧毁人的精气神的鬼魅——吸毒者刚开始只是误吸一点点，从中体会到“嗨”“爽”后逐渐沉迷于此，而只要身体缺了这种毒品的供应，立马就变得如同“魔鬼缠身”，对什么都没有兴趣，经常处于焦虑状态，隔三差五地“发神经”，总出现情绪问题。

有时经常看到一些朋友在抱怨、惋惜：要是早知道某人吸毒了，一定会让他尽早戒毒，现在这个样子也不知道还能不能恢复正常。

对此，笔者只想说，毒品切勿沾，沾了尽早戒！越早进行戒毒治疗，越早摆脱毒品的纠缠，就会越早重新回归正常生活。

吸毒就像一个圈套，很多来戒毒的人说起自己走进这个圈子的过程时，无不后悔：别人总是在说“这个东西好，这个东西好”，自己经不住耳边吹风，也跟着玩了。刚开始确实是舒服，可是也不知从什么时候起，就一刻也离不开了，最后沦为毒品的奴隶。

其实，毒品对人的中枢神经系统有着强烈的兴奋或抑制作用。吸毒者在吸食毒品后，会有一种极端的、特殊的心理体验，比如极致的舒适感（或欣快感），也就是他们口中的“飘”“打头”“昏”等。

随着他们身体对毒品的耐受性以及毒品毒性不良反应的增强，刚开始的舒适感（或欣快感）慢慢减弱甚至消失，这时他们就会出现焦虑、沮丧、烦躁的情绪，对生活失去信心。再加上身体的不适，为了寻找快感和减少身体上的痛苦，于是选择更加疯狂地吸食毒品，从而陷入恶性循环。

三、生命的悲歌

生命，是最重要、最珍贵的东西，而在吸毒人眼里却一文不值，他们无时无刻不在“吞食”自己的生命。

有多少“瘾君子”非自然死亡，最终倒在了毒品的侵蚀之下！由吸毒导致的生命之花的凋落，惨状各不相同，都有其独特之处，却无不令人扼腕叹息。导致吸毒者死亡率高于一般人群的原因很多，笔者结合多年的工作经验，总结概括出了以下几种较为常见的原因。

（一）吸毒过量死亡

电影《长大成人》讲述了20世纪70年代末到90年代初的一个音乐青年的成长经历。女主角朱洁饰演的“付绍英”是个吸毒成瘾的女孩子，在电影拍摄过程中，朱洁假戏真做，染上了毒瘾，结果电影还未上映，她便因为吸毒过量而死亡，结束了自己短暂的一生。

（二）吸毒自杀身亡

有资料表明，吸毒者自杀的发生率较一般人群高10～15倍。吸毒者每时每刻都处于严重的应激状态中：戒断症状的折磨；时时为如何获得毒品而谋划和忧虑；营养不良，忍受吸毒引起的并发症的痛苦；众叛亲离，被家庭和朋友所抛弃；害怕执法人员的监察，整日想方设法地躲避；贩毒者的威胁；懊悔与内疚感带来的折磨。他们无时无刻不在承受着精神与肉体的双重折磨，每日痛不欲生。也正是因为这样，众多吸毒者选择自杀，以此了结自己可怜而又可悲的人生。

据英国《每日邮报》报道，在印度孟买市班德拉的一家酒店里，一名24岁的男子从酒店19楼一跃而下，结束了自己年轻的生命。该男子是一名经济学专业的大三学生。警方称在酒店里发现了他留给家人和朋友的7封遗书，他在遗书中称“没人应该对他的死负责”，他是一名“瘾君子”，他因为厌倦了这样糟糕的人生，所以选择一死了之。

（三）吸毒衰竭死亡

毒品是危害健康、吞噬生命的“瘟疫”。人吸食毒品后，就会对毒品产生顽固的精神依赖和生理依赖，迫使其不断地、反复地吸食毒品。在毒瘾发作时，吸食者头晕、耳鸣、呕吐、涕泪交加、大便失禁、浑身颤抖，严重者会感到万蚁啮骨、万针刺心，求生不得、欲死不能，人不像人，鬼不像鬼。

毒品会损坏人的大脑和中枢神经系统。吸毒的人往往注意力不集中，反应迟钝，失眠易怒，性情粗暴，有的还会发生人格扭曲、道德沦丧，形成严重的心理病态，与吸毒前判若两人，最后日渐衰竭而死。严重的吸毒者往往具有某种人格障碍。

毒品对人的心理影响不可忽视。吸毒导致的各种不同类型的心理疾病和人格障碍屡见不鲜。

证据表明，吸毒能够导致人的心理失调，这是不争的事实，但心理失调也是导致吸毒的重要因素[①]；毒品的滥用会明显加重个人问题，并可能导致社会行为的退化。

（四）吸毒猝然死亡

猝死是人类最严重的急性疾病之一，患者表现为出乎意料地在一段时间内因自然疾病而突然死亡。大多数猝死由心脑血管疾病引起，这样的猝死可能发生在发病后的1小时、6小时、12小时、24小时或48小时内，而世界卫生组织认定的时间为6小时之内。患者可能会出现心搏停止、呼吸停止、意识丧失、瞳孔散大等症状，最终因病突然死亡。猝死有着显著的突发性、紧急性、严重性，以至于世界上没有任何一种疾病能够和猝死相比较。

吸毒引发的猝死多数是由常年吸毒致病导致，吸毒是患者致死的间接原因。很多发生猝死的吸毒者其实从没想过自己有一天会发生猝死，他们以为吸

① 肖崇好：《吸毒易感人格特征研究述评》，《惠州学院学报》2013年第5期。

毒不会给自己带来什么恶劣的影响,即便是伤害身体,也仅仅是爆发一些病痛。

冰毒、摇头丸、K粉等兴奋类毒品对脑神经和心血管的刺激是强烈的,吸毒者往往是因吸毒后带来的强烈刺激导致心跳骤停而死。

(五)吸毒意外身亡

毒品可影响吸毒者的精神活动,导致吸毒者的认知功能发生障碍、注意力下降和操作能力下降。传统毒品伤身,化学合成毒品伤脑。也就是说,海洛因、可卡因等毒品会让人变得百病缠身、骨瘦如柴。冰毒、摇头丸可能把人的脑子"烧坏",它让吸食者精神失常、行为失控、感知觉丧失,变成"神经病"。可以想象,当这些不可控的因素聚集在吸食者身上时,个体必然会陷入一种疯狂的状态,极易做出自残、自伤、暴力、伤人以及各种高风险的匪夷所思之事。

毒品会使吸毒者出现空间感知障碍。比如,吸毒者本来在20楼,他却错误地判断自己在平地上,于是,他本想"走"到街上,却从20楼跳了下来;迎面而来的汽车离自己已经很近了,吸毒者却错误地判断车离他还很远,于是便迎着车走过去……吸毒者因操作能力下降而导致的车祸和各种工伤事故同样比比皆是。根据美国某中等城市的统计,在因危险驾驶而被捕的人员中,有16%是在吸食大麻后驾车的。

举个笔者知道的例子:山东两名男子为躲避警方调查,从宾馆5楼一跃而下,一人当场死亡,另一人重伤。警方初步查明,这两名男子均涉嫌吸毒、贩毒。

(六)吸毒致病死亡

毒品可对中枢神经系统、循环系统、呼吸系统、消化系统、造血系统、免疫系统、心血管系统等造成直接损伤。注射吸毒者易发生各种感染,其中,化脓性感染的发生率可达40%,此外,病毒性肝炎、心内膜炎、肾炎、结核等的发生率也显著高于一般人群。

吸毒可导致皮肤性疾病(例如皮肤瘢痕或小结、脓肿和溃疡)、心血管系统疾病(例如急性感染性心内膜炎、坏死性血管炎、过敏性血栓性门静脉炎)、呼吸系统疾病(例如支气管炎、肺水肿)、消化系统疾病(例如胃溃疡、胃炎、肝胆结石)。吸毒还会诱发种种精神类疾病,例如继发性人格障碍、重度精神性疾病等,这也是本书将着重介绍的内容。

吸毒者艾滋病的发病率更是显著高于一般人群。在我国现有的艾滋病患者中,50%以上是通过毒品注射感染的。还有一部分吸毒者因对毒品或毒品添加成分过敏而发生过敏性休克死亡。静脉注射海洛因会对血管壁产生化学刺激及继发传染，造成部分血管乃至深部较大血管的梗阻，引起脑栓塞、大动脉栓塞，乃至造成坏死性脉管炎，最后导致吸毒者死于感染。

新型毒品（冰毒、麻古）中，吸食冰毒可导致急性中毒，如心悸、心律不齐、血压升高或者下降、心绞痛等，严重的会出现脑出血、惊厥、昏迷，最终死亡。

每位吸毒者的生命结局不尽相同，但无论是出于哪种情况，无不令人痛心疾首。

四、珍爱生命，远离毒品

毒品造成的种种危害虽然已经是老生常谈，但是在此，笔者还是要再次呼吁，毒品这个东西千万不能碰，一次也不要碰。除了前文已经介绍的吸毒导致的各种死亡，那些没有死亡或者说暂时没有死亡的“瘾君子”，他们的现状如何呢？

许多吸毒者一开始出于好奇或受人引诱，一时放松了警惕，不小心吸了毒，便很快成瘾；之后为了毒资便无恶不作，出卖身体和灵魂，除了毒品，什么都不要。一开始是吸食，一天花费60～100元，后来愈发严重，变成注射。身体越来越弱，除了吸毒后的短时间内精神亢奋，其他的时间完全打不起精神，失去了进取心。

吸毒带来的神经症状以及负性情绪有时需要通过药物来缓解，若不及时进行治疗，可能会加剧吸毒人员的心理问题，甚至让吸毒人员出现幻觉、幻视、被害妄想、脾气暴躁、暴力倾向或暴力行为等。长期吸食毒品会让吸毒者在心理和行为上发生明显不同于常人的变化，这就是人们常说的“心理变态”，从医学角度上说，这是人格的缺失。长期吸毒会使吸毒者的人格出现扭曲，这是因为吸毒者在毒瘾发作时会丧失自尊感而无法正常地学习、生活和工作[①]，并且丧失正确的三观，陷入痛苦中难以自拔。

再有前途的人，在接触毒品之后都难以抵挡对毒品产生的依赖，最终自毁前程，走向堕落的深渊。研究表明，吸毒人员都有不同程度的人格缺陷，他们吸毒成瘾后，唯一的目标就是毒品，除了毒品，对什么也不感兴趣，丧失了正常的人格，失去了尊严，对家人、社会丧失了责任感，丧失了社会功能。

---

① 李秀、刘新民、韦克诚等：《强制戒毒人员人格障碍调查及其自尊相关研究》，《皖南医学院学报》2013年第1期。

吸毒人员往往在为人处世上感情淡薄、懒散疲沓，对生活无希望，甚至产生反社会心理。在典型的性格改变中，自卑是吸毒者最为突出的人格特征，他们常常感到自己不被周围人接受，被人瞧不起。笔者与这些人交谈时，能明显感觉他们说话絮叨，爱吹牛，常讲假话、谎话，生怕被别人瞧不起；在思维方面，吸毒者也是偏执多疑，自我封闭，远离亲友，亲近吸毒朋友，久而久之，就形成了区别于常人的人格特征。

一个人一旦吸毒成瘾，就会丧失人格，道德沦丧，为购买毒品耗尽收入后，他们就会变卖家产，六亲不认。妻离子散、家破人亡往往就是吸毒者的悲剧性结局。吸毒祸及家庭，一人吸毒，全家遭殃。吸毒对家庭成员的精神摧残让很多家庭失去了往日的宁静、和谐、幸福和快乐。

虽然我国对毒品的控制非常严格，但吸毒所造成的危害仍然远远超出人们的想象。贩毒者们逃避警方追捕的手段也越来越“精明”，他们会利用一些动物运毒，近年来，利用人体藏毒的方式进行毒品运输的案件也屡见不鲜，利欲熏心的毒贩们利用“高薪”诱惑，警惕意识弱、社会经验少、收入低的孕妇、产妇、老人、孩子、残疾人成了他们的“猎物”，“高薪”的诱惑让他们不惜铤而走险，走上犯罪的道路，有的人甚至因容器在体内破裂而中毒身亡。

吸毒严重损害人的身心健康，吸毒者毒瘾发作时会痛苦万分，如恶魔缠身，欲罢不能，一发不可收拾。毒品使人道德沦丧，人性泯灭；吸毒者人格变异，六亲不认，甚至骨肉相残，杀人害命。

毒品是万恶之源，它使人丧失一切；吸毒是一条绝路，人无法与之抗衡。我们要珍惜健康，珍惜生命，珍惜亲人的爱，珍惜正常的生活，不要沦为毒品的俘虏。

第二章 吸毒相关人格障碍共病概述

对吸毒相关人格障碍共病的理论研究和实践探索，国内外研究者较少。近几年来，国内以郝伟、赵敏、李锦、张锐敏为代表的知名物质成瘾防治专家对该课题进行了比较深入的研究，取得了重大进展，达成了共识，为吸毒相关人格障碍共病的防治奠定了理论和实践基础。

吸毒相关人格障碍共病是一种物质依赖精神障碍共病。本书探讨的内容仅限于吸毒相关人格障碍共病方面的相关诊断与治疗。本章主要介绍三个方面的内容：一是吸毒对人格的相关影响，二是人格障碍相关分类诊断，三是吸毒相关人格障碍共病相关诊断与治疗。

第一节 吸毒对人格的相关影响

不同毒品具有不同的药理作用，对人的生理、心理、精神、人格影响巨大。吸毒严重破坏人体正常的生理机能和新陈代谢并导致多种疾病，吸毒过量或毒瘾发作会使人感到非常痛苦，失去理智和自控能力，出现自伤、自残、自杀，有时甚至出现猝死。吸毒容易导致人体的免疫功能下降，特别是共用注射器、静脉注射毒品等危险行为，极易导致艾滋病的交叉感染，不仅危害自身健康，还会影响生育能力。一人吸毒，全家遭殃。家庭中只要有一个人吸毒，这个家庭就会失去往日的宁静、和谐、幸福和快乐，最终导致倾家荡产、家破人亡、众叛亲离。吸毒与犯罪是一对孪生兄弟，吸毒者在耗尽个人和家庭钱财后，为了维持吸毒，往往会铤而走险，走上违法犯罪的道路，进行以贩养吸、贪污、诈骗、盗窃、抢劫、凶杀等犯罪活动，严重危害社会安全。以下是吸毒对人格的相关影响。

一、吸毒导致认知异常

长期吸毒者的认知功能受到严重损害，看问题时往往会产生一种特殊的病态选择，他们只愿看到对自己有利的一面，看问题片面、偏执、固执己见，认识问题主观色彩浓厚，表现出与别人格格不入的状态，从而形成一系列错识认知；记忆力、判断力、逻辑思维能力明显减退，表现出与常人不同的认知模式。

二、吸毒导致情感失常

长期吸毒导致情感失常，会使吸毒者抑郁、焦虑、敌意、恐怖、偏执，表现为低稳定性和高度紧张的情绪焦虑状态。长期吸毒使他们自控力差、易受诱惑和暗示、回避矛盾、逃避现实、较被动、多依赖、贪图享受、丧失事业心和责任感，生活中缺少符合现实的目标，只注意内心的迫切需要而不顾客观实际，对挫折的容忍力降低，经不起失败的打击和别人的批评，不能用积极的心理去战胜挫折和烦恼，性格变得更加脆弱。

三、吸毒导致意志力降低

长期吸毒可使吸毒者的意志明显降低，表现为两极性。一方面，他们为寻找毒品而进行各种违法犯罪活动时往往是积极的、顽固的，甚至是偏执的；另一方面，在戒除毒瘾时，其意志活动却极为薄弱，坚持性差、控制和支配自己行为的能力差，甚至是带有病理性的意志力缺乏。

四、吸毒导致行为异常

长期吸毒导致吸毒者缺乏行为准则，工作能力和效率严重下降，甚至无法正常学习和工作。主要表现为：不负责任、撒谎、欺骗，情感淡漠，甚至冷酷无情，喜欢做出妨碍公众之事；在做了违法犯罪的事之后，既无内疚感、罪责感，也没有丝毫的羞耻之心，对伤害他人习以为常；对生活无目标、无信心，破罐子破摔，得过且过，懒散，家庭观念淡薄；在毒瘾发作时，为了得到毒品甚至灭绝人性。

五、吸毒导致价值观扭曲

长期吸毒者的心理极不稳定，价值观扭曲，对社会缺乏责任心，放纵而颓废。在他们看来，现实是恐怖的，只有沉浸在毒品给他们带来的那种迷幻心理状态中，才能“想什么就有什么，想要怎样就能怎样”。正是这种超现实的感受，才使不少吸毒者走上一条不归之路。

六、吸毒导致严重的心理依赖

所谓心理依赖，又称“心瘾”，是指吸毒者有着难以控制的、不自觉的强烈冲动和向往，产生“强迫性觅毒行为”。在心理结构方面，毒品导致吸毒者产生一系列失调、紊乱和变异问题。多数或大多数吸毒者的兴趣感、注意力、记忆力下降，精神处于高度或明显的紧张、恐惧、焦虑、烦躁、孤独、空虚状态，思维混乱，疑心重，易发怒，敌对性和攻击性增强等。他们不是不想控制自己，而是实在控制不住、身不由己。这不是思想品德问题，而是吸毒者对毒品产生的极度心理依赖。

七、吸毒导致精神障碍

长期吸毒者会出现一系列精神症状，表现为幻觉、妄想、精神分裂、行为失常等，如怀疑他人在密切注视自己，甚至有被监视、跟踪、追杀等错觉。吸毒者时常感到焦虑不安，常常出现怪异语言、攻击行为，产生与精神分裂症极为相似的症状，丧失自知力，甚至发生暴力攻击行为。[①] 有少数吸毒者有精神抑郁、自卑、自我评价低、无能感、性心理和性行为异常、喜好刺激、逃避现实、自恋等病态心理特征。[②] 此时吸毒者的一个突出特点就是精神系统出现了障碍或变异。

八、吸毒导致道德伦理丧失

吸毒毒害社会风气，使吸毒者失去正常人应有的道德观念、伦理准则和是非标准，使他们自私、冷漠、精神空虚、人格低下，毫无自我约束能力，沉溺于毒品的感官刺激之中。吸毒严重败坏社会风气，腐蚀人的灵魂，破坏社会道德，摧毁民族精神。

九、吸毒导致人格扭曲

吸毒使原来勇敢的人变得懦弱，聪明的人变得笨拙，机敏的人变得迟钝，开

---

① 郝柳、罗涛、唐爱国等:《甲基苯丙胺滥用的研究进展》,《中国药物滥用防治杂志》2015 年第 5 期。

② 刘畅:《戒毒人员的人格特点及其心理矫治》,《中国临床康复》2006 年第 10 期。

朗的人变得悲观。这是因为毒品对人的心理有巨大的破坏作用，尤其是对吸毒者的认知、思维、情绪、行为的影响尤为严重。毒瘾发作时，吸毒者不顾廉耻，丧失自尊，无法进行正常的生活、学习和工作，往往以自我为中心，不关心他人，贪图享受，好逸恶劳，爱撒谎，丧失责任感，不知羞耻，六亲不认，只认毒品和金钱；过后常常会悔恨万分，极度压抑郁闷、悲观绝望、恐惧多疑，甚至自杀、杀人。

吸毒成瘾后，吸毒者生活的唯一目标就是毒品，除了毒品，对什么也不感兴趣。他们失去了尊严，对家人、社会丧失了责任感，丧失了社会功能。在典型的性格改变中，自卑是最为突出的人格特征。比如，他们常常感到自己不被周围的人接受，被人瞧不起，笔者与这些人交谈时明显感觉到他们说话絮叨，爱吹牛，常讲假话、谎话，生怕被别人瞧不起。在思维方面，他们偏执多疑、自我封闭、远离亲友，亲近吸毒朋友，久而久之就形成了区别于常人的人格特征。

第二节　相关人格障碍分类诊断

一、人格障碍的内涵

人格障碍（Personality Disorder）是指 18 岁以上的成年人在认知、情绪、冲动行为控制和人际关系等方面的异常，又称为“病态人格”或“异常人格”，指人格的畸形发展，即明显偏离正常且根深蒂固的行为方式，具有适应不良的性质。这些异常显著偏离他们所处的社会文化背景和一般的认知方式，在他们处于任何场合时均是恒定的，无论是独处还是处于社交场合。这些偏离正常的行为模式明显地影响了其社会功能与职业道德，其人格在内容上、本质上或整体上异常。因此，患者遭受痛苦和（或）使他人遭受痛苦，严重者会冲动自伤或伤人，给个人或社会带来不良影响。

二、人格障碍的分类诊断

人格障碍包括回避型人格障碍、反社会型人格障碍、强迫型人格障碍、依赖型人格障碍、偏执型人格障碍、分裂型人格障碍、表演型人格障碍、自恋型人格障碍、边缘型人格障碍、攻击型人格障碍、被动攻击型人格障碍。本书案例主要介绍最常见的反社会型、强迫型、表演型、偏执型、分裂型、冲动型、依赖型七种类型人格障碍。

（一）反社会型人格障碍

反社会型人格障碍的主要表现为：

(1)无法服从社会规范，不遵纪守法，表现为反复实施可能会触犯法律的行为。

(2)具有欺骗性，表现为反复说谎，借口繁多，或为了个人利益和乐趣而欺诈他人。

(3)冲动或无法预先做出计划。

(4)易激怒和具有攻击性，表现为反复出现打架或攻击他人的行为。

(5)持续地不负责任，表现为反复地无法维持稳定的工作行为或承担经济责任。

(6)草率地漠视自己或他人的安全。

(7)缺乏悔意，对伤害、虐待他人或从他人处偷窃表现得毫不在乎，或者会合理化上述行为。

反社会型人格障碍面部特征见图 2-1。

图 2-1　反社会型人格障碍面部特征

（二）强迫型人格障碍

强迫型人格障碍的主要表现为：

(1)做任何事情都要求完美无缺、按部就班、有条不紊,有时反而会影响工作效率。

(2)不合理地坚持要求别人也要严格地按照自己的方式做事,否则心里很不痛快,对别人做事很不放心。

(3)犹豫不决,常推迟或避免做出决定。

(4)常有不安全感,穷思竭虑,反复考虑计划是否妥当,反复核对检查,唯恐疏忽和差错。

(5)拘泥细节,甚至生活小节也要"程序化",不遵照一定的规矩就感到不安或要重做。

(6)完成一件工作之后常缺乏愉快和满足的体验,相反容易悔恨和内疚。

(7)对自己要求严格,过分沉溺于职责义务与道德规范,无业余爱好,拘谨吝啬,缺少友谊。

强迫型人格障碍面部特征见图 2-2。

图 2-2 强迫型人格障碍面部特征

(三)表演型人格障碍

表演型人格障碍的主要表现为:

(1)常出现自我戏剧化、做作性、夸张的情绪表达,表情丰富但矫揉造作。

(2)暗示性强,容易受他人或环境的影响。

(3)情感体验肤浅,情感反应强烈易变,易感情用事,喜怒哀乐皆形于色,爱发脾气。

(4)不停追求刺激、获他人赞赏及以自己为注意中心的活动,如频繁参加各种社交活动;爱表现自己,渴望得到关注。

(5)外表及行为常显示出不恰当的挑逗性,夸张、做作,甚至卖弄风情,给人以轻浮的感觉。

(6)对自己的外观容貌过分计较。

(7)自我中心、自我放任、感情易受伤害,为满足自己的需要常常不择手段。

表演型人格障碍面部特征见图 2-3。

图 2-3　表演型人格障碍面部特征

(四)偏执型人格障碍

偏执型人格障碍的主要表现为:

(1)对周围的人或事敏感多疑,容易害羞,自尊心又比较强,对他人对自己的这种忽略感到耻辱、愤恨,人际关系过度,有时会产生牵连的观念。

(2)经常无端地怀疑别人,对别人善意的举动歪曲理解,总认为他人不怀好意,怀疑他人的真诚。

(3)遇到挫折和失败时,更多的是埋怨怪罪,将自己的失败归咎于他人,不从自身找原因。

(4)容易和他人争辩对抗,常常是抗议。

(5)怀疑配偶和情侣的忠诚度,限制对方和异性交往,对对方和异性的交往表现出极度不快。

(6)很容易记恨,自认为受到轻视或不公平待遇时,有强烈的报复心。

(7)自负或者自我评价高,对他人的过错不宽容,固执地追求不合理的权利或要求。

(8)忽略或者不相信与其想法不符的客观事实,很难改变自身的一些想法和观念。

偏执型人格障碍面部特征见图 2-4。

图 2-4　偏执型人格障碍的面部特征

(五)分裂型人格障碍

分裂型人格障碍的主要表现为:

(1)情感淡漠,缺乏关切感,不能表达对他人的温暖体贴,对赞扬和批评无动于衷,很难与别人建立深厚的感情,对于亲人也缺乏必要的温暖和体贴,兴趣爱好甚少。

(2)没有愉快的体验,易将自己与无关的事情联系起来,内心不安,常常表现为过度的社会焦虑,对陌生人感到不安。

(3)缺乏亲密信任的人际关系,不喜欢交往,常常表现为胆怯与害羞。

(4)孤僻,不主动与人交往,仅仅限于工作中的必需接触,除一般亲属外无亲密的朋友;个性孤僻退缩,行事敏感,活动能力差,无进取心。

(5)行为怪癖,常出现奇怪的、反常的、特别的表情或行为;常用词不当,表达意思不清楚等。

分裂型人格障碍面部特征见图 2-5。

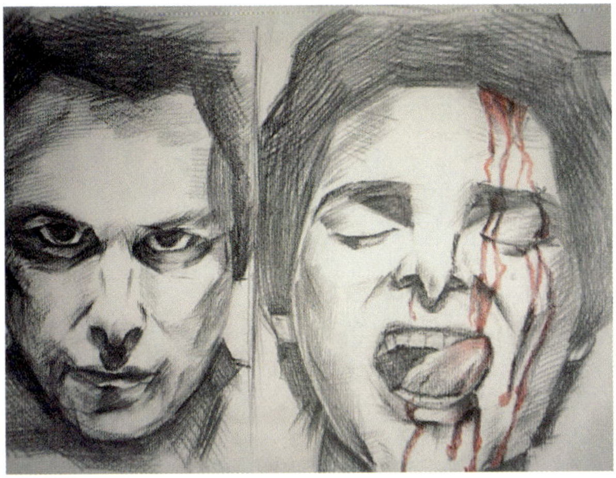

图 2-5　分裂型人格障碍面部特征

（六）冲动型人格障碍

冲动型人格障碍的主要表现为：

（1）情绪急躁易怒，存在无法自控的冲动和驱动力。

（2）性格上常表现出向外攻击、鲁莽和盲动性。

（3）冲动动机的形成可以是有意识的，亦可以是无意识的。

（4）行动反复无常，可以是有计划的，亦可以是无计划的。行动之前有强烈的紧张感，行动之后体验到愉快、满足或放松感，无真正的悔恨或罪恶感。

（5）心理发育不健全和不成熟，经常心理不平衡。

（6）容易产生不良行为和犯罪。

冲动型人格障碍面部特征见图 2-6。

图 2-6　冲动型人格障碍面部特征

（七）依赖型人格障碍

依赖型人格障碍的主要表现为：

(1)深感自己软弱无助，总是感觉自己很可怜；当需要自己拿主意时，便感到一筹莫展。

(2)在没有从他人处得到大量的建议和保证之前，不能对日常事务做出决策。

(3)让他人为自己做大多数的重要决定，如在何处生活、该选择什么职业等。

(4)无意识地倾向于以别人的看法来评价自己。

(5)理所当然地认为别人比自己优秀、比自己有吸引力、比自己能干。

(6)缺乏独立性，很难单独展开计划。

(7)过度容忍，为讨好他人甘愿做低下的或自己不愿做的事。

(8)害怕被他人忽视，明知他人错误也随声附和。

(9)很容易因为没有得到赞许或遭到批评而受到伤害。

(10)经常被遭人遗弃的念头所折磨。

(11)当亲密的关系中止时感到无助或崩溃。

(12)独处时有不适和无助感，或竭尽全力以逃避孤独。

依赖型人格障碍面部特征见图 2-7。

图 2-7 依赖型人格障碍面部特征

被诊断为有人格障碍的人，首先是一名成年人。人格的形成是逐步的，并且具有稳定性，而未成年人的心智尚未发育成熟，人格没有稳定形成，所以人格障碍通常指的是成年人。而异常与否，也是以当时、当地为基础来判断的，当时是指在那个时代，当地是指在那个地区的文化背景下。

三、吸毒相关人格障碍共病的诊断

物质依赖与精神疾病的共病（Comorbidity）又称"共患障碍"（Co-occurring Disorders），指同时患有物质依赖及其他精神障碍，即同一个体至少符合一种物质（酒精或药物）使用障碍和至少一种其他精神障碍的诊断。不同诊断之间可能存在相互影响，但至少有一种物质使用障碍诊断与一种其他精神障碍诊断之间是相互独立的。[①] 不同患者、同一患者的不同时期在共病的诊断、病情和共病所致功能障碍等方面均可有所不同，物质使用障碍和其他精神障碍的病情可能一者较轻而另一者较重，也可能二者均处于急性重症状态或慢性迁延状态。物质依赖与精神疾病的共病问题在临床上非常普遍，在强制隔离戒毒机构、自愿戒毒、社区戒毒、社区康复机构，共病现象更是司空见惯。这不仅增加了诊断的复杂性，也加大了治疗难度。

（一）共病现象在戒毒机构具有普遍性

目前，全国司法行政戒毒系统收治的强制隔离戒毒人员中，按照《禁毒法》

① 赵敏：《物质依赖与精神疾病的共病问题》，《中国药物滥用防治杂志》2013 年第 4 期。

《戒毒条例》的规定，成瘾是必要的条件。因此，收戒之前，经过公安机关相关部门的鉴定，确定吸毒人员成瘾后才送入强制隔离戒毒所进行强制隔离戒毒。也就是说，现行收治的戒毒人员都是物质依赖患者，而这些强制隔离戒毒人员中，大部分还患有原发性或者继发性高血压病、冠状动脉硬化性心脏病、糖尿病、慢性胃炎、肠炎、各种类型的皮肤病以及退行性骨关节病变，慢性肝炎、结核病、各种类型的性传播疾病（包括艾滋病）等，抑郁症、焦虑症、强迫症、恐惧症、疑病症以及躯体形式障碍等心理疾病也很常见，特别是吸毒前后精神疾病发病率较社会人群明显增加。因此，在强制隔离戒毒所，物质依赖与其他疾病共病是一个普遍的现象，这不仅增加了对戒毒人员的管理教育难度，也是摆在医务人员面前的一个重要课题。

（二）吸毒相关人格障碍共病的探讨

自20世纪70年代末起，共病现象受到了人们的广泛重视，人们发现物质成瘾与抑郁障碍等多种精神疾病关系密切，共病现象普遍而且复杂。近十年时间，我们对物质依赖与精神疾病进行了不间断的研究探索，发现工作中接触的基本上都是以吸食传统毒品海洛因和新型毒品冰毒为代表的物质依赖患者。他们所患的精神疾病中，人格障碍的发生率最高、对工作的影响最大，那些所谓的重点管理人员和重点病人，基本上是以各类型人格障碍患者为主。十年前，十几位医疗、心理、康复人员组成科研小组，成立了戒毒治疗中心，做了大量的工作，取得了可喜的成果。戒毒治疗中心主要进行的是吸毒人员人格障碍的治疗研究，在诊断方面，请教中国药物滥用防治协会专家学者，考虑戒毒工作实际，开展吸毒相关人格障碍共病研究。

（三）吸毒相关人格障碍共病的诊断

戒毒人员进入强制隔离戒毒机构，必须具有县区以上公安机关出具的吸毒成瘾认定报告，因为强制隔离戒毒机构收治的都是吸食传统毒品和新型毒品者，并不涉及酒精及其他相关物质成瘾者，因此，在这里我们把“物质依赖”界定为狭义的吸毒相关疾病。通过对戒毒人员全面的体格检查和心理评估，我们发现，收治的戒毒人员中原发、继发精神疾病的发病率在78%左右，高于其他物质成瘾者的精神疾病的患病率。

对吸毒相关人格障碍共病的诊断，首先需要对戒毒人员进行病史询问、病情随访、症状观察；其次对他们进行精神系统检查；最后结合简明症状量表(BSI-18)、神经精神医学临床评定量表、明尼苏达多项人格测验等测量结果，进行一个连续的观察。不能仅仅通过一次单一的量表评定就确定诊断，必要时还要进行重复检查与测量，尽可能避免和减少成瘾性物质对诊断结果的影响。按照《精神障碍诊断与统计手册》(第 4 版)(DSM-Ⅳ)的标准，发生在成瘾性物质中毒或戒断期间以及发生在中毒或戒断后一个月内的精神、情绪症状常是由成瘾性物质引起，不诊断为共病。但是，如果患者在滥用中或戒断后表现出严重的精神、情绪症状，并且远远超过了成瘾性物质在相应的用量和时间上可能引起的症状，就有可能是由其他独立的精神疾病引起，需考虑诊断为共病。人格障碍分类诊断按照反社会型、强迫型、表演型、偏执型、分裂型、冲动型、依赖型等不同的人格障碍诊断标准严格掌握。

第三节　吸毒相关人格障碍共病的治疗

吸毒相关人格障碍共病的治疗是在确定诊断后进行的，明确的诊断是有效治疗的前提。我们严格按照课题要求，对戒毒人员进行筛选和甄别。戒毒人员进入强制隔离戒毒机构后，专业人员会对其进行详细的身体和心理状况检查(见图 2-8)，之后，专业人员进行诊断会诊，共同确定诊断和治疗方案，然后根据课题要求开展系统治疗。治疗师必须是专业的医生、教师和康复训练师，治疗过程评估要求统一，定时召开课题分析会和研讨会，确保可操作和治疗有效。

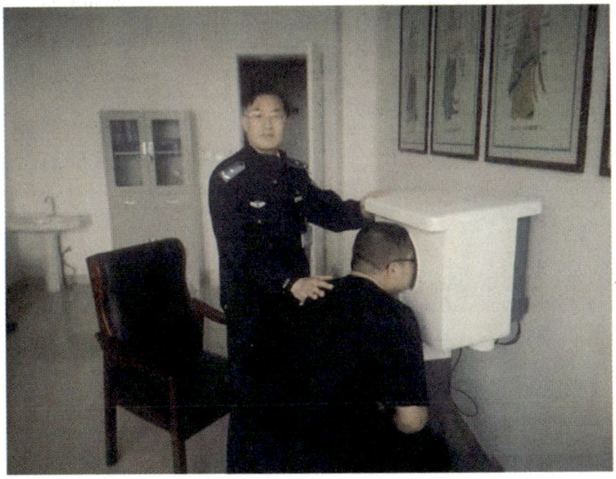

图 2-8　戒毒治疗师对戒毒人员进行全面的医学检查

吸毒相关人格障碍的治疗遵循了“以人为本，科学戒毒，综合矫治，关怀救助”的方针政策，体现了一体化治疗的原则。在严格管理的前提下，既通过团体心理治疗等集体治疗矫治共性问题，又针对不同个体进行辨证施治，取得了比较理想的戒治效果。

一、一体化治疗原则

对吸毒相关人格障碍共病的治疗遵循一体化原则，包括戒毒治疗和人格障碍治疗两方面。心理治疗、药物治疗、危机干预、康复训练和社会支持等治疗措施都可以融合在一体化治疗中（见图 2-9）。一体化治疗涉及医学、心理、社会、文化等多个领域，出于临床考虑，本书侧重介绍强制隔离戒毒机构对患吸毒相关人格障碍共病的戒毒人员进行的管理、教育、医疗、心理及运动康复相关治疗。一般情况下先进行非药物干预，病情较重、特殊情况下，先行药物治疗或特别管理后，再进行非药物治疗。各种治疗措施之间是互补关系，比如当心理治疗等非药物措施不能有效缓解抑郁症状时，可加用抗抑郁剂作为补充，而不是用抗抑郁剂替代心理治疗。

图 2-9　戒毒治疗师对戒毒人员进行心理社会教育

二、心理行为治疗

心理行为治疗更具有针对性，对于不同种类的人格障碍，相应的治疗方法也不同。

（一）吸毒相关反社会型人格障碍共病的治疗

1.认知行为疗法

吸毒相关反社会型人格障碍共病患者对自己行为的危害没有良好的认知，戒毒治疗师通过认知行为治疗的方式，针对反社会型人格障碍戒毒人员偏执、歪曲、错误的认知进行交流、澄清、矫正和治疗，解除患者固有的一些不良观点和不符合逻辑的思维方式，并提供新的认知观念和认知方法，最终改变其行为模式。治疗期间要求患者仔细思考、认真反省，到底是什么原因导致其出现不良认识，帮助患者找出内心深处不安的因素，达到改变认知、规范行为的目的。

2.个别心理治疗

个别心理治疗的前提是与患者形成良好的治疗关系，秉持以人为本的咨询观念，探究患者内心的真实想法，制定具有针对性的治疗方案。当患者产生不良观念时，指导患者学习一种新的、良好的行为模式，并且积极强化。戒毒治疗师与反社会型人格障碍戒毒人员建立相互信赖的关系，贴近其生理、心理需求，帮助解决现实问题。对于一些纪律松懈、法制观念淡薄的戒毒人员，有必要进行严格的纪律规范，帮助其形成良好的行为规范。心理治疗是长期的过程，需要孜孜不倦的教育引导与治疗，促使戒毒人员改变反社会行为，提高治疗成效。

3.团体治疗

团体治疗可以为吸毒相关反社会型人格障碍戒毒人员提供良好的社会心理支持和教育，通过丰富多彩的团体活动，让这些平时高傲、逆反、飞扬跋扈的戒毒人员融入团队，一起分享生活经验和戒治体会，在戒毒治疗师的指导下、在他人的帮助下，更好地认识自己、认知别人、接纳自我、接纳他人（见图 2-10）。

图 2-10　戒毒治疗师对戒毒人员进行团体治疗

（二）吸毒相关强迫型人格障碍共病的治疗

1.认知心理治疗

吸毒相关强迫型人格障碍共病的戒毒人员对于自己的要求过于严厉或者苛刻，这与他们的家教和性格有关。认知疗法的目的就是要改变他们的强迫观念，让其明白过分压抑自己的情绪和过分理智化并不好，要学会放松自己的情绪，不必过于追求完美。

2.行为矫正治疗

吸毒相关强迫型人格障碍共病的戒毒人员做事教条，过分执着于规矩，因此对于他们的治疗主要是要帮助其纠正这种教条的行为模式，让他们在感到即将不能控制某些行为时敢于对自己说“不”，不再过多纠结，同时身边的人也要配合帮助患者说“不”，长期的行为矫正有利于改变其强迫思维和强迫行为。

3.中医中药治疗

对吸毒相关强迫型人格障碍共病进行中医中药治疗也有一定疗效。可尝试热疗、针灸及一系列中医康复疗法。

（三）吸毒相关表演型人格障碍共病的治疗

1.认知行为疗法

目前对于吸毒相关表演型人格障碍共病的心理治疗最常用的是认知行为疗法，这种治疗方法的最终目的是让戒毒人员学会如何在生活中与他人相处，并且教会他们怎样去正常表达自己的需求。

治疗吸毒相关表演型人格障碍共病的患者，应训练患者自然、适度地表达他们的情绪。在与患者建立良好医患关系的基础上，向患者解释有关吸毒相关表演型人格障碍共病的特点，提高患者对这种共病的认知能力。进行认知行为治疗时，要注意发掘患者的特长和优点，让患者的优点在治疗过程中充分展现出来，从而增强患者治疗的信心。[①]

心理情景剧、团体治疗、人格重塑以及支持疗法等都有一定作用。

（四）吸毒相关偏执型人格障碍共病的治疗

1.认知行为疗法

吸毒相关偏执型人格障碍共病的戒毒人员的主要特点在于，过度以自我为中心、对他人存在很强的戒备心、经常曲解他人的意思、敏感多疑等。为了改变患者这种不良的行为模式，可以从思维、情绪、行为、躯体反应四个层面进行水平分析，引导患者理解四个层面之间的关系。通过长期的训练以及对于思维模式的矫正，帮助戒毒人员转变造成其困扰的歪曲或错误的认知，认识自身问题形成的机制和原因，实现人格重塑和人格升华。在治疗时，戒毒治疗师应该恪守礼貌、诚恳和平等，以防戒毒人员产生排斥心理，从而加重治疗难度。

2.交友训练

交友训练可以帮助吸毒相关偏执型人格障碍共病的戒毒人员交友，使其学会信任他人，从而消除不安全感；引导其相信大多数人都是友好且值得信赖的，不应该毫无缘故地怀疑他人。

3.其他方法

对于吸毒相关偏执型人格障碍共病的治疗还有医学、物理、虚拟现实技术等方法，可以选择应用。

（五）吸毒相关分裂型人格障碍共病的治疗

1.团体治疗

吸毒相关分裂型人格障碍共病的一个典型特点即缺乏人际交往能力，团体治疗可以帮助吸毒相关分裂型人格障碍共病戒毒人员社会化并发展人际关系。

2.认知行为疗法

由于吸毒相关分裂型人格障碍共病戒毒人员的人际关系淡漠，他们一般都是采用自我防御的手段与人相处，比较难了解他们对世界或他人的真实想法，

---

① 王彦海、陈海燕、李红政：《表演型人格障碍的病因学特征和住院干预》，《医学综述》2015年第1期。

所以对吸毒相关分裂型人格障碍共病的治疗，首先在于帮助其修复人际和社会关系，恢复适应能力；其次改变其思维模式。对该类戒毒人员进行治疗的第一步是保证治疗关系的稳定，要加强患者对医生的信任。[①]

3.正念疗法

正念疗法有助于缓解戒毒人员的压力，缓解紧张、焦虑、强迫等情绪状态，缓解心理压力，解决心理问题，对处于应激状态的分裂型人格障碍戒毒人员有帮助。

(六)吸毒相关冲动型人格障碍共病的治疗

1.系统脱敏治疗

系统脱敏治疗属于行为治疗的一种，可以帮助吸毒相关冲动型人格障碍戒毒人员克服行为的冲动性。治疗师引导戒毒人员找出冲动的事件并分析冲动原因，根据对事件的主观受干扰程度进行排序，在进行放松后让戒毒人员在大脑中重现那些干扰事件，在反复重现这些事件后，可以帮助戒毒人员对这些事件的冲动性进行分析，使其接纳有利于自身改变的方法，降低其行为的冲动性，提高处事能力。

2.认知行为疗法

该疗法帮助患者分析使其冲动的行为，找出使其感到难以自控的原因，代替以冲动应对事件的惯性应对模式；教导患者将能量转移到学习、工作等事情上来，在即将感到无法控制时将注意力转移到另一种可能成功的目标上，以通过获得其他事件带来的成功体验代替原本想要做的攻击、冲动事件。

(七)吸毒相关依赖型人格障碍共病的治疗

1.认知行为疗法

吸毒相关依赖型人格障碍共病的戒毒人员通常会有负面情绪，对自己的认知不良，常易于贬低自己。因此治疗目标为帮助患者建立自信心，消除头脑中的不良印记(如“我什么都做不好”)，支持患者从身边的小事做起，建立自我效能感。可以适用习惯纠正法，让其在生活中自己去发掘自身的依赖行为，并配合行为改变，从小事开始自主做决策，逐渐改善依赖行为。[②]

---

① 童建明：《分裂型人格障碍的研究概况》，《国外医学·精神病学分册》2001年第3期。

② 刘阳杨、王娟涓：《依赖型人格障碍问题成因及对策研究》，《晋城职业技术学院学报》2019年第4期。

2.支持性心理治疗

对于吸毒相关依赖型人格障碍共病的戒毒人员，最重要的是培养其自信心、独立性以及自我意识。治疗师要耐心地多鼓励其主动做事，同时让身边的戒毒人员进行同伴治疗，多鼓励、多支持，帮助戒毒人员建立信心。

支持性心理治疗是吸毒相关人格障碍共病治疗的重要方法。根据戒毒人员在强制隔离戒毒所两年的戒毒时间，心理矫治中心制定课程表式、疗程式戒毒方案，每一阶段完成治疗后，都要进行考试考核，进行专业的评估考试，考试不及格者待补考合格后才能进入下一疗程。

三、药物治疗

对人格障碍进行单纯的药物治疗，效果比较有限，原因是人格障碍不同于精神疾病，首先是对其进行的专门研究要远远少于其他疾病，其次是药物针对的更多的是明显的症状或极端的行为障碍，如敌意、易激惹、冲动性、攻击性和心境波动等，而人格障碍最异常的是思维方式和认知方式。因此，药物治疗通常作为辅助治疗方法。

对人格障碍患者的严重症状给予针对性药物治疗，一直被认为是比较有效的方法。如焦虑症患者焦虑症状严重时采用抗焦虑剂治疗，精神分裂症患者出现幻觉妄想时采用抗精神病药治疗，抑郁症患者有自杀行为时采用抗抑郁剂治疗，对躁狂症状使用碳酸锂、抗痉药等药物治疗有较好的疗效。

应用奥氮平对海洛因依赖患者伴有的攻击性人格障碍有显著疗效，可以减少患者的攻击性语言和攻击敌对行为，减少攻击性事件的发生。临床上有给予急性期偏执型人格障碍患者五氟利多联合氯丙嗪治疗，给予边缘型人格障碍患者富马酸喹硫平片治疗，给予焦虑型人格障碍患者氯氮平联合地西泮治疗等①，有一定治疗效果。

四、物理治疗

有研究者发现，经颅磁治疗（见图 2-11）可以促进吸毒相关分裂型人格障碍

① 阿永花：《人格障碍合并基础慢性疾病的长期服刑人员护理治疗措施分析》，《青海医药杂志》2020 年第 3 期。

共病患者共情能力的提升。[①] 也有研究者发现，经颅多普勒超声治疗方法辅助心理治疗，能够调节应激个体的心理平衡，对控制应激反应有一定作用。[②] 同时，重复经颅磁刺激在临床上广泛应用于抑郁症的治疗，对于缓解人格障碍带来的合并抑郁症状有很好的治疗效果。

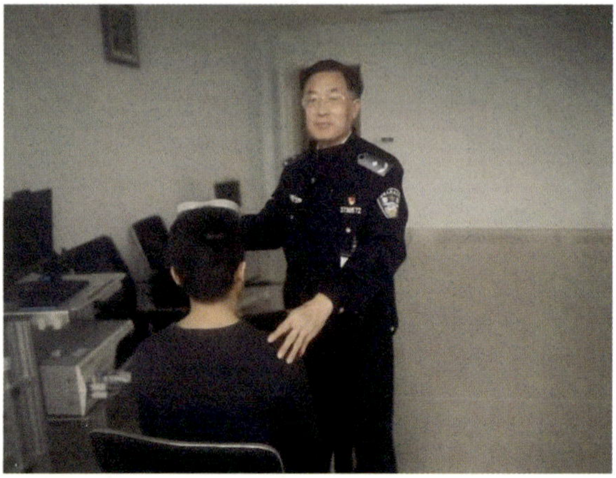

图 2-11　戒毒治疗师对戒毒人员进行经颅磁治疗

五、人格重塑

人格重塑是指对于长久形成的僵化的行为模式和内化了的扭曲的思维方式进行修复，这是一项艰巨的工程。在人格障碍治疗中，药物治疗的效果比较有限，社会心理治疗、认知行为治疗、人格重塑、人格升华对人格障碍的治疗起到了关键作用（见图 2-12）。人格重塑是我们在九型人格理论[③]的指导下形成的一套理论与实践技术，对吸毒相关不同类型人格障碍共病的戒毒人员实施不同的人格重塑矫治方案，例如，对冲动型人格障碍共病应该加强自我控制和延迟满足的治疗与训练，而对于过度控制如吸毒相关强迫型人格障碍共病的戒毒人

① 吴小玲：《高精度经颅直流电刺激对分裂型人格特质人群共情能力的影响》，安徽医科大学硕士学位论文，2019 年。

② 冯波、梁奎英、薛令彬等：《经颅多普勒超声对脑血管状态与人格特征相关性研究》，《现代生物医学进展》2014 年第 6 期。

③ 九型人格将人的主人格分为九型：一号人格为完美型，二号人格为助人型，三号人格为成就型，四号人格为独特型，五号人格为思想型，六号人格为忠诚型，七号人格为快乐型，八号人格为保护型，九号人格为和平型。

员应帮助他们摒弃那些自我约束和繁琐的原则。

图 2-12 戒毒人员进行心理治疗场景

六、其他治疗

对吸毒相关人格障碍共病的治疗还有虚拟现实技术以及表达性艺术治疗等其他治疗方法。无论什么治疗技术，只要有效都可以尝试。特别强调的是，对吸毒相关人格障碍共病的治疗，管理和环境条件非常重要。如果没有强制隔离这样的环境，没有警察严格的管理，没有司法行政戒毒各项制度措施的保障支持，没有现代化智慧戒毒的设施条件，就谈不上理想的治疗效果。

以上是吸毒相关人格障碍共病治疗的主要方法，以下七章通过七个案例具体介绍吸毒相关人格障碍共病的治疗过程，很多治疗措施都是开创性的，取得了理想的矫治效果。每一章最后的思考部分是笔者在实际工作中提醒戒毒治疗师需要重点关注的问题，包括经验总结和教训反省，同时也对今后戒毒工作进行了有益的探索和思考。

第三章　小山村走出的武打“明星”

——吸毒相关反社会型人格障碍共病案例及其矫治

2020 年 12 月上映的电视剧《巡回检察组》讲述了新时代检察官维护法律权威和人民正义的故事。剧中黄四海在服刑期间牢头狱霸般的行为让外界对监管场所产生了误解。然而“黄四海”类的人群在监管场所屡见不鲜。

本章案例中，王世豪是一位立志靠功夫走出小山村的“武打明星”，他满腔热忱地想闯出一片名堂，却一次次掉进被人设计好的陷阱里，最终身陷囹圄，不知悔改。是什么让他一步步沦为被人利用的工具？是什么最终造就了这样一位狂暴之徒？又是什么让他走上不法之路最终难以回头？面对这样的命运，他该何去何从，他又能不能冲出命运的漩涡找回自己的本心呢？李某是如何完成从公然袭警向安心戒治转变的？蔡某是如何从自伤自残顽固对抗的“刺头”完成戒治榜样蜕变的？“三不”人员牛某又是如何成长为优秀媒体人的？下文我们将详细介绍他们的吸毒经历及矫治过程。

第一节　反社会型人格障碍概述

反社会型人格障碍（Antisocial Personality Disorder），又称无情型人格障碍（Affectionless Personality Disorder）或社会性病态（Sociopathy），它是一种人格发育异常导致的人格障碍。患者的行为模式不符合社会道德标准，他们普遍对社会以漠视态度，甚至会因个人利益或为了减轻自身存在的莫名不安感，而做出侵犯他人权益的行为。例如，患者不懂得遵守社会准则，以敲诈手段去索取财物，用胁迫手段使受害者不能反抗，时常采取暴力方式去解决问题，过度吹嘘个人能力以及不会自我反省等，给社会的和谐安宁带来一定危害，并且给年轻一代带来错误和消极的影响。[①]

一、反社会型人格障碍形成的因素

根据精神病学家和心理学家研究的成果，产生反社会型人格障碍的主要原因有：早年丧父、丧母或双亲离异，先天体质异常，恶劣的社会环境、家庭环境，不合理的社会制度的影响，中枢神经系统发育不成熟等。一般认为，家庭破裂，儿童被父母抛弃和受到忽视，缺乏父爱母爱，缺少生活上和情感上的照顾和爱护，是导致反社会型人格障碍形成和发展的主要因素。

反社会型人格障碍患者常具有冲动、高负性情绪性和低责任感的特征，这一表现与人际关系障碍和社会功能障碍有关。虽然这些特征有可能是遗传的，但反社会型人格障碍的人一般在家庭关系破裂的环境中长大，接受的养育往往是严厉和矛盾的，这容易导致逃学、违纪违法和滥用药物，进而导致其产生反社会型人格障碍。这些人往往也会因鲁莽行为而被监禁或过早死亡，而这又将加剧一个国家的失业和贫穷。[②]

（一）社会因素

社会上一些带有暴力、色情、凶杀等内容的出版物、音像制品、电视节目，都是毒害人心灵的精神垃圾。社会学理论认为，一个人的侵犯、攻击行为是模仿学习的结果，同时也可以通过新的学习予以消除。在当前信息爆炸的时代，暴力在各类媒体上有意无意地出现，部分新闻报道中过度或者过细地再现犯罪分子的作案经过和具体情节，甚至是宣扬武力和暴力。在这种情况下，一些心理尚不成熟的个人，在遇到问题时，很容易去学习模仿外界解决问题的方式方法，逐渐形成反社会型人格障碍。总之，大众传播中的不良内容对个体的负面影响是造成反社会型人格障碍患者犯罪的一个因素。[③]

（二）家庭因素

家庭与父母对孩子的影响至关重要。不少调查表明，童年的精神创伤、不和睦的家庭关系、不良的家庭教育方式是致病的重要因素。

---

① 颜刚威：《反社会人格障碍研究综述》，《海南广播电视大学学报》2019年第3期。

② National Collaborating Centre for Mental Health, “Antisocial Personality Disorder: Treatment, Management and Prevention”, *British Psychological Society*, *Royal College of Psychiatrists*, no.6, 2010.

③ 陈利：《反社会型人格的特点、成因与预防对策》，《鞍山师范学院学报》2008年第5期。

父母婚姻破裂是导致子女患反社会型人格障碍的另一个重要原因。大多患者的父母关系不和，患者在性格形成期有严重情感剥夺的经历。

其一，父母对孩子冷淡，情感上疏远，这就使儿童不可能发展人际之间的温顺、热情和亲密无间的关系。随后儿童虽然形式上学习了社会生活中的某些要求，但对他人的情感移入得不到应有的发展。心理学中的情感移入，是指理解他人以及分担他人心情的能力，或从思想情感上把自己纳入他人的心境。

其二，父母的行为或父母对孩子的要求缺乏一致性。父母表现得朝三暮四，喜恶、赏罚无定规，使得孩子无所适从。由于缺乏可效仿的榜样，儿童就不可能发展具有明确的自我同一性。

反社会型人格障碍在亲属中的发生率与血缘关系成正相关，即血缘关系越近，发生率越高。有资料表明，患者双亲异常脑电图发生率较高；单卵孪生子的性格一致率较高，脑电图很相似，犯罪率超过双卵孪生子。病态人格患者的子女有较高的病态人格发生率。

（三）同伙引诱

反社会型人格障碍患者对坏人和同伙的引诱缺乏抵抗力、对过错缺乏内在愧疚心等，这是由于他人赏罚的不一致性，使本人善恶价值的判断自相矛盾造成的。反社会型人格障碍患者缺乏法律知识、控制能力差、重哥们义气、喜欢结交不良朋友，这些均提示社会工作者应加大对青少年的法律宣传教育，特别是对过早辍学而步入社会的青少年应更重视，应引导他们远离不良行为和有犯罪行为的同伴，并正确认识自我。反社会型人格障碍患者的冲动性和无法控制某些意愿及欲望，大都是由于家庭成员对其无原则、不道德的行为缺乏抵制。可见，反社会型人格障碍患者情绪不稳定、不负责任、撒谎欺骗但又无动于衷的行为，与家庭、社会有重要的关系。

（四）生物因素

从生物学角度来看，反社会型人格障碍患者与一般正常人比较，可以发现在全脑灰质体积中，反社会型人格障碍患者体积增大比较明显，而在全脑白质体积的比较中，也同样可以发现反社会型人格障碍患者增大比较明显。[①] 茆正洪等学者研究发现，个体某个多态位点不同的等位基因和基因型，可以引起

① 蒋伟雄、廖坚、刘华生等：《反社会人格障碍患者的脑结构磁共振分析》，《中南大学学报》（医学版）2015年第2期。

5-羟色胺、暴力基因表达水平发生变化，最终造成体内5-羟色胺转运过程出现异常，引起体内5-羟色胺含量改变以及分布部位的改变，这可能与反社会型人格障碍患者的高度冲动特征有关系。[①] 根据上述研究，反社会型人格障碍患者的攻击行为特征，有很大可能是与脑部中枢系统内5-羟色胺含量呈负相关，也就是说当人们脑部中枢5-羟色胺缺乏以及分布异常，会导致生物个体倾向于出现攻击和暴力行为，这也雷同于双相情感障碍患者脑内中枢的5-羟色胺混乱。[②]

（五）吸毒等物质滥用

根据低唤醒水平假说，反社会型人格障碍患者的特征性皮质兴奋水平是导致他们的反社会性以及喜欢冒险行为模式的主要原因。如果从这一假说出发，则能够顺理成章地得出这样一个结论：正因为反社会型人格障碍患者的神经系统兴奋的唤醒水平极为低下，所以他们才会主动去采取更多的刺激性行为，以使自己冷漠的神经或情绪兴奋起来。进而，他们所表现出来的症状往往可以理解为为了获取足够的兴奋度，比如实施撒谎、悖德、违法、破坏等行为。而新型毒品，由于具有强兴奋、强致幻等强刺激性，因此能够最大限度地满足低唤醒水平下的反社会型人格障碍患者所需要的。

毒品滥用者群体间的共性并不在于财富地位、社会层次，以及是否实施暴力性行为，而在于一种对毒品刺激性效果的“心瘾”。要理解这样的“心瘾”，就需要我们从毒品滥用者的反社会型人格障碍特征中去寻找答案，而非孤立分离地去考察一个个“心瘾”的外在表现。具有反社会型人格障碍的患者很可能是精神上的被压抑者，无论他有否实施过反社会行为，也无论他身处怎样的社会阶层。进而言之，既然行为受到了规范的约束而无法如愿展开，则无形中就等同于反社会型人格障碍患者自身的真实人格遭受了现实压抑而无从满足。此时，如果有一种游离于规范之外、近乎无责任的释放人格的方式存在，那么，这种方式对反社会型人格障碍患者的诱惑力将是无可比拟的。而毒品，对于反社会型人格障碍患者的“意义”就在于此，这也就是所谓“心瘾”的本质所在。[③]

（六）其他因素

目前有研究认为，反社会型人格障碍与遗传、环境及父母养育方式等因素

---

① 茆正洪、谭钊安、柯晓燕等：《5-羟色胺转运体基因和单胺氧化酶A基因多态性与汉族男性反社会人格障碍患者的关联分析》，《中华精神科杂志》2010年第4期。

② 颜刚威：《反社会人格障碍研究综述》，《海南广播电视大学学报》2019年第3期。

③ 李想：《新型毒品滥用与反社会人格——一个犯罪心理学的透视》，《犯罪研究》2010年第5期。

有关。

二、反社会型人格障碍的诊断

反社会型人格障碍是对社会影响最为严重的精神疾病之一，患病率在发达国家为4.3%～9.4%，我国台湾地区为0.3%。

反社会型人格障碍的特征是高度攻击性、缺乏羞惭感、不能从经历中获取经验教训、行为受偶然动机驱使、社会适应不良等。脑电图检查证实该类人格障碍患者大脑发育不成熟，可能存在大脑损害病史。从病理心理学分析，该类人格障碍患者的心理行为具有幼稚、不成熟的特征，是人格不成熟的病理变化。

（一）诊断要点

根据《精神障碍诊断与统计手册》（第5版）（DSM-Ⅴ）规定的反社会型人格障碍认定标准，从以下因素进行综合考虑，可以认定属于反社会型人格障碍。

第一，行为模式特点是漠视他人或侵害他人利益。自15岁开始形成这种行为模式，具有以下至少三项可认定为该行为模式。

(1)实施违背法律法规、规章和其他社会规范的行为，屡次实施有可能遭到拘捕的行为。

(2)为了牟取非法利益或满足心理刺激实施欺骗行为，屡次说谎或借用他人名义欺骗他人。

(3)行为无计划性，多是冲动而为。

(4)具有较强的攻击性，自我控制力差，屡次实施打架、攻击行为。

(5)行事轻率，有可能对自身或他人安全造成侵害。

(6)没有责任感，屡次发生不偿还债务或不持续工作的行为。

(7)不知悔改，在实施侵害他人行为后表现出不在乎的心理，或认为伤害行为是合理的。

第二，年满18岁。

第三，行为模式形成于15岁之前，且有证据证明。

第四，双相障碍病症和精神分裂病症的主要行为表现为反社会行为，但反社会行为并不局限于以上病症。

（二）诊断标准

符合人格障碍的诊断标准，并至少具有下列三项。

(1)严重和长期不负责任，无视社会常规、准则、义务；不能维持长久的工作或学习；经常旷工或旷课，多次无计划地变换工作；有违反社会规范的行为，且这些违反社会规范的行为已违反刑法。

(2)行动无计划或有冲动性，如进行事先没有任何计划的旅行等。

(3)不尊重事实，如经常撒谎、欺骗他人，以获得个人利益。

(4)对他人漠不关心，如经常不承担经济义务、拖欠债务、不赡养子女或父母。

(5)不能维持与他人长久的关系，如不能维持长久的一年以上的夫妻关系。

(6)容易责怪他人，或为与社会相冲突的行为进行无理辩解。

(7)对挫折的耐受性低，微小刺激便可引起冲动，甚至对他人实施暴力。

(8)易激惹，并有暴力行为，如反复斗殴或攻击别人，包括无故殴打配偶或子女。

(9)伤害别人时缺少内疚感，不能从失败中吸取教训。

(10)在18岁前有品行障碍，并且至少具有下列三种行为。

①反复违反家规或校规。

②不是为了躲避体罚地反复说谎。

③习惯性吸烟、喝酒。

④虐待动物或弱小同伴。

⑤反复偷窃。

⑥经常逃学。

⑦至少有两次未向家人说明外出过夜原因。

⑧过早发生性活动。

⑨多次参与破坏公共财物活动。

⑩反复挑起或参与斗殴。

⑪被学校开除过，或因行为不轨而至少停学一次。

⑫被拘留或被公安机关管教过。

(三)鉴别诊断

反社会型人格障碍需与冲动型人格障碍相区别。冲动型人格障碍患者虽然行为冲动，但冲动过后，常常后悔不已，且具有阵发性特点，平时在社会交往中有时可有相当良好的人际关系。

三、反社会型人格障碍的治疗方法

由于反社会型人格障碍的病因相当复杂，目前对此症的治疗尚缺乏十分有效的方法。如使用镇静剂和抗精神类药物治疗，只能治标，并不治本，且疗效不显著；而心理治疗对那些由于中枢神经系统功能障碍而成为反社会型人格障碍的患者又毫无作用。

但笔者在实践中发现，对那些由于环境影响形成而程度较轻的患者，采用认知领悟疗法有一定疗效。该疗法可帮助患者提高认识，了解自己的行为对社会的危害，培养患者的责任感，使他们担负起对家庭、社会的责任；提高患者的道德意识和法律意识，使他们明白什么事可以做、什么事不能做，努力增强控制自己行为的能力。

少数家庭关系极为恶劣而与社会相处尚可的患者，可以在学校或机关住集体宿舍或送到亲友家寄养，以减少家庭环境的负面影响，同时培养其独立生活的能力。

对情节特别恶劣、屡教不改者，可采用行为治疗中的厌恶疗法。当患者出现反社会行为时，给予强制性的惩罚（如电击、禁闭等），使其产生痛苦的体验，实施多次以后，当患者产生反社会行为的冲动时，就感到厌恶，全身不舒服，以此来减少其反社会行为。最后根据患者行为矫正的实际表现，放宽限制，逐步恢复其正常的家庭生活与社会生活。

采用心理治疗方案，对患病较轻者会有一定的治疗效果。心理治疗方案包括：认知行为治疗、个别心理治疗以及团体治疗。

（一）认知行为治疗

戒毒治疗师通过认知方式尝试去质疑患者固有的一些不良观点[①]和不符合社会逻辑的思维方式，并提供新的认知观念，最终改变患者的行为模式。[②] 治疗期间要求患者仔细思考、认真反省，到底是什么原因引致个体出现不良思想，找出患者内心深处的不安因素。例如，部分患者会出现偷窃他人财产的违法行为，是由于他们认定自身的贫穷是外界剥削患者的生存空间和发展机会导致

① 李献云：《认知行为治疗在精神科的价值》，《神经疾病与精神卫生》2017 年第 2 期。

② 孙越异、张宁：《中国认知行为治疗发展存在的问题与对未来的思考》，《中华行为医学与脑科学杂志》2018 年第 2 期。

的，故通过非法行为，重新找出个人认为合理的行动方式，以此为自己争取福利。也有一部分患者通过攻击和暴力行为，以获得个人内心安全感和降低个体不安情绪。这是一种自我防御的方式，患者把种种不合理的事情，变为合理化，且压抑心理的各种情感。综上所述，当患者无意间形成某些不良行为时，治疗师应当及时指出，并提醒他们严肃思考，思考自身是否存在着错误的思想和观念，如果存在应努力改变自己错误的行为模式。在认知行为疗法中，治疗师也可以让患者观察一般人常规的行为模式，从中学习符合社会法则的生活方式，从而增强自身的社会适应能力和自我情绪管理。

（二）个别心理治疗[①]

对不同反社会型人格障碍患者要采取不同的治疗方法，患者的患病因素大多是不一样的，而且受影响因素众多，差异性很大，故此要有针对性地对不同患者做出详细分析，选择最为合适的治疗方案。例如，患者配合度差，不喜欢与戒毒治疗师交谈，戒毒治疗师可以透过其家人与朋友去了解患者的个性与爱好，继而再根据其个性，教导其正确的概念和规则，最终使患者顿悟。当患者产生不良观念时，治疗师应教导患者学习一种新的良好的行为模式，并且积极强化，帮助患者有效管理情绪。如果反社会型人格障碍患者出现攻击性行为并有酒精或药物滥用，戒毒治疗师应当让患者充分了解酒精和药物的坏处，帮助患者不轻易萌生不良观念，不随意采取滥用酒精或药物的不良行为模式；教导患者一旦感到难以控制情绪时，就尝试采用吃口香糖等良好行为模式。该治疗法的关键是必须要注意到患者的情感，治疗师要与患者建立起一个密切的治疗关系[②]，才能达到良好的治疗效果。

（三）团体治疗

团体治疗的目的是为患者提供恰当的教育、鼓舞和支持，同时让不同因素导致的反社会型人格障碍患者彼此相互认识、分享[③]，以此了解该病症的相同点与不同点，重新认识自己。在团体治疗中，患者在公众情景下，自我介绍，谈论个人成长经历，分享个体优缺点，其他患者去合理评价，从而达到自我教育和自我反省的目的，同时使患者相互了解，彼此交换复杂多变的情感问题，更进一步

---

① 周社刚、张小远：《选择最佳治疗：来访者—治疗方法的匹配》，《心理科学进展》2018 年第 2 期。

② 张庭辉：《心理治疗中的阻力及应对策略》，《医学与哲学》2017 年第 11 期。

③ 冯愉涵、张逸梅、樊富珉：《国外团体咨询与治疗伦理守则综述》，《中国临床心理学杂志》2017 年第 2 期。

去理解他人和自己，甚至领悟到如何更好地发展自我和与他人相处。团体心理辅导见图 3-1。

图 3-1　戒毒治疗师对戒毒人员进行团体心理辅导

团体治疗应当注意成员间关系，要将同质同等级的患者组成一个团队，不应把一个高度易攻击性患者放在一个快恢复或较轻的团体中，以免加重原成员病情。更要注意的是，当小组内出现某个错误观念时，要及时矫正①，指导他们向正确和明智去思考。

第二节　吸毒相关反社会型人格障碍共病概述

日常工作中，我们发现吸毒前为九型人格中保护型人格的人，沾染上毒品后，在毒品的催化下，往往可能形成反社会型人格障碍。反社会型人格障碍在吸毒时间较长且吸毒前性格有缺陷的吸毒者中较常见。本节主要讲述吸毒相关反社会型人格障碍共病，也就是物质依赖人格障碍共病。

吸毒相关反社会型人格障碍共病的戒毒人员占整个戒毒人员总数的4%～8%，他们大多在社会上充当“老大”角色。

① 肖丁宜、樊富珉、杨芊等：《团体心理咨询与治疗师胜任特征初探》，《心理科学》2016 年第 1 期。

一、吸毒相关反社会型人格障碍共病的原因

（一）某些特殊环境或者特殊人群中，吸毒相关反社会型人格障碍共病的患病率增高

严重酒精使用障碍的男性，生活在戒毒所、看守所、拘留所、监狱或其他监管场所以及不良社会环境中（如经济贫困，迁徙的社会文化等）患病率较高。

（二）童年时期有被虐待或被漠视经历的个体，吸毒后更容易出现反社会型人格障碍

童年时期被虐待或被漠视，给孩子幼小的心灵造成的伤害巨大，对反社会型人格障碍的形成有较大影响。有类似经历的孩子，往往具有以下特点。

(1)过分认同创伤而成为施虐者抑或受虐者。

(2)性格偏激，成为偏执狂。

(3)自卑与自大的结合体，非常矛盾。

(4)自怨自艾，缺乏勇气。

(5)讨好别人，失去自我。

(6)缺乏安全感，依赖性强。

具有以上特点的人，就容易主动吸毒或被人引诱被动吸毒，从而走向犯罪。这个过程一旦启动，往往一发不可收拾，对自我和别人的伤害也会越来越严重，更容易形成反社会型人格障碍。

（三）家庭环境不良，特别是单亲家庭中的人吸毒后出现吸毒相关反社会型人格障碍共病的比率增加

家庭环境不良，特别是单亲家庭中的孩子，小时候可能遭受暴力或者虐待，从而导致其性格狂躁易怒。自幼在一个没有温暖、关爱、安全的环境中生活，就容易形成冷酷、暴力、残忍、无情的性格，所以，他们往往无所顾忌，当看到人们对他们的暴力行为恐惧、忍让、屈服甚至讨好时，心底会产生一种莫大的欣慰、满足。笔者对1000名强制隔离戒毒人员进行身体检查和心理测验发现，60％的吸毒人员有文身；19％的吸毒人员的家庭为单亲家庭；58％的吸毒人员施行暴力后，受害人没有报案而选择了忍气吞声以防止受到进一步侵害。

二、吸毒相关反社会型人格障碍共病的表现特征

吸毒相关反社会型人格障碍共病的一个重要表现是冲动，表现为想干什么就干什么，事后毫不后悔，没有内疚感和自责感；在人际交往中只能与人维持一种肤浅的、短暂的人际关系。吸毒后更是变得不可理喻，不同的年龄阶段有不同的表现特点。

（一）儿童时期的特征

临床心理学家发现，吸毒相关反社会型人格障碍共病患者常于童年期或青少年期（18 岁以前）出现品行问题，并持续发展至成年或终生。吸毒后相关共病的表现更加明显和突出。吸毒相关反社会型人格障碍患者儿童期具有以下特征。

（1）自幼年起就有学习成绩不良、逃学、被开除、反复饮酒、说谎、破坏公物、偷窃、违纪、对抗长者、攻击他人等表现。

（2）少年时期过早出现性行为或性犯罪。

（3）常有酗酒、破坏公物、不遵守规章制度等不良习惯。

（4）以自我为中心，脾气暴躁，对人不坦率，缺乏责任感，缺乏良知，缺乏罪错感，与人格格不入。

（5）行为受本能欲望、偶然动机和情感冲动驱使，简单而粗暴，具有高度的冲动性和攻击性。

（6）缺乏悔恨感与羞惭感，不能从过去吸取经验教训，屡教屡犯。

（二）成年后的特征

吸毒相关反社会型人格障碍患者成年后工作表现差，常旷工，对家庭不负责任，常违规违法。成年后最容易走上吸毒这条路，对违法犯罪、进出监管机构不以为耻、反以为荣。往往具有以下特征。

（1）有吸毒史，吸毒后判若两人。

（2）具有中等或中等以上智力水平，初次相识给人很好的印象，能帮助别人消除忧烦、解决困难。

（3）没有通常被认为是精神病症状的非理性和其他表现，没有幻觉、妄想和其他思维障碍。

（4）没有神经症性焦虑，对他人的情绪不敏感。

（5）不可靠，对朋友无信义，对妻子（丈夫）不忠实。

(6)缺少责任感。

(7)无后悔之心，也无羞耻之感。

(8)有反社会行为但缺乏契合的动机；叙述事实真相时态度随便，即使谎言将被识破也泰然自若。

(9)判别能力差，常常不能吃一堑长一智。

(10)病态的自我中心，自私，心理发育不成熟，没有爱和依恋能力。

(11)麻木不仁，对重要事件的情感反应淡漠。

(12)缺乏洞察力，不能自知问题的性质。

(13)对一般的人际关系无反应。

(14)常做出幻想性的或使人讨厌的行为，对他人的关心和善意无动于衷。

(15)无真正企图自杀的历史。

(16)性生活轻浮、随便。

(17)生活无计划、无规律，没有稳定的生活目标。犯罪行为也是突然发生的，不是在严密计划和准备下进行的。

吸毒相关反社会型人格障碍共病患者的主要特征是冲动和不负责任。他们对挫折的耐受力很差，常不能预计自己的反社会行为带来的消极后果，丝毫没有不道德或罪恶感。吸毒导致的反社会型人格障碍常伴有酒精中毒、药物依赖、淫乱、工作失败、频繁迁徙和牢狱生活。

三、吸毒相关反社会型人格障碍共病的诊断

根据吸毒史及吸毒前后的变化，有两次以上吸毒证据或者经权威部门鉴定有吸毒成瘾证据，有儿童和成年后反社会行为的表现，符合反社会型人格障碍诊断标准，就可以诊断为吸毒相关反社会型人格障碍共病。进入戒毒所后还将进行 SCL-90 症状量表、专业焦虑与抑郁测试及性格测试，戒毒所还专门购置了脑电生物反馈系统，对有人格障碍倾向的戒毒人员进行专门测试，观察大脑损伤情况(见图 3-2)，科学评估戒毒人员生理、心理及精神状况。

图 3-2 戒毒治疗师利用脑电技术检测戒毒人员因吸毒导致的脑神经受损情况

第三节 吸毒相关反社会型人格障碍共病矫治案例

本案例的主人公叫王世豪，男，42 岁，是鲁西南一个区县公安局送来的戒毒人员。

根据规定，戒毒人员进入戒毒所时要进行一系列查验，包括查看强制隔离戒毒决定书、健康体检表、审讯记录等各项材料，同时要进行严格的身体检查和安全检查，避免携带毒品、违禁品入所。同时，医务人员要现场进行严格的体格检查，仔细查看身体有没有外伤、疤痕、文身和其他重要特征。

对王世豪进行安全检查和体格检查很不顺利，其表现得极不配合，大喊大叫："我就是吸毒了，你们想把我怎么样！""为什么还要让我脱衣服！你们这是侵犯人权，侵犯我的隐私权，我要告你们！"

王世豪的双眼瞪得很大，露出了凶狠的目光，他挥舞上肢，摆出要同归于尽的架势。看到王世豪狂躁的样子，经验告诉我，毒品的作用仍在持续。送戒公安说："昨天王世豪在宾馆吸毒时被当场抓获。"

对王世豪进行生理脱毒是当务之急，否则无法对他进行管理教育和其他戒治。检查完毕，护士根据医嘱给他注射了镇静催眠药物——地西泮注射液，口服了氯硝西泮片剂(没有专业经验不能盲目用药)，不一会，他就睡着了。

生理脱毒是戒毒的第一个环节，最初我们收治戒毒人员时没有经验，任由戒毒人员发作，甚至伤害到了警察和其他戒毒人员。积累了一些经验后，我们仔细研究，形成了一整套中西医结合的生理脱毒方法，我们称之“亚冬眠脱毒”。

三天后，王世豪逐渐恢复过来。我们开始对其进行营养膳食调养，并给予口服中药汤剂，补肾益气，驱邪解毒，补充身体能量，增强身体免疫力。生理脱毒期的中医中药调养是我们与山东中医药大学专家团队合作，共同研究出来的特殊治疗方法，分中药1号、中药2号、中药3号，不同时期不同体质给予不同的处方辨证施治，效果很好。不到十天时间王世豪身体机能就恢复了正常。

按照既定计划，我们对王世豪进行了系列药物治疗，包括西药脱毒剂、中草药脱毒1号、中草药脱毒2号。在医生护士的精心治疗下，两周后，王世豪顺利完成了生理脱毒，经过考核评估，可进行下一步戒毒康复治疗。

一、第一次访谈

访谈前，我查看了王世豪的档案，暗中观察他的各方面表现，为访谈做充分准备。

王世豪有15年吸食海洛因、冰毒、K粉的经历。从他的性格特征、行为表现看，属于较难管理且风险等级较高的人员，在进入戒毒所初期很容易惹是生非。山东省鲁中强制隔离戒毒所新收大队把他列为重点人员，我也选定他为治疗对象。

第一次心理访谈至关重要，需要尽可能全面深入细致地了解他的吸毒史、性格特点、家庭状况及个人成长经历等，为下一步人格重塑奠定基础。

进入治疗室，我还没有示意他入座，他竟若无其事地一屁股坐在了靠门的沙发上，脸上没有任何表情，两眼直直地看着我，两只手放在两个沙发扶手上，两腿分开，腰杆挺直，一副满不在乎的架势。

我没有在意他的这种傲慢行为，但心里明白，要矫治这样的戒毒人员，不仅需要时间，更需要与他斗智斗勇，用智慧和人格魅力征服他，让他心服口服才行。

按照计划，先全面了解他的基本情况，听听他的具体故事，这是打开心结的第一步。因为像他这样高傲自大的人，一般都能言善辩，喜欢自吹自擂。给他一个“炫耀”和释放的空间，便于掌握他更具体的情况，也有利于确定下一步的治疗方案。

笔者："王世豪，听说你在家乡事业做得很大，给我讲讲你的故事吧。"

他听我这样问他话，显然很高兴。大队长都想听听我的故事，那自然是最好不过的事情了。从他的眼神里，我看到了一种特别的"精气神"。

从谈话中了解到，他出生在鲁西南的一个小山村，那里是宋江的老家，尚武轻文的观念在当地深入人心。他自幼丧父，和双目失明的母亲相依为命。他从小拜师习武、强身健体，跟着师父习武混口饭吃。

他自幼有一种天不怕、地不怕的性格特点，打着"替天行道"的幌子，到处"主持公道"。好像自己就是及时雨宋江的化身。那个时候，正值电影《少林寺》风靡一时，他立志练出名堂，靠功夫走出村子。

凭着那种能吃苦、敢拼搏甚至有点"不怕死"的劲头，他在全省举行的自由搏击比赛中获得了70公斤级自由搏击冠军。有了这个冠军头衔，他在当地一下子出了名，他也开始骄傲起来，认为自己很快就会成为"李连杰式"的人物。

王世豪很快被一位号称"王百万"的老板看上了。"王百万"在"文化大革命"时期靠投机倒把挣了些钱，"文化大革命"结束后，乘着改革开放的东风，第一批下海经商赚得盆满钵满，一度垄断了当地的水果批发和红木家具生意。当人们还在把"万元户"作为自己的奋斗目标时，"王百万"就已经成功进入千万富豪之列。"王百万"把王世豪揽入自己公司，让王世豪帮忙经营当地最大的水果批发市场。说是经营，其实是向市场的商户们收取保护费，这是"王百万"水果批发市场收入的主要来源。

王世豪为人敢做敢当、说一不二，很有影响力，把"王百万"的水果批发市场经营得有声有色，王世豪的影响也越来越大。经营水果批发市场的第二年，他手下的兄弟因为利益纠葛与他人发生了激烈的冲突，还引发了一场械斗。王世豪手下仗着人多势众，把对方砍成了重伤。当时正值"严打"，此事惊动了地市公安机关。王世豪一人承担了全部责任。为了逃避法律制裁，"王百万"出资20万，王世豪转道云南，偷渡到了缅甸。

没想到去异国他乡避难的过程并没有那样艰难困苦，通过"王百万"，王世豪在缅甸认识了一个叫洛曲的当地人。他不仅没有受到委屈，而且还享受到当时最高档次的待遇，海洛因、冰毒、K粉，统统体验，缅甸竟成了他享乐的天堂。

国内风平浪静后，王世豪在"王百万"的安排下，乘飞机风风光光地回到了中国。回国后，王世豪在水果批发市场拥有了更大的权利，活得更加逍遥自在，之后又干起了贩毒生意，每天挥金如土，日进斗金。

就在王世豪事业如日中天的时候，爱情的硕果也不期而至。一个叫娟子的女孩进入了王世豪的视线，凭着自己在水果批发市场的威望，又加上贩毒带来的高额利润，王世豪很快就把娟子“俘获”了。在爱情上春风得意的王世豪，在事业上也是顺风顺水。那时王世豪并不经常贩毒，只是偶尔贩卖一次，他知道贩毒带来的后果，所以没有十足的把握，他是不会冒险做贩毒生意的。那些年，城市化的车轮碾到了王世豪所在的鲁西南地区。轰轰烈烈的旧村改造如火如荼地开展起来。负责拆迁的房地产开发商急需一位能发号施令、资深望重的人帮助铲平拆迁路上的“阻碍”，就这样，王世豪走进了香港开发商蒋总的视线。王世豪又带领兄弟们全身心地投入旧城改造“事业”，这也给他带来了更大收益。

随着生意越做越大，又一个女孩走进了王世豪的生活。她叫乐乐，22 岁，是蒋总从香港带过来的。乐乐的出现，又一次改变了王世豪的命运。

房地产开发商蒋总的几个香港朋友来内地投资，蒋总让王世豪和乐乐负责接待。按照香港规矩，接待规格非常高，不仅仅是花天酒地，更有当时最时髦的冰毒。通过这次高规格招待，王世豪彻底钻进了香港贩毒集团早已设计好的圈套之中。原来，蒋总在香港最大的生意并不是房地产，到内地投资也只是一个幌子，最重要的是寻找贩毒下线。乐乐在香港原本就是一个吸毒妹，来内地的目的也是帮助这个贩毒集团完成这个庞大的贩毒销售网络的搭建。

他们准备的第一个陷阱就是让王世豪陷入巨额债务。乐乐陪王世豪去澳门赌场，让王世豪欠下 2000 多万巨额赌债，以此逼迫王世豪进入贩毒集团。实际上，王世豪在缅甸就有吸毒经历，很自然地就进入了“角色”，又加上在澳门欠下巨额赌债，自然同意进入贩毒集团，从“金三角”贩毒到中国，然后在内地和香港进行销售。

香港贩毒集团精心编制的制毒、贩毒、吸毒网络，很快就被内地公安一举破获，王世豪被判处 3 年有期徒刑。蒋总和乐乐等贩毒团伙都得到了法律的严惩。

出狱后的王世豪答应娟子不再碰毒品，要好好地过日子。一年之后，娟子怀孕了。女儿的出生给这个家庭带来了无尽的快乐。王世豪给女儿取名“果果”。果果天真可爱，激发出了王世豪无尽的父爱。

但好景不长，在王世豪沉浸在家庭的欢乐之中时，一些风言风语传到了王世豪的耳朵里：“他算个什么大哥，只不过是仗着他女人在外面挣钱，吃软饭而已。”外界不明就里的风言风语像一把尖刀，无情地刺伤王世豪仅存的一点自尊心。他不想被人看不起，立志一定要东山再起，但做什么呢？

之后，王世豪尝试了几个生意，都没有成功。就在他百无聊赖、沮丧无助的时候，一个当年的兄弟找到了他，向他描绘了一起经营“自己靠得住的事业”的宏伟蓝图。原来这个兄弟暗地里做起了贩毒生意，曾经吸毒又干过贩毒生意的人，很难拒绝这样的诱惑。王世豪经过考虑，决定再次铤而走险。

当他们踌躇满志准备大干一场的时候，美梦提前结束。一天，他们兄弟聚众吸毒，被公安机关一举抓获。

这就是王世豪的故事。我认真地听他讲，不时地点头回应。

笔者：“王世豪，听完你的故事，我对你有了一个较深入的了解。给你布置一个作业，回去好好思考一下，进了戒毒所，应该如何做？思考一下你的家人，特别是你的女儿果果，想好之后我们再聊。”

王世豪点头答应，然后起身回到班组。

我也需要进一步计划，尽快拿出一个适合他的治疗方案。

二、确定诊断

虽然王世豪给我分享了他的故事，但我心里明白，这些故事一定有他夸大的成分，还有一些他感觉不好的故事一定被他隐藏了起来。要了解王世豪真实的性格，确定其是否有反社会型人格障碍，需要进行更加深入的了解。

（一）寻找证据

通过查阅档案、打电话和当地送戒公安机关交流沟通，我了解到王世豪还是隐瞒了一些信息。比如说，在市场收取保护费的过程中，经常欺负一些比较强势的个体户，除了一些严重的打架斗殴、伤害事件被公安机关处罚外，大部分是内部私了，不外乎利用威胁恐吓、打骂体罚、小恩小惠、金钱财物等手段化解。

来戒毒所后，凭借习武经历和仗义性格，很快就有一帮戒毒人员听他吩咐，看他的眼色行事，帮他洗衣、捶背甚至帮他给妻子写信等。王世豪所在的班级，班长成了摆设。谁如果得罪了王世豪，就会被孤立。

老奸巨猾的王世豪深知警察需要他怎么做，也知道在新收大队队长面前说什么话，但从他的眼神里，我看到了一种很隐蔽的东西，应该是一种吸毒后特殊的目光，一种难以掩饰的骨子里的东西，那是一种可怕的眼神。每次看到那种眼神，反社会型人格障碍的感觉就会在我脑海里出现。

（二）深入了解

王世豪给我讲的故事，大部分是他感觉比较成功的部分。对王世豪这样的人来说，吸毒，打架斗殴，进公安局、派出所、看守所，应该是一种资本和荣耀，所以，他对我没有保留。吸毒后，他判若两人的表现就没有如实说出来，也许他感觉说出那些事情来自己很丢人、很没面子。

为了了解王世豪吸毒后的性格特点，我多次电话联系其妻子和“王百万”，了解到王世豪吸毒后，为了获取毒品不顾廉耻买卖“小包”（就是贩卖200毫克左右的小包毒品，俗称以贩养吸）；吸毒过量后深夜驾驶汽车夜行300千米前往毒友处吸毒，途中发生车祸，导致路人下肢骨折；吸毒后经常大发雷霆、情绪失控，吸毒过量和毒瘾上来后，会出现狂躁的情绪。这几年，为了毒品，他几乎向所有的朋友借钱；为了毒品，几乎失去了所有朋友和亲情。他妻子说到动情处，经常泣不成声：“为了孩子，不能让女儿知道爸爸吸毒了。所以，我经常向孩子撒谎来掩盖她爸爸吸毒的事。”“他回来向我要钱，家里实在没钱了，他就打我。以前，他从来没打过我，都是毒品害了他。”

（三）最后诊断

在此期间，大队心理咨询师对王世豪进行了九型人格测试，了解到王世豪吸毒前的人格为保护型人格。

吸毒前是保护型人格的戒毒人员不怕受攻击，也不怕负责任，他们在事情开始时不太克制，在事情发生后也不太会有良心上的谴责；他们性格冲动、专横，其愤怒爆发往往表现直接，且面对面、硬碰硬，很难听进别人的意见，很容易因为一点小事件就轻易和其他戒毒人员发生肢体冲突甚至顶撞干警。

保护型人格又叫领袖型、领导型人格，为避免歧义，我在本书中把八号人格统称为保护型人格。通过了解大队里其他戒毒人员对王世豪的看法，并且从一些细节上，我们看到了王世豪人格的另一面。结合与王世豪亲属和朋友的交流，经过综合分析得出结论：王世豪吸毒后为反社会型人格障碍。

1.王世豪符合以下反社会型人格障碍的诊断标准

（1）上学时有逃学、逃课、因行为不轨被学校停学或开除的历史。进入戒毒场所前曾因违法乱纪被公安机关或司法机关处理过。

（2）习惯性反复说谎，常欺骗他人以获得个人的利益。

（3）多次违反所规所纪，欺凌其他戒毒人员。王世豪无视所规所纪，不仅自己不执行反而带动其他戒毒人员违反纪律规范。脾气暴躁，经常因为小事对其他戒毒人员大打出手。

(4)对批评教育百般推诿、狡辩,对自己吸毒给家人和社会所造成的伤害没有丝毫内疚和悔恨。王世豪在大队经常犯错,违反所规所纪,且不承认错误,因此对他进行过多次单独管理。

(5)进入戒毒场所前经常不承担经济义务,如拖欠债务,进入戒毒场所后侵占其他戒毒人员的利益如同家常便饭。

根据以上诊断依据和王世豪的具体表现,我们确定王世豪吸毒后为反社会型人格障碍。

2.最后诊断:吸毒相关反社会型人格障碍共病

针对王世豪吸毒相关反社会型人格障碍共病的诊断,我们为其制定了管理教育矫治"处方",对其实施人格重塑矫治。

三、保护性约束措施

王世豪进入戒毒所后,精神一蹶不振,看人的眼神中充满了敌意,更是将日常的教育、康复任务置之度外。有一天,因为不抄写也不背诵行为规范,值班员对他提出了批评,他瞬间暴怒:"老子不识字,不会写也记不住,你能对老子怎么样!"其他戒毒人员对其制止时被王世豪一拳打在脸上:"什么时候轮到你多管闲事了!"

鉴于王世豪的表现,大队决定对王世豪采取保护性约束措施。

(一)保护性约束措施的适应证

在强制隔离戒毒所实行的保护性约束措施,是司法行政机关为保护戒毒人员和其他戒毒人员的身体安全不被伤害和预防自伤、自残、自杀事件,针对吸毒导致患有精神障碍或严重违反所规所纪的戒毒人员实行的一项管理。保护性约束措施必须在医务人员的严密观察下实施。

(二)保护性约束措施的适用原则

(1)患者当时有伤害自身或者危害他人的行为。

(2)为保证患者得到及时的治疗。

(3)其他较少限制的措施在当时无法提供或使用后无效。

(三)保护性约束措施的法律问题

对危害本人或他人安全的戒毒人员采取强制性措施,其法律基础是保护公众安全。对有自伤、自残、自杀行为或功能缺陷者采取强制性措施,其目的是为了保护患者自身的生命和安全。涉及保护性约束措施的法律条款有：

> 《中华人民共和国人民警察法》第十四条　公安机关的人民警察对严重危害公共安全或者他人人身安全的精神病人，可以采取保护性约束措施。需要送往指定的单位、场所加以监护的，应当报请县级以上人民政府公安机关批准，并及时通知其监护人。
>
> 《中华人民共和国禁毒法》第四十四条　强制隔离戒毒场所应当根据戒毒人员的性别、年龄、患病等情况，对戒毒人员实行分别管理。
>
> 强制隔离戒毒场所对有严重残疾或者疾病的戒毒人员，应当给予必要的看护和治疗；对患有传染病的戒毒人员，应当依法采取必要的隔离、治疗措施；对可能发生自伤、自残等情形的戒毒人员，可以采取相应的保护性约束措施。
>
> 强制隔离戒毒场所管理人员不得体罚、虐待或者侮辱戒毒人员。
>
> 《公安机关强制隔离戒毒所管理办法》第四十五条　强制隔离戒毒所对毒瘾发作或者出现精神障碍可能发生自伤、自残或者实施其他危险行为的戒毒人员，可以按照卫生行政部门制定的医疗规范采取保护性约束措施。
>
> 对被采取保护性约束措施的戒毒人员，民警和医护人员应当密切观察，可能发生自伤、自残或者实施其他危险行为的情形解除后及时解除保护性约束措施。

经审批，大队在保障安全的情况下对王世豪实施保护性约束措施。被约束后，他气焰仍然十分嚣张：“放了我！有本事就把老子弄死！”三天后王世豪不可一世的嚣张气焰收敛了很多，队长对其教育期间，他多次表示能认识到错误并决心改正。

鉴于王世豪情绪恢复稳定，不再有攻击他人的倾向，大队决定解除对王世豪的保护性约束措施。事后，王世豪的行为有所改善，但还是很难与他人和平相处，动不动就对别人呼来喝去，大家都对他敬而远之。有次晚上洗漱的时候，他让戒毒人员王某帮他洗衣服，遭拒后他勃然大怒，随即殴打王某。鉴于此，大队再次对王世豪实施保护性约束措施。

王世豪经历了几次小挫折后脾气收敛了很多，不再和其他戒毒人员发生冲突，但偶尔还会有其他小问题发生，比如说强借别人的食品，有时情绪激动等，每次出现问题，我们都随时随地耐心地教育他。之后王世豪也有所转变，了解到他对家人的思念，我们决定适时对他进行心理治疗。

四、点燃心中的希望

心理治疗中，治疗师问话一般都是开放性提问，不给患者的思维造成限制。在心理咨询或者治疗过程中，治疗师的提问分为封闭式和开放式两种。

封闭式提问是指提问者提出的问题带有预设的答案，回答者回答时不需要展开，从而使提问者可以明确某些问题。封闭式提问一般在明确问题时使用，主要用来澄清事实、获取重点、缩小讨论范围。

在心理咨询中，封闭式提问除了可以明确问题外，还可以在患者的叙述偏离正题时，用封闭式提问适当地终止其叙述，避免会谈过分个人化。封闭式提问经常使用“是不是”“对不对”“要不要”“有没有”等词，而回答也是“是”“否”式的简单答案。如：“你读了多少年的书？”“你欠外债的数额是多少？”答案是具体的。

在心理咨询中，封闭式提问一般不能过多使用，过多使用可能会使患者陷入被动的回答之中，其自我表达的意愿和积极性会受到压制，产生压抑感和被讯问的感觉，从而保持沉默，最终影响咨询效果。咨询会谈应促进患者充分表达自己，而过多的封闭式提问则剥夺了患者表达的机会，治疗师过多使用封闭式提问，可能花费时间而不得要领，因为有时患者更清楚自己的问题是什么、原因何在。咨询中，通常把封闭式提问与开放式提问结合起来，效果会更好。

开放式提问是心理咨询中常使用的一种手段，是指提出比较概括、广泛、范围较大的问题，对回答的内容限制不严格，给患者以充分自由发挥的余地。开放式问题常常运用“什么”“怎么”“为什么”等词在内的语句发问，让患者对有关的问题、事件给予较为详细的反应，而不仅仅用“是”或“不是”等几个简单的词来回答。这样的问题是引起患者话题的一种方法，使患者能更多地讲出有关情况、想法、情绪等。

开放式提问常用于访谈的开头，可缩短双方心理、感情距离。在这类交流中，每一种问题都可能引发患者较为特殊的反应，使治疗师得到想要了解的。例如，“能不能告诉我，这事为什么使你感到那么生气？”“能告诉我，你是怎样想的吗？”以“能不能”开始的这类问题，可以说是最为开放的问题了，这种问题有助于让患者给出详细的回答。当患者说“不能”或“现在我还不想说”时，治疗师可以进一步使用其他开放性问题，如“是什么原因”……

“那么以后又发生了什么事情?”“当时你有些什么反应?”“还有什么人在场?”这种有“什么”在内的疑问句,可以帮助治疗师找出某些与问题有关的特定的事实资料。

“这件事你是怎样看的?”“你是怎么知道别人的这些看法的呢?”这类带“怎么”一词的问题往往会引导患者详细叙述事情经过。

“为什么你觉得这样做不公平?”“为什么你说别人都看不起你?”“你当时为什么那样做?”与“为什么”有关的问题通常需要患者表达对某事的看法、情绪等,可能会帮助治疗师得到多种较为具体的解释与回答。

虽然开放式问题给患者以较大的自由度,治病师也会得到千百种不同的答复,但开放式问题的目标始终趋向于患者问题的特殊性,帮助治疗师获得对患者的一般性了解。

使用开放式问题时要注意,在此之前应发展良好的治疗关系,有些问题应注意语气语调,以免显得咄咄逼人。避免连珠炮似的提问,连珠炮似的发问可能会使患者产生疑虑,甚至对立。另外,有些患者虽然表面上对问题都一一作答,但可能其内心仍有很大程度的保留。例如,同一个问题:你当时为什么没有把这件事告诉你丈夫呢?辩论式、进攻式、语气强硬的发问与共情式、疑问式、语气温和的发问可能会在患者心里产生两种完全不同的印象,前者会被认为治疗师有反对自己之意,后者则被认为治疗师是真心实意地想知道事情的真相从而帮助自己。

笔者:“王世豪,说说你最近的情况吧。”

王世豪:“嗯,挺好的。”

王世豪看着我,表现得很淡定。笔者:“具体说说。”我让王世豪说说具体情况,他有点摸不着头脑。

王世豪:“没事啊,这段时间挺好的,没有违反队规队纪。”

我笑了一下,让他别紧张。笔者:“今天让你来,就是想和你交流一下,关于你思想、观念、行为、家庭等方面的事情。你想说什么都行。”

王世豪:“嗯。”他低头沉思了一下,慢慢地说道:“我还是发生了很大改变。以前总是感觉自己是对的,自己是主持正义的。但最近发现,自己还是有点太自以为是了。”

听到王世豪说自己自以为是,我很是惊讶,保护型人格的人很少对自己这样评价。我有意识地表现出惊讶的样子:“你说你自以为是?这倒让我感到意外。自以为是的意思是总以为自己是对的，认为自己的观点和做法都正确，不接受他人意见、主观臆断、不虚心。这是我第一次听到你这样评价自己。”

王世豪：“是啊，通过这一阶段时间队长对我的管理教育，我感觉我很多地方都做得不好，但以前没有这种感觉。”

笔者：“嗯，哪些地方做得不好呢?”我借着他的话问他。

王世豪：“比如说，以前总感觉自己是对的，别人说的都不对，总认为只要自己主持正义、敢作敢为，别人就会支持我。”

笔者：“你说的别人是谁?”我知道他说的“别人”是其他戒毒人员，但我故意问他就是想让他聊到这个问题上来。

王世豪：“别人就是其他戒毒人员。”

笔者：“听其他戒毒人员说，你常说‘顺我者生，逆我者亡’，为什么这样说呢?”王世豪低下头，明白他的事情我都知道了。我仔细地观察他的肢体语言，注意他的变化。

沉默了好一会儿，王世豪抬起头来，认真地说：“我知道我的性格有缺陷，从小混社会，养成了一种天不怕地不怕的性格，我做事不计后果，喜欢先下手为强，总是认为很多事通过金钱和关系就能摆平。但现在我发现，到了戒毒所，很多事都行不通了。”

王世豪也目不转睛地看着我，他也在观察我的表情。混社会这么多年，他的经验还是比较“丰富”的。笔者：“你有你的为人之道，这无可厚非，但必须要站在正义的一面，而不是只站在自己的利益上做事。为人太霸道，也会令身边的人对你口服心不服，甚至对你产生反感。有时为了达到你认为正确的目标，你会不择手段，无形中就会伤害无辜。真正付出你的爱心，站在时代的前沿，为大众谋幸福，并不是为你或者你的小集团的利益去拼杀，这才是英雄豪杰，这才是有大志向的人。”

王世豪：“嗯。”

笔者：“你最近干了什么? 你打架斗殴、寻衅滋事，这些莽撞的事，有什么意义和价值呢? 作为一名戒毒人员，在强戒所必须遵守法律法规和所规所纪，这是最起码的。”

王世豪：“汤老师，我真的知道自己错了。这次我真改了，绝不像前几次那样，口服心不服。我会写出深刻检查，在全大队戒毒人员面前深刻检讨自己的错误，并做出保证。我会按照所里的要求，带头做好各项工作，请看我的表现吧!”

笔者:“王世豪,今天你能有勇气说出这些话,说明你的认识还比较到位。能够在全体戒毒人员面前承认自己的错误并坚决改正,这不简单。我会看你的具体表现。”

接下来,我们趁热打铁,让王世豪立刻写出悔过书,召开全大队戒毒人员大会,并邀请所领导和相关部门参加会议。

之后的一段时间,王世豪表现积极,并带领其他戒毒人员认真做好各项戒治工作。我也全程跟踪,及时进行表扬鼓励,收到了良好效果。

相较于反社会型人格障碍,虽然吸毒相关反社会型人格障碍共病拥有病程短、病情轻、有具体的变异源,且患者一旦脱离变异源就具有明显的可逆性等特点,但这两者的表现特征却是基本一致的。

反社会型人格障碍的戒毒人员大多紧张、抑郁,总是认为周围人歧视、憎恨他们;与人相处时,对周围人(尤其是戒毒所的干警)总是保持一种敌视与过当防卫的状态。在进入戒毒所之前,他们情感肤浅,与朋友、配偶等不能保持长久、亲密而忠实的关系,两性关系混乱,对子女不闻不问等。进入戒毒所之后,最主要的表现就是极不坦率,且脾气暴躁、自我控制不良,与其他戒毒人员格格不入且经常顶撞干警。

吸毒相关反社会型人格障碍共病的戒毒人员一般对自己的人格缺陷缺乏认知且自我评价过高,虽然他们大多在进入戒毒所之前就因违法被惩处过,但他们从不引以为耻,反而引以为荣,或者是简单地认为自己只不过是“运气背”而已。在戒毒所里,由于其法纪观念淡薄,违反所规队纪是家常便饭,面对干警的批评教育,不是检讨自身,而是推诿于客观或者提出一些似是而非的理由为自己开脱,即使受到惩罚,也不能从中吸取教训。

相较于其他吸毒相关人格改变的戒毒人员,反社会型人格障碍的戒毒人员对戒毒所的秩序更具有破坏性,需引起高度重视,这类人往往吸毒时间较长,部分吸毒史在十年甚至是二十年以上,矫治起来特别困难,需要戒毒治疗师投入更多的时间与精力。

五、内观冥想治疗

吸毒相关反社会型人格障碍共病的治疗比较困难,药物虽不能改善人格结构,但对某些表现可能有一定效果。情绪不稳定者可给以小剂量吩噻嗪类药物，如奋乃静2～4毫克或氯丙嗪100～200毫克，睡前一次服用；同时外科治疗也能够定向改变大脑一定部位的连接通路，可改善某种类型的人格障碍症状。但手术可导致不可逆的脑局部损伤，造成人的情感障碍，目前国家卫健委从医学伦理方面考虑，对外科手术治疗采取慎重态度。

心理治疗对人格障碍是有益的，通过深入接触与患者建立良好的关系，以人道主义和关心的态度对待他们，帮助他们认识个性中的缺陷，进而指出个性是可以改变的，鼓励他们树立信心，改变自我。通过不同方法的治疗，以控制和改善患者的偏离行为，使其丢掉那些不良习惯。

对王世豪的治疗，首先要让他对自己的人格和人格缺陷进行认知领悟。为此，我多次和他进行交流沟通，帮助其提高认识，了解自己的行为对自身、社会的危害，培养其责任感，使他担负起对家庭、社会的责任，提高道德意识和法律意识，使他明白什么事可以做、什么事不能做，努力增强控制自己行为的能力。

这次对王世豪的治疗，重点放在冥想和内观引领上，为下一步的人格重塑做好准备。

要做好内观引领，必须先进行心理放松训练。放松训练分为以下几种形式：

一是想象放松法。想象放松是放松训练常用的手段之一，要求根据治疗师的指导，配合想象来放松身心。常用的指导语如：我静静地俯卧在海滩上，周围没有其他人，我感受到了阳光的温暖照射，触到了身下海滩上的沙子，全身感到无比舒适，微风带来了一丝丝的海腥味，海浪在有节奏地唱着自己的歌，我静静地、静静地聆听着这永恒的波涛声。

二是深呼吸放松法。深呼吸放松法是一种更为简便易行的放松方法，不需要任何条件，在各种场合均可自行练习。对于那些容易紧张、一时想不起该怎么办、当时又没有条件慢慢练习上述放松过程的人，学会此法可备不时之需。具体做法是让患者站定，双肩下垂，闭目，然后慢慢地做深呼吸。治疗师配合呼吸节奏给予指导语："呼——吸——，呼——吸——"如此反复地做深呼吸，直至感觉紧张减轻为止。做深呼吸放松时，同时配合心里默念"放松、放松"等自我暗示语，能起到更好的效果。

三是静默术放松法。传统上的静默术有两种方式，即开放式与专注式。开放式静默放松训练是心中不做任何期待，完全以一种纯然空无的心态去迎接任何进入心灵的新事物。其基本方法是，开始静坐时，不把问题带入头脑，不求任何目的，不加任何控制，使自己的意识像飞鸟掠过天空、像平静的海面一样自然，随遇而安，只需保持感觉，身心便可获得放松。专注式静默放松训练是静坐时将意识专注于眼前的一个目标物，达到暂时忽略环境中的外在刺激、忘却自我、忘却一切烦恼的超脱境界。目标物可以是一瓶花、一炷香、墙上的挂钟等，目标物不宜太新奇、太复杂，因为对目标的专注并非去观察分析其特征，而是使自己的内心排除干扰，达到无所愿、无所欲、无所惧的境界，使意识活动得以澄清，从而达到忘我与无我的境界。

静默或称人静，通常是指个体将注意或意识集中到一个客体、声音、意念或体验而进行的一种训练。其应用的目的在于使患者达到精神松弛、提高领悟力和随意控制自己心理活动的境界，从而保持心理健康。静默练习比较简单，一般要求患者坐在一个安静、隔音的环境中，闭起双目，集中注意一个单调的声音、意念，或做一些单调刻板的动作，如拇指与其他四指重复接触等。这种放松疗法常常配合系统脱敏疗法等一起使用，是对压力或紧张、焦虑、恐惧等消极情绪的一种积极有效的应对。对于伴随上述不良情绪症状的各种神经症，以及心身疾病、神经衰弱、失眠等心理、躯体疾病有一定疗效。

由于王世豪刚开始的状态有些焦躁，为了能让他进入一个放松状态，我决定从渐进性放松开始，过程如下：

请做好准备，按照我说的去做。请选择你舒适的体位，放松地坐在椅子上，闭上你的眼睛，开始深呼吸。尽量不要思考其他问题，把注意力集中到耳朵上，认真地听我说话，并按照我说的去做。很好，就这样，深深地吸气，慢慢地吐气，每一次吸气，把清新的、带有营养的氧气吸收到你的血液中，营养你的全身。每一次呼气，把你身体中的二氧化碳排出体外，使你的身体保持更旺盛的状态。现在再一次深呼吸，尽可能从小腹部吸气，然后，慢慢地把它呼出去。好，很好，就这样，一呼一吸，深深地吸，慢慢地呼，好，你开始越来越放松。

现在，请将你的脚趾向脚心方向弯曲，肌肉适当绷紧，同时小腿肌肉收缩，现在脚面绷直，小腿肌肉收缩，脚趾弯曲，你的脚趾、踝关节、小腿肌肉都绷紧。坚持住，适当增加力量，坚持，再坚持；放松，深呼吸，气流从鼻腔缓缓进入，再缓缓地呼出去，现在你的心情开始一点点安静下来了。

然后，再把脚趾向脚背方向弯曲，脚尖向膝盖方向做勾脚动作，小腿肌肉绷紧,踝关节、脚背绷紧,现在脚趾尖、踝关节、小腿肌肉都绷紧。坚持,坚持,适当增加力量,现在小腿肌肉像弓弦一样绷得很紧很紧,大约坚持10秒钟,我帮你计时:10、9、8、7、6、5、4、3、2、1。放松,深呼吸。现在你的脚、小腿都放松了,心情也开始一点点放松下来了。

接下来,请你将膝盖用力并拢,大腿肌肉绷紧。同时,臀部肌肉也绷紧,尽力收缩,再收缩,坚持,再坚持,10、9、8、7、6、5、4、3、2、1。放松,再做深呼吸,体会气流缓缓地吸入腹部,吸,再吸,体会那种气流向上流动的感觉,然后把它呼出来。现在,你的大脑已经渐渐地放松下来了。

现在,绷紧后背肌肉,两肩略向后用力,身体可以稍稍向上隆起,将腰部、臀部的每一块肌肉尽可能地绷紧,适当增加力量,坚持,再坚持,10、9、8、7、6、5、4、3、2、1。好,很好,继续放松,然后再做深呼吸,现在,体会你的心情越来越放松的感觉。

好,接下来,肩部肌肉绷紧,好像用肩膀去碰耳朵一样,尽力地向上耸肩,肩膀、头和周围的肌肉都绷紧,坚持,坚持,再坚持,10、9、8、7、6、5、4、3、2、1。好,放松,再做深呼吸。

现在,让你的腹部肌肉绷紧,让肚脐周围的肌肉尽可能地都绷紧,坚持,再坚持!然后,颈部肌肉也绷紧,让下颌低入前胸,使颈部的肌肉绷紧。现在腹部的肌肉绷紧,颈部的肌肉也绷紧,坚持,坚持,再坚持,10、9、8、7、6、5、4、3、2、1。好,放松,再做深呼吸。

好,现在深深地吸气,慢慢地呼气;再来一遍,深深地吸气,慢慢地呼气;再来一遍,深深地吸气,慢慢地呼气。

好!春天来了,一片鸟语花香的美丽景色,你静静地躺在床上,心情舒适而愉快地享受春天带给你的欢乐与愉悦。

一束温暖的阳光暖暖地照在你的头顶,你觉得头部放松了,特别地安逸舒服,这股暖流从头部慢慢地流向你的额头,你紧锁的眉头舒展开了,请你仔细体会一下眉头舒展之后放松的感觉,你觉得好舒服好轻松,你觉得额头凉丝丝的,脸上的每一块肌肉都特别放松,你觉得舒服极了。

这股暖流从头部流到颈部、颈椎,你觉得颈部放松了,颈椎放松了!

血液流动非常流畅,慢慢地这股暖流流向你的双肩,你的双肩放松了,每一块肌肉都得到放松,特别舒展!

血液很流畅,暖暖的,非常舒服。这种温暖的感觉流向你的前臂,你的前臂放松了，又慢慢地流向你的小臂，你的小臂放松了，然后顺着你的手掌心慢慢流向你的手指尖，你的手心暖暖的。请你体验一下手心温暖的感觉，非常温暖，非常放松。

你再重新体验一下这股暖流从头顶慢慢流向你的双眉、额头、脸部，每一块肌肉都得到了放松，顺着你的颈部、颈椎、双肩一直流向你的手指尖，所有的疲惫都从你的手指尖流走了。

这股暖流流向你的前胸后背，整个前胸后背的肌肉都特别放松，你胃里的不舒服、炎症在慢慢地消除，你的感觉好极了，腰部非常舒服，非常放松。整个髋关节都非常放松，臀部的每一块肌肉都得到彻底放松，请你体会一下这种放松后的舒服愉快的感觉。

请你把注意力集中在前额，你的前额非常放松，你试试看，体验一下这种舒服愉快的感觉。你紧锁的双眉舒展开了，你的前额凉丝丝的，头脑空空的，大脑中的每一个神经细胞都得到了很好的休息，你的精神非常愉快、放松，身心舒畅。

现在请你把注意力集中在大腿上，这股暖流慢慢地流向你的大腿，大腿上的每一块肌纤维都非常放松，你的膝关节也放松了，这股暖流顺着膝关节慢慢流向你的小腿，你的小腿放松了，踝关节放松了，脚后跟、脚掌心非常放松，体验一下脚掌心舒适放松的感觉，慢慢地这股暖流流向你的脚趾尖，你的脚趾尖非常放松。

现在从头到脚再来一遍：现在你的头部放松了，体验一下头部放松的感觉；你紧锁的眉头放松了，紧锁的眉头舒展开了；你的颈部放松了，你的颈椎放松了，你的双肩也放松了，你的手臂放松了，一股暖流顺着你的手臂流向手心、手指尖，所有的疲惫、烦恼都从你的手指尖流走了。当这种烦恼和疲惫都消失了的时候，你有一种无拘无束的感觉，你的感觉真的好极了。你的胸部放松了，你的躯干放松了，尤其是你的颈部、颈椎、双肩、腰部都非常放松，你体验到一种从未有过的放松感觉。你的髋关节放松了，你的臀部放松了，你身上所有的肌肉都非常放松，请你慢慢地体验，好舒服、好轻松！现在你觉得浑身放松、心情舒畅，就像躺在湖面上随风飘荡的小船上一样，暖风徐徐吹过你的整个身躯，还有一丝淡淡的水草的香味，你闭上眼睛，深深地陶醉在这片水波荡漾的美丽风景中，你觉得心胸特别宽广，心情特别愉快，全身的肌肉非常放松！

好，现在请你慢慢体验一下这种放松后愉悦的感觉。现在你觉得浑身特别特别放松，心情特别特别愉快，你觉得舒服极了！唤醒你后，现在你觉得浑身都充满了力量，心情特别愉快，你的头脑清醒，思维敏捷，反应灵活，眼睛也非常有神采，你特别想下来走走，散散步，听听音乐。准备好了吗？好，请你慢慢地睁开眼睛，你觉得头脑清醒，思维敏捷，浑身都充满了力量，你想马上起来出去散散步。

现在，请你绷紧面部肌肉，尽力皱眉，嘴闭紧，在眼睛不睁开的情况下，看自己的额头，使眼部肌肉绷紧，舌头舔上颚，坚持住，面颊的肌肉也绷紧，坚持，10、9、8、7、6、5、4、3、2、1。放松，然后做深呼吸，深深地、长长地做一次深呼吸，现在你的心情完全放松，什么都不用想，现在你沉浸在这种轻松的感觉中，让大脑得到更好的恢复和调整。

现在，让我们回到童年时代。那时的你是个什么样子？回想那时你住的房子是什么样子？那时你的父母是什么样子？回想一下，你生病的时候，父母是怎样做的？

你慢慢地长大，开始上中学了，你有没有刻骨铭心的记忆？

你慢慢长大，经历了很多很多，你逐渐长成大孩子了，经历了更多的事情，想一想，有哪些事情让你一直放心不下？哪些事情让你经受了挫折？

想一下，那时父母的生活怎样？他们经历了什么？

静静地思考，我为父母做了什么？

父母为我做了什么？

吸毒给我带来了什么？

我吸毒给别人带来了什么？

在我的冥想催眠引导下，我看到王世豪早已泪流满面。他没有擦拭眼泪，而是任由眼泪流下来……

大约 5 分钟后，看到王世豪基本平静下来，我慢慢地将他唤醒："现在我开始数数，从 5 数到 1，你就会慢慢醒来。"

王世豪在我的催眠引导下，慢慢地醒来。他看着我，久久没有说话，眼泪还在流淌。

像王世豪这样的人，如果没有特别的事情触动他，他不会出现这样的状态。

笔者："王世豪，这次治疗触动了你一些敏感的方面，请说说刚才你的情况，勇敢地说出来，释放出自己的情绪，对你很有好处。”

王世豪逐渐敞开心扉，从一开始的紧张慢慢开始放松(见图3-3)。我给王世豪递过纸巾，示意他擦去眼泪。冷静了一会儿后，他开始和我交流。

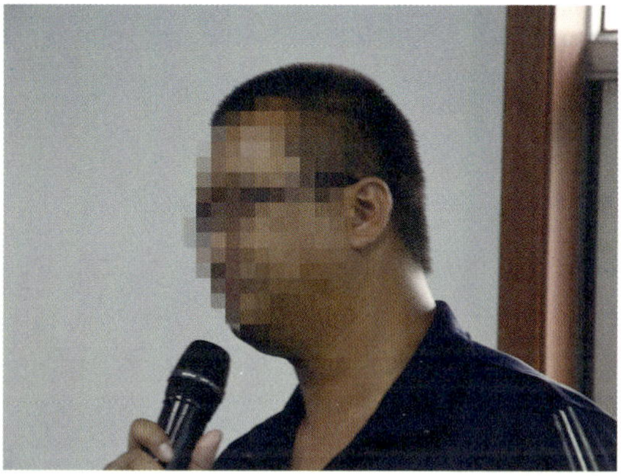

图3-3　戒毒人员进行冥想治疗后流下悔恨的泪水

王世豪：“汤老师，刚才你给我做的治疗，让我终生难忘。童年的回忆历历在目，从小受的屈辱让我必须强大，否则就会被人欺负。”

我点头回应。

王世豪：“小的时候，我的个子不高，父亲去世后，邻居为了宅基地经常和我们家发生冲突。邻居的儿子正好和我一个班级，他因为比我高大整天欺负我。终于有一天，我再也忍受不了他欺负我，一气之下，我拿砖头狠狠地砸了他的头部，然后就不再上学，和社会上的‘大哥’混在了一起。为此，母亲也痛打我，让我继续上学。从我打了他之后，也有了社会上的‘大哥’做后盾，他再也不敢欺负我了。”

笔者：“你的母亲现在怎样？”我有意识地问了这样一句话。

王世豪低下头，久久没有说话。我看着他，也没有再说话。我知道，这种情况下，沉默也许是最好的治疗。

他终于抬起头，认真地看着我：“汤老师，从小到大，父母不知为我操了多少心。我从小就不听话，和同学打架，搞恶作剧，母亲经常要去学校给老师和同学赔礼道歉。当你问我为母亲做了什么的时候，我很难过。我没有给母亲做任何事情，现在，母亲一天天变老，而我来到了戒毒所。我对不住他们。”

说完，王世豪又流下了眼泪。

笔者："那以后你要怎么办？"

王世豪："汤老师，我一定好好做人，不辜负您，也不辜负父母的养育之恩。只有我不吸毒了，干成事业，让母亲过上好日子，他们才算没有白养我。"

看到这次治疗达到了预期目的，我对王世豪说："世豪，今天你做得很好，希望你从现在开始，在班级里起带头作用，彻底戒毒，为自己和家人争口气。"

王世豪郑重地点了一下头，表情凝重地走出了治疗室。

六、界定吸毒前人格

对王世豪进行人格重塑，首先要界定其吸毒前是什么样的人格，也就是说，王世豪没有吸毒时的正常人格是什么样，然后进行综合矫治才能有的放矢地让其改变。

（一）确定保护型人格

根据王世豪的讲述，结合他来到戒毒所的表现，判断王世豪吸毒前的人格类型应该属于保护型人格。

1.保护型人格的特点

(1)行事果断勇敢，强调独立自主思考与决策，并采取行动，以掌控一切的方式主宰自己的人生；极富冒险精神，喜欢挑战大项目，并不断拼搏，给人一种总是在战场上战斗的感觉；为人直爽、坦诚，说话办事直截了当，从不拐弯抹角，但他们过于强硬的态度总给人一种太过强势的感觉，又因为在言语上不够圆滑经常造成他人误会，进而导致人际关系紧张。

(2)有一种与生俱来的正义感，主持公道是他们的责任，并且他们也喜欢通过伸张正义的义举来证明自己的实力，以便从中收获掌控一切的成就感。遇到任何不公平或有失正义的现象，他们一定会站出来维护公理，为大家、也为自己讨回公道。

(3)在生活中很有主见，为人处世有一套自己的标准，不喜欢被别人指手画脚，同时他们亦会要求身边的人尊重他们的主见和行为标准。具备很强的领导和组织能力，喜欢发号施令并统领全局，在生活中无论自己是否真的担任领导角色，总是会让身边人不自觉地跟随自己，视自己为身边人的领导。

(4)欲通过自己的实力主宰自己的人生以及掌控一切，非常喜欢与那些同样敢于表达自身想法、坦率表明自身立场并为坚定立场不断拼搏奋斗的人相处。

(5)男性大多魁梧健壮，女性大多结实丰满，无论男女即使身材瘦小者也显得短小精悍，因为他们需要很大能量应对生活中的挑战，所以结实的身材也是自己实力和霸气的本钱。站立或坐卧时，会不自觉向后微倾，给人传递一种高高在上、等待对方主动上前示好的感觉，当然有时候也有传递“放马过来”的意思。走路时挺胸抬头，趾高气扬，刻意扩展两臂摇摆范围，以此标明自己的领地以及传递自己的威势，给人一种“无所畏惧”的感觉。

(6)目光专注，习惯直视对方眼睛，但面部表情又不会显得过于严肃，不过即便是微笑，也透露出一股威严、霸气的气势。

(7)言语表达直截了当，声音洪亮，语速平稳，但他们表达自己的想法或与人对峙时，语速会很快，且不容他人打断；若他人强行打断，保护型人格的人绝不配合，他们会提高音量，加快语速，配合强劲的肢体动作一鼓作气抢着把话说完，说完之后如释重负，畅快淋漓。

(8)外表显得无礼、无畏，看起来气宇不凡，目光淡定，有大将之风，让人产生被保护的感觉，但有时候有被压榨、被侵犯的感觉。

(9)价值观是：这个世界充满挑战，我要做一个自强不息的人，运用我强大的自信和意志战胜环境，贡献社会。

2.判断保护型人格的依据

(1)王世豪具有保护型人格的领导力。他从小就是孩子王，带领一帮孩子学习武术。长大后在水果批发市场把他的小兄弟集合在一起，通过他所谓的领导手段笼络人心，在水果批发市场站稳了脚跟。

(2)王世豪具有保护型人格行侠仗义的性格。当水果批发市场出事被公安机关立案审查时，他敢于担当，把全部责任揽下来。

(3)王世豪具有保护型人格外向、主动、乐观、冲动、专制的性格特点。他关注权力、独断，喜欢危险和冒险。独身一人去异国他乡，当毒枭用毒品考验他时，他毫不犹豫地尝试毒品，不计后果。

(二)制定针对性方案

确定王世豪吸毒前的人格为保护型人格，根据保护型人格的特点，吸毒后王世豪的人格发生改变，诊断为吸毒相关反社会型人格障碍共病。目前，对于吸毒相关反社会型人格障碍共病的治疗比较困难，治疗效果不佳。但王世豪人格改变主要是吸毒所致，需要利用九型人格理论和技术有针对性地进行人格重塑。

七、人格重塑

（一）厌恶治疗

对于情节特别恶劣、屡教不改的反社会型人格障碍戒毒人员，在实施内观冥想治疗的基础上，还可采用行为治疗中的厌恶疗法。当王世豪出现暴力行为时，给予强制性的惩罚，使其产生痛苦的体验。多次实施以后，当他一旦出现暴力冲动，就会感到厌恶、全身不舒服，以此减少其暴力行为。然后根据其行为矫正的实际表现，逐步放宽限制，恢复其正常的戒毒生活。

王世豪入所后多次对他人实施暴力，我们对其实施了保护性约束措施，加上我们耐心引导，后来王世豪收敛了很多，也能静下心来考虑事情。

（二）角色塑造法

角色塑造法又称新形象塑造法，是我在戒毒工作中创造的一种人格重塑的方法。角色塑造法是在九型人格理论的基础上，将人大体分为九种不同的人格类型，每型人格都有主人格和子人格，根据不同的人格特点，找出其闪光点，制定具体的矫治目标，帮助戒毒人员重构人格。这个方法，可以应用在不同人格障碍戒毒人员的人格重塑戒毒过程中（见图 3-4）。

图 3-4　戒毒治疗师指导戒毒人员学习九型人格心理学知识

具体操作：对反社会型人格障碍的戒毒人员赋予一定正面形象，并指定一个学习的榜样，让他们互帮互助。在这个过程中一旦发现其助人及做有利于大家的事情，及时对其表扬，并根据其特长，创造条件让其不断发挥，并不断进行鼓励和激励，从而改变其旧的观念与习惯。

对王世豪的角色塑造，是从他帮助一名戒毒人员购买方便面开始的。我抓住他心底善良这个本性，对他进行了表扬。当着大队近百名戒毒人员的面，我说：“王世豪帮助哈拉布拉购买食品，没有什么目的，就是看到哈拉布拉在这里没有亲人，家里也没有人给他寄钱，纯粹是因为他心中那颗善良的种子发芽了，是他的善心在起作用。”

一段时间后，王世豪发生了很大的改变。队长们看到王世豪的改变，都去表扬他、鼓励他、支持他，王世豪也实实在在变好了。

（三）同伴教育

在接下来的一段时间，我们让王世豪背诵戒毒所的行为规范，并密切监督他严格按照行为规范去做，同时又挑选两名表现优秀的戒毒人员对他进行同伴教育，为他做出榜样。

这两名戒毒人员是我用心挑选出来的：一是文化程度较高，有一定沟通能力，能够及时帮助王世豪进行人格重塑。二是做事有原则，事事能够给王世豪做榜样。三是具有一定人格魅力，能让王世豪看到他们身上的闪光点，不断感化影响他。同伴教育起到了双重作用，既帮助了王世豪，也让带领他的同伴变得更优秀。

通过角色塑造法和同伴教育，王世豪各方面都发生了变化，我们也注意发现他更多的闪光点，并及时进行表扬鼓励。王世豪的戒治积极性大增，内在心态及外在行为都持续好转。

（四）文化矫治

国学文化教育亦是帮助吸毒相关反社会型人格障碍共病患者进行人格重塑的必修课程，国学文化教育可以弥补他们缺少的文化知识，让他们产生正常的感恩心、道德心、正直心，从而学习做一个对社会、家庭有益的人。

我经常邀请国学文化讲师来所里给戒毒人员讲授弟子规和孝经。王世豪每次听完后都深受启发，后来他开始经常给母亲和妻子打电话，话语里也开始表露出悔恨之意。看到王世豪的改变，我产生了一种成就感。

（五）行为矫治

在强制隔离戒毒所这个特殊的环境里，我们给吸毒相关反社会型人格障碍共病的戒毒人员制定了一日行为规范，并要求他们严格执行（见图3-5）。通过一段时间的良好行为养成，可以逐渐促使他们转变内在价值观念与思维模式，进而达到人格重塑的目的。

图 3-5 戒毒治疗师对戒毒人员进行一日行为规范教育

对王世豪的人格重塑，我们要求他这样做：

(1)每天保持积极的而非抵触、抱怨的心态生活。早晨听到起床号令后1分钟内起床，然后用最快的速度、最高的标准整理好个人卫生及内务卫生，用积极向上的心态开始一天的戒毒生活。

(2)多发现别人身上的优点，并真诚地与别人交流，在戒毒所内每月新增一个知心朋友。

(3)发现其他戒毒人员抱怨、发牢骚时，不随声附和，并试着耐心说服。

(4)主动用实际行动赢得别人的认同和尊敬，带头打扫室内室外卫生并且主动为集体服务。

(5)把不满与叛逆转换成另一种有益的方式——主动对卫生情况或戒毒所的其他安全隐患进行检查，并及时向戒毒警察提出积极的建议。

(6)做一个积极正面的人，大声朗读行为规范，激情高唱饭前一首歌，队列中昂首挺胸、步伐整齐、口号嘹亮。

(7)每月至少写一封家信，向家人忏悔自己过往的不足，并表达自己重塑新生的决心与信心。

(8)积极参加习艺劳动，并超额完成劳动任务，去掉好逸恶劳的恶习，培养自食其力的能力。

日复一日地学习、工作、生活，我们不断地给王世豪调整前进的方向，注入新的能量，并且不断强化积极行为，王世豪逐渐改变了。

转眼间王世豪已经入所一年八个月了，不仅王世豪自己感觉变了，大家都感觉他变了。能够主动学习，开始关心大队集体荣誉，主动清扫室内外环境卫生，这段时间，王世豪整个人的面貌焕然一新。人格重塑让王世豪得到了重生。

八、回归适应期心理矫治

强制隔离戒毒人员在出所前 2～3 个月，戒毒所要对其进行回归适应期心理辅导，为他们回归社会、家庭做好准备(见图 3-6)。在戒毒人员接受强制戒毒近两年的时间里，家庭和社会已经发生了很大的变化，在他们即将回归社会的时候，需要帮助他们做好出所前的心理准备，完成人格重塑的最后一环节。

有很多戒毒人员出所后，常因缺乏家人的信任而产生抱怨，同时还可能因为家人的怀疑使自己戒毒的信心受到打击，从而灰心丧气，导致戒毒失败。还有一些人不能很好地融入社会，也不知道自己如何做才能不再陷入吸毒的深渊。为此，我找到王世豪，围绕以下三个问题和他进行交流沟通：一是如何面对家人，二是如何融入社会，三是如何做好自己。

图 3-6 戒毒治疗师对戒毒人员进行回归前感恩教育

(一)应如何面对家人

戒毒人员戒毒的目的就是为了更好地生活，做一个对国家、社会、家庭有用并且负责任的人。正确处理好社会、家庭、生活之间的矛盾，更好地融入社会这个大家庭之中，这是出所前戒毒人员必须要做好的功课。对王世豪来说，处理好与家庭之间的矛盾是重中之重。

我给王世豪提出三条建议：

1.要有对自己行为负责任的意识

首先在思想上要有清醒的认识，家人有可能对自己不信任，这种不信任都是自己曾经一次次让他们失望造成的，自身应该考虑的是做些什么、如何去做，以此来争取家人的信任。

2.要学会与家人沟通

多做一些功课，学会与家人交流沟通。自己有什么想法、计划多与家人商量，用真诚宽容的心去赢得家人的理解和信任。

3.及时求助

遇到不能解决的困难时可以求助心理医生，也可以随时给我打电话。正确面对和解决家庭中的冲突和矛盾，学会适应并能够正确处理这些矛盾。

（二）应如何融入社会

1.学会拒绝毒友的诱惑

许多戒毒人员总结出一句经典的经验教训——戒毒先戒友。俗话说：近朱者赤，近墨者黑。一个人和什么样的人相处，就会被什么样的人影响，相应地就会拥有怎样的人生。我们还专门请治疗师为即将出所的戒毒人员们讲授如何学会拒绝毒友的诱惑，见图 3-7。

图 3-7　戒毒治疗师教育戒毒人员如何拒绝毒友的诱惑

2.学会与人交往

由于吸毒使得社交圈子变窄，所以在与人交往时会产生一种很强的自卑、畏惧和敏感的心理，担心别人因知道自己吸过毒而看不起自己，觉得自己低人一等。必须正确认识并有意识地帮助自己在这方面改善，否则这种心理只会导致自己变得更加封闭，最后又不得已重回吸毒的圈子中。

（三）未来应该如何去做

1.学会充实自己的生活

在回归社会的过程中最可怕的就是无事可做，容易产生空虚、无聊、烦闷心理，长期处于这种状态，很有可能最终妥协于毒品，走上复吸的道路。所谓“凡事预则立不预则废”，出所前可与家人一起商讨出所后的计划，并为保证计划的实施做好思想准备。

2.学会安排生活

可以找自己喜欢的事做，也可以利用休闲时间与家人或者是好朋友逛街、参加健身活动，如跑步、打球、爬山等，以此来减轻刚出所的身心焦虑和抑郁，缓解压力。

3.学会和家人分享感受

学习健康的交往方式和正常的情感表达，把自己的喜怒哀乐及时与家人分享。

4.制定目标

循序渐进地制定长期、短期目标，学习管理自己的情绪，培养延缓满足欲望的能力。

5.用爱去回报帮助自己的人

突破既往的心智模式，开发内心深处的爱和奉献，用心去爱家人、爱朋友，去爱和帮助那些比自己更需要帮助的社会弱势群体。

6.做有意义的事

不断发现和挖掘有意义的事，做有意义的事，做有意义的人，实现有意义的梦想。

戒毒人员处理好家庭、社会、生活三种关系是抵抗复吸的精神基础，每一种协调和配合都需要个人、家庭及社会的共同努力。

这次和王世豪交流，我采用的是鼓励、教育、指导的方法，大部分时间都是我在说，他认真听，不时地点头。应该说，对他出所后的工作、生活有一定的帮助。

转眼间，王世豪已经迈入社会四年多了，每逢重大节日我都会收到他的节日祝福，至今他一直保持自律。他告诉我，他现在家庭幸福美满，他有两个孩子，老大是女儿，已经12岁，就要上初中了，学习成绩很好，很懂事；老二是儿子，现在已经3岁了，很可爱。有一次，他还特意把他的全家福寄给我，让我看看他变样了没有。他的妻子已经成了水果批发市场的正式管理员，属于城管大队编制。回家后他开了一家汽车维修店，聘请了专业技工，专修奔驰、宝马、奥迪等高档车，生意很好。因为高档汽车越来越多，他经营的维修店生意越做越红火，马上就要在几个县城开分店了，让我有时间过去看看。

他说，大家都说我出来后就像变了一个人，不再像以前那样性格刚烈、暴躁如雷；有了家庭，要负起家庭的责任来，两个孩子还小，妻子既能干又贤惠，绝不能辜负他们。他还告诉我，他现在资助了两个大学生，放假的时候，这两个大学生都会过来看他。他告诉我，人要知恩图报，也要为社会做点事，他说他相信因果报应，好人一定有好报！

第四节　吸毒相关反社会型人格障碍共病矫治思考

戒毒所安全管理是第一要务，只有在安全稳定的环境中才能做好戒毒矫治工作。安全管理主要是指对戒毒人员进行法律常识教育、行为规范教育、遵规守纪教育、安全生产教育等一系列教育活动，通过队列训练、行为养成等专项训练，矫正不良习惯，为彻底戒毒奠定基础。

安全管理的主要对象是戒毒所的重点管控人员，吸毒相关反社会型人格障碍共病的人员大多数是重点管控对象。所以，只有做好此类人员的安全管理教育工作，心理矫治工作才能取得预期效果。

一、从管理心理学视角的思考

反社会型人格障碍的人往往具有一定影响力，管理好他们至关重要。在戒毒所，吸毒相关反社会人格障碍共病人员大多管理难度较大，这些人员常年往返于公安和监管场所，对社会的安全与稳定造成不良影响，在戒毒所也往往是不安定因素。

他们的人际关系不良，经常和其他戒毒人员发生冲突和矛盾，他们容易挑起事端，兴风作浪，严重影响监管场所的安全、稳定。但从另一个角度考虑，在科学规范、严格执法的基础上，对他们进行科学矫治，正确引导，给予正能量，发掘他们人性中好的一面，发挥他们的“领导”特长，以点带面，对监管场所整体的安全稳定可以起到很好的作用。

二、从人格心理学视角的思考

我曾经是一个司法系统医院的专业医生，我原本是在医院从事治病救人的工作。没想到自己还有这样一个缘分和机会，能够到戒毒所新收大队担任大队长职务。相比在医院救治生理疾病的病人，在戒毒所除了医治思想疾病、心理精神疾病，更重要的是管理教育好这些违法的吸毒人员，帮助他们恢复身体健康，修正不足，戒掉毒瘾，成为对国家、社会、家庭有用的人。

针对吸毒相关反社会型人格障碍共病的戒毒人员，我主要采用九型人格的理论方法，并将此方法进行改良，应用到戒毒所的管理教育戒治工作中，我们称之为“人格重塑”(见图 3-8)。

图 3-8　戒毒治疗师对戒毒人员进行人格重塑

目前，有关人格重塑方面的研究很少，因为社会上的人格障碍患者主动就医的很少，医生也普遍认为人格障碍治疗效果不佳，所以很少有人去研究人格障碍。现阶段，我们运用医学、心理学、管理学、教育学、社会学等专业理论和实践技术，使这些在社会上危害较大的吸毒相关人格障碍共病人员发生改变，使他们对家庭、社会产生积极的作用，我感到很骄傲。

人格重塑改变戒毒人员的价值观、世界观、人生观，改变他们的认知、思想、行为，最终使人格障碍得到彻底治愈，这是我们最开心的事情。但有些人却很难矫治，这中间也发生了很多故事，让我终生难以忘怀。

吸毒人员李某，被公安机关送来时，手铐、脚镣“全副武装”，还有五个身强力壮的特警押送。没想到，就是这样一个其貌不扬、弱不禁风的人，竟因一件小事，用尖刀将他朋友刺伤，他也因此被判入狱八年。从监狱释放出来后，又因吸毒被公安机关现场抓获。抓捕时李某十分嚣张，甚至一度袭警，在收治过程中，他还偷袭我们的值班警察，导致我们的警察鼻骨骨折。当时的李某还处在吸毒过量导致的疯狂状态中，我认真评估李某的心理状况，在与当地公安机关联系了解情况后，经综合分析得出——李某此刻正处于明显的“幻听、幻视引起的继发性精神分裂”状态。这个时候，任何管理教育措施都不起作用，在冲动的情况下还容易出现意外事件，甚至可能导致其他严重后果。按照规定，我们对李某实施了保护性约束措施。保护性约束措施不仅仅是为了防止他再次出现过激行为，更重要的是要对他进行有针对性的专业化治疗。经过一系列治疗，三天后，他终于清醒过来，但对打人的事情没有记忆。

作为专业的医生，我不相信他打人没有记忆，但在临床实践中，的确有吸毒过量导致杀人、跳楼等骇人听闻事件。吸毒过量是否会导致记忆丧失，目前我还没有经验，我猜想，这可能是吸毒相关反社会型人格障碍共病患者的一种自我保护，是一种本能反应。

研究表明，反社会型人格障碍病因相当复杂，目前对此症的治疗尚缺乏有效的办法。药物治疗只能起很小的作用，抗焦虑药物只能短时间暂用一二，不应长期使用，以免成瘾。抗精神病药物也是治标不治本，且疗效不显著，患者常因不愿耐受药物副作用而拒绝服用。同时心理治疗用处也不大，很少有成功的报道。在缺少外部控制的条件下，在门诊治疗反社会型人格障碍患者尚无乐观记录。

尽管临床实践和文献资料表明，反社会型人格障碍的医学和心理治疗效果不显著，但我们的人格重塑矫正方法的效果还是值得肯定的。对于李某的矫治，我们通过保护性约束措施及相关治疗和教育，让其深刻反思自己的错误，责令其写出检查，让他在大队组织的处分大会上进行深刻检讨，并宣布对其延期两个月的处分决定。之后，通过认知行为疗法，让李某认识自己吸毒相关反社会型人格障碍共病形成的原因、机理、表现及治疗；通过传统文化学习、法律法规学习、行为规范学习、严格的军事化训练及行为养成训练，逐步改变其既往的心智模式和固有行为。根据九型人格中保护型人格的性格特点，发挥他本来具有的性格优势，注入正能量，实现人格重塑。

戒毒人员蔡某是一名典型的吸毒相关反社会型人格障碍共病人员，他从小就是孩子王，带领一帮所谓的“坏孩子”，通过“偷、抢、要”等各种手段获取钱财，然后到酒店、洗浴中心、按摩店等消费。蔡某小学没上完就被学校开除，父母因为他而离婚，蔡某也因为故意伤害罪被少年管教所收监，而后常年往返于公安看守所和拘留所之间，在当地臭名昭著。在原大队他不服从管理、打架斗殴、寻衅滋事、挑拨离间，被列为重点管控对象。

一天，副大队长对蔡某当日表现进行批评教育时，蔡某以为队长要“收拾”他，就先发制人，把队长的玻璃杯摔碎，用破损的玻璃碴将自己全身划破，大声呼喊：“队长打人了！队长打人了！”造成极坏影响，严重扰乱戒治秩序。当天蔡某被送到医院接受治疗。蔡某出院后被调配到新收大队。由此，我们开始了对这名吸毒相关反社会型人格障碍共病人员的重塑。

对吸毒相关反社会型人格障碍共病人员进行人格重塑，对被重塑人员来说是一个新生的过程，对我们这些实施重塑者来说也是一次难忘的经历。

反社会型人格障碍的人有一个特点，就是喜欢“打抱不平”，追求所谓的“公平正义”，他们的人生哲学是“靠拳头说话”，遇到比自己强硬的人一定会比个高低，经过较量后，如果势力和能力的确不如对方，就会服输。要让其心服口服，需要进行更深入的重塑。

对蔡某的人格重塑，需要找一个合适的机会。换了新环境，蔡某表现趋于平稳，虽经常乱说大话、牢骚满腹，但并未与其他人发生冲突。某日戒毒人员刘某对蔡某的自夸提出了质疑，蔡某恼羞成怒对刘某大打出手。经审批，我们给予蔡某单独管理处分。

我们在监控中密切关注他的行动，不允许任何人与他进行交流，这一招取得了成效。单独管理的第三天，蔡某提出要见我。第五天，我开始对他进行教育矫治，在他心理防线彻底崩溃的时候，让其深挖产生错误的思想根源，主动承认错误。随后，大队召开违规违纪处理大会，由蔡某做出深刻检查，同时大队宣布延期处分决定。之后，我们立刻开始对蔡某进行心理治疗，通过感情交流，拉近距离，给予希望，促其改变。通过与蔡某倾心交流，让他围绕自己前一阶段发生的事件的原因以及下一步如何去做进行深入分析，让他自己找出自己当前最好的出路在哪里。

蔡某说："以前，感觉戒毒所不能把我怎样，我只要一直对抗管理，就会在戒毒人员中树立威信，就可以操纵其他戒毒人员，树立自己的权威并挑战队长的权威，没想到这无异于以卵击石。我服了，现在你让我怎么做我就怎么做，我说话算数。"

笔者："不是我让你怎么做，是你自己想怎么做！"

蔡某："其实，怎样做，就看自己的主导思想，以前我想的是怎样和队长作对，战胜队长，树立权威，所以才会那样做。现在我想的是，原来我错了，错了就要改，我要做出一个好的榜样来，一样是条好汉。"

笔者："你有这种想法，我很高兴。什么样的思想决定什么样的行为，什么样的行为形成什么样的习惯，什么样的习惯决定什么样性格，什么样的性格决定什么样的命运。你明白了这个道理，就掌握了你命运的方向。那你想怎样做呢？"

蔡某："坚决彻底戒毒，做一个正面人物。做好自己，自己做好，我能做好榜样，你看我的行动吧！"

我给蔡某做了一个职业生涯规划，每一步，都给他设计好如何走，每天完成一个小目标，几个月后，实现中长期目标，最后完成既定目标任务，回归社会后逐渐完成生涯规划。

根据蔡某喜欢表现、愿意当"领导"的特点，我们大队成立了一个由病号、难管重点人员、新入所人员组成的一个"特别班组"，由一个副大队长直接管理，任命蔡某为特别小组组长，我告诉蔡某，要想让这些戒毒人员佩服你，首先你必须做出榜样，带领他们去做好才行。同时，你还要努力学习，提高自己的心理素质、思想修养和管理能力。

就这样，蔡某开始转变，责任警察言传身教、认真负责，蔡某勤学苦练、带头示范，特别小组每天都有新的变化。

看到蔡某的转变，所领导和其他大队警察们看在眼里，在不同场合对蔡某进行表扬，他的干劲更足了。就这样，蔡某成了大队"戒毒明星"，成了所里戒毒先进典型，一天一点进步，不断完成自己的戒治计划，实现既定的人格重塑目标。

三、站在对方视角看问题的实质

站在吸毒相关反社会型人格障碍共病患者的角度去考虑问题，真实地体谅他们的情绪、内心体验、行为方式和核心价值观，不是用领导、法律、责任等大道理去教化和管理他们，而是从一个全新的视角，赋予他们特殊的、良好的、正能量的形象，不断强化他们的责任意识，使他们感觉到自己作用重大，感觉被重视、被重用，从而使他们的价值观、思想观念、行为方式逐渐改变。

戒毒人员牛某在大队不上操、不出工、不上课，大家称他为“三不”人员。牛某对警察的管理教育置若罔闻，一度被列为重点人员。我了解到这个戒毒人员从小喜欢音乐，有唱歌天赋，曾在某地方电视台举办的比赛中取得了第二名的好成绩之后，借助戒毒所成立“戒毒人员文艺宣传队”的机会，将牛某调配到我大队（山东省鲁中强戒隔离戒毒所新收大队）。我和他促膝谈心，拉近与他之间的距离，激发他的文艺天赋，在干警的领导下，让他到“戒毒人员文艺宣传队”去当业务骨干，让他负责组织自编自演文艺节目，让他担任文艺宣传队联络人，协助大队警察对文艺宣传队进行管理。根据戒毒人员的戒毒生活，宣传队自编自演了文艺节目，在戒毒所巡演，他的能力得到了提高，个人价值得到了体现，半年时间，他就像变了一个人，以一个积极向上的形象出现在大家面前，最终他也彻底戒除了毒瘾。出所后，牛某成立了一家文化传播公司，拍摄了电视剧、微电影等影视作品，也取得了很好的经济效益和社会效益。

站在不同的视角看待问题就会产生不同的思维模式，不同的思维模式下就会形成不同的认知和看法，不同的认知和看法就会有不同的行为，保持一种良好的行为，21 天就会形成一种新的习惯；长此以往，习惯成自然，就形成了性格的一部分。在所里，我们还成立了不同的兴趣小组，喜欢画画的进入绘画小组，由专门的美术老师指导作画，陶冶情操，提升专业戒毒能力（见图 3-9）。绘画治疗作为一种专门的心理治疗方法，在人格重塑方面发挥着很好的作用。有的戒毒人员喜欢运动，有运动天赋，我们就组织体育专业的戒毒警察对他们进行专业训练，教他们太极拳、康复操、瑜伽、健身操等，找到内部驱动，正确引导，实现他们的人生价值，达到人格重塑的目的。通过多种形式的教育训练，21 天就可以形成一个习惯，在此基础上不断强化，长此以往就形成了一种性格。

图 3-9　戒毒治疗师指导戒毒人员进行绘画治疗

我们每一个人来到人间，都有不同的历史使命，都有各自的闪光点。其实，人格重塑很大程度上是在寻找一个人的优势和价值，当不断挖掘、提升、发挥其价值后，人就会在不知不觉中发生改变，这就是所谓的认知改变形成行为改变，行为改变形成习惯改变，习惯改变形成性格改变，性格改变形成命运改变。我们形成的这一套对吸毒相关反社会型人格障碍共病人员的重塑方法，就是在专业理论的指导下，在实践中不断探索发展，不一定对每一个吸毒相关人格障碍共病的戒毒人员都有效，但我们会根据每一个人的具体情况，采取不同的重塑方法，促使其产生理想的效果。

第四章 “洗不干净的世界”

——吸毒相关强迫型人格障碍共病案例及其矫治

你是否有这样的经历：出门后经常忘记家中门窗是否关好，会不自觉地再次进门看看。这种情况一般我们称之为强迫思维，症状轻者诊断为强迫行为或者强迫倾向，重者就是强迫型人格障碍或者强迫症。

本章案例的主人公李严曾是一名干净利索、自强不息的辅警，在同学的引诱下沾染上了毒品而且盗窃原油，最终走向违法犯罪的深渊。因为长期吸毒且性生活混乱，李严患了性病，且吸毒后产生激烈的心理矛盾冲突，出现了像着魔一般清洗东西和清洗自己身体的行为，最终变成了强迫型人格障碍患者。

在戒毒治疗师的治疗戒治下，李严是如何实现戒毒和人格障碍共病治愈改变的？下文我们将详细介绍，在此之前，我们先谈一谈强迫型人格障碍和吸毒导致的强迫型人格障碍。

第一节 强迫型人格障碍概述

强迫型人格障碍是人格障碍的一种类型，定义为明显偏离个体文化背景预期的内心体验和行为的持久模式。强迫型人格障碍普遍存在于人群之中，属于发病率最高的人格障碍之一。[①] 它一般起病于成年早期，最典型的特征是完美

---

① Michael J. Aminoff and Robert B. Daroff, *Encyclopedia of the Neurological Sciences*, Academic Press, 2003, pp.4-8.

主义[①]，同时还具有对精神和人际的控制需要以及认知僵化的特点。强迫型人格障碍患者常表现出焦虑，做事往往谨小慎微，希望所有事都能做到尽善尽美。如果症状不是十分严重，往往可在工作中取得比较大的成就，但有时会因过分注重细节、墨守成规，从而影响工作效率。在生活中，患者常会用严苛的尺度衡量周围事物，使自己和身边的人陷入紧张、焦虑的氛围。大量研究认为，强迫症与强迫型人格障碍存在着某种特定联系，有数据显示约有 1/3 的强迫症患者存在强迫型人格障碍。[②]

一、强迫型人格障碍发病原因与机制

（一）遗传因素

调查表明，强迫型人格障碍受遗传基因影响。父母是强迫性人格，子女强迫症患病率为 5%～7%。对具有强迫性人格障碍的人来说，"先天"为"后天"提供了可能性，所以，我们有理由相信，强迫型人格障碍患者可能存在异于常人的基因型和脑结构。

（二）心理因素

（1）精神分析理论。弗洛伊德的精神分析理论用本我、自我、超我三个层次来说明人格结构。其中，本我是人格中最原始、与生俱来的部分，奉行快乐原则，要求无条件的即刻满足；自我是在现实环境的影响下，从本我分化出的一部分，奉行现实的原则，是理性的；超我是理想自我，是人格结构中的道德和准则的代表，其作用就是按照社会道德标准监督自我的行动。自我对本我的冲动和超我的制约具有缓冲和调节作用。吸毒人员之所以心瘾难除，就是因为本我过于强大，过分追求快乐，要戒除毒瘾就要发展超我，用超我对本我进行压制，同时用自我调节心理状态，最终建立健康的人格。利用精神分析理论对强迫型人格障碍加以分析，发现其是由心理防御机制和心理冲突相互联合导致的，与社会、遗传、心理状态等因素息息相关，同时也与患者的性格有一定关系。案例中李严面对供养儿子以及两个小舅子上学的双重压力，不惜铤而走险走上了违法犯罪道路。事后他内心充满了惶恐和焦虑：一方面他是一名警察，代表着正义；

① American Psychiatric Association, *Diagnostic and Statistical Manual of Mental Disorders*, 5th Edition, American Psychiatric Publishing, 2013, pp.36-40.

② 陈艳萍、杨智捷：《90 后大学生强迫型人格的成因与自我调适》，《课程教育研究》2016 年第 1 期。

另一方面他又通过违法犯罪来牟取非法收入。这种矛盾的不良情绪的积累是导致李严形成强迫型人格障碍的重要原因。

(2)社会学理论。行为治疗的社会学习理论认为,人的行为是通过学习而获得的,从学习出发,经过一系列的强化,使学习所习得的行为固化,构成不同模式的新的行为。吸毒者正是通过这种习得的觅药行为,不断得到毒品“闪电般”缓解症状的快感,构成负向的强化因素,日积月累,不断作负强化,终使毒品依赖成为几乎牢不可破的行为模式。

(3)认知理论。认知理论认为,认知是情感和行为的中介,引起人们情绪和行为问题的原因不是事件本身,而是人们对事件的解释。负性认知、情感、行为障碍互相加强,形成恶性循环,这是情感、行为障碍迁延不愈的重要原因。对于非理性思维和认知产生的不良情绪,人们可以通过理性思维用新的观念和认知去代替旧的非理性的观念和认知,从而调整、完善自我,改变不合理的信念。[①] 李严难以克服强迫型人格障碍的一个重要原因就是对毒品没有正确的认知,对清洗东西没有正确的认知,认为一切都是肮脏的,自己必须不停地清洗,这才导致了他种种不合理行为的产生。

(三)社会因素

社会因素主要是家庭、学校、社会三方面的影响。在家庭环境方面,家长的期望值过高或要求过严,对孩子缺乏恰当的指导,经常采用指责批评的家教方式,使孩子缺乏父爱和母爱、产生不安全感等是形成强迫型人格障碍、强迫症的重要原因。学校环境方面,许多学校重智育轻德育,升学压力引起焦虑,容易诱发强迫倾向。社会环境方面,日益激烈的竞争环境使得生活压力越来越大,同时社会上的不良诱惑也容易让人误入歧途,理想自我和现实自我产生巨大分歧,在这种情况下会产生更大的焦虑,为了减轻焦虑,一些人产生了逃避或回避反应,往往表现为强迫性的动作,进而导致强迫型人格障碍。

二、强迫型人格障碍的特征

与强迫症相似,强迫型人格障碍同样具有强迫症状,包括强迫观念和强迫行为。

---

① 张祎、胡厚植:《强制隔离戒毒流程的实践与思考》,《上海政法学院学报》(法治论丛)2011年第1期。

（一）强迫观念

强迫观念是指重复出现的、强制性的、令人苦恼的、持久的思想、冲动和意向，主要包括强迫怀疑、一般强迫思维、传染性强迫观念等。

（1）强迫怀疑。强迫怀疑指患者对自己言行的正确性反复地产生怀疑，需要反复检查、核对。案例中李严对自己做的事情反复地核对检查，反复地怀疑自己没有做好，思虑过多，常常一遍又一遍地反复去做。

（2）一般强迫思维。强迫思维的人的某些想法反复侵入大脑，如脑中反复回荡着一句话或一件事，对一个问题的答案反复计算。案例中李严常常想某处的卫生自己到底打扫好了没有。

（3）传染性强迫观念。这一观念常被认为是"洁癖"的起因。本章案例中李严总是感觉手没有洗干净，于是一直洗手，直到手都洗得脱皮了。显然，这些强迫观念都是不必要的，它们占用了大量认知资源，如果不能得到有效控制，将会使患者身心俱疲，严重影响身心健康。

（二）强迫行为

强迫行为是指个体感觉被迫从事与强迫观念相关的或需遵从某种严格规则（如必须以特定的顺序完成任务）的重复行为（如清洗、打扫等）或心智动作（如反复思考、反复检查等）。强迫行为主要包括强迫清洗、强迫检查、强迫排序与分类等。强迫行为主要是由强迫观念引起的，在耗费心理资源的基础上，强迫行为也消耗着患者大量的体力，直接影响患者的日常生活。

三、强迫型人格障碍的诊断

根据《中国精神疾病分类与诊断标准》（CCMD-2-R）的规定，强迫型人格障碍的诊断标准可以概括为：

（1）做任何事情都要求完美无缺、按部就班、有条不紊，因而有时反而会影响工作的效率。

（2）不合理地坚持要求别人严格按照自己的方式做事，否则心里很不痛快，对别人做事很不放心。

（3）犹豫不决，常推迟或避免做决定。

（4）常有不安全感，反复考虑计划是否得当，反复核对检查，唯恐疏忽和差错。

（5）拘泥细节，甚至生活小节也要"程序化"，不遵照一定的规矩就感到不安或要重做。

(6)完成一件工作之后常缺乏愉快和满足的体验,相反容易悔恨和内疚。

(7)对自己要求严格,过分沉溺于职责、义务与道德规范,无业余爱好,拘谨吝啬,缺少友谊往来。

符合上述项目中的三项,方可诊断为强迫型人格障碍。李严符合上述描述的1、2、4、5、7项,故初步诊断为强迫型人格障碍。

四、强迫型人格障碍的治疗

强迫型人格障碍的治疗包括药物治疗和心理治疗。药物治疗主要用于缓解患者的焦虑症状、强迫症状和抑郁症状,可使用抗焦虑药和抗抑郁药。心理疗法对轻度至中度的人格障碍有一定作用,至少是有益的。心理治疗包括支持性心理分析、心理治疗和认知治疗。心理治疗师通过与患者的深入接触,与他们建立良好的关系,并在寻求支持的过程中帮助识别他们人格中的缺陷,告诉他们人格可以改变,从而鼓励他们建立自信并改变人格。

由于强迫型人格障碍的主要特征是把冲突理智化,过分压抑和控制自己,因此对强迫型人格障碍的纠正主要是减轻和放松精神压力,最有效的方式是顺其自然,事情做了以后就不再去想它,也不要进行评价。比如,担心门没有关好,就让它没关好;课桌上的东西没有收拾干净,就让它不干净;字写得别扭,也由它去。开始时患者可能会因此产生焦虑的情绪反应,但经过一段时间的训练和努力,症状是会减轻甚至消除的。

第二节 吸毒相关强迫型人格障碍共病概述

一、强迫症与吸毒相关强迫型人格障碍共病的关系

强迫症是一种以强迫思维和强迫行为为主要临床症状的精神障碍。强迫型人格障碍是一种自幼形成的以过度的完美主义倾向、追求对周围环境有足够程度的掌控为核心特征,并导致适应不良,从而影响患者生活各个领域的人格障碍。流行病学调查显示,强迫型人格障碍的终生患病率在3%~8%。多个国家主导的精神疾病流行病调查发现,强迫型人格障碍是最常见的人格障碍类型

之一。这类人格障碍的特点是焦虑和恐惧，对治疗最敏感，而认知行为疗法和精神动力疗法对焦虑和恐惧的治疗效果较好。目前学术界对吸毒相关强迫型人格障碍共病和强迫症之间的关系主要有以下几种认识：

第一，吸毒相关强迫型人格障碍共病和强迫症发病具有连续性。吸毒相关强迫型人格障碍共病和强迫症之间存在连续性的讨论由来已久，从早期的临床观察到如今的大样本数据分析，始终有学者支持强迫型人格障碍和强迫症发病的连续性。早期一些学者研究发现，吸毒相关强迫型人格障碍共病和强迫症的共病率高达55%～70%。①

第二，强迫症和吸毒相关强迫型人格障碍共病表示患者病情比较严重。如果患者出现了强迫症和吸毒相关强迫型人格障碍共病，那么就表示患者现在的身心健康已经受到了严重威胁，需要进行密切关注和治疗。

第三，强迫症和吸毒相关强迫型人格障碍共病是一个新的强迫症亚型。在临床工作中，强迫症和吸毒相关强迫型人格障碍共病很常见。

大多学者认为，吸毒相关强迫型人格障碍共病既不是强迫症发病的充分条件，也不是必要条件。那么我们未来可以做的工作，一是在一个国际多数学者认可的标准下，系统地研究强迫症和吸毒相关强迫型人格障碍共病的关系，根据患者的临床表现深入研究，不断丰富相关的理论。二是科学地研究吸毒相关强迫型人格障碍共病对强迫症的临床特征的影响，不断探索更为合适的药物和心理治疗方法。②

二、吸毒相关强迫型人格障碍共病的表现

吸毒相关强迫型人格障碍共病主要表现在行为和心理两个方面，具体有以下几点。

（一）过分认真、细致、完美地做一件事

吸毒者在吸毒一段时间后，往往会变得对许多事情要求苛刻，强迫性地要求自己按部就班地完成，那些有多年吸毒史的吸毒者更是如此。比如患者吸毒后不停地打扫卫生，能够专注地打扫几个小时，不嫌累、不放弃，并且严格按照

---

① S.Rasmussen,“Clinical Characteristics and Family History in DSM-Ⅲ OCD”, *American Journal of Psychiatry*, vol.143, no.3, 1986, pp.317-322.

② 高学正、耿德勤、周朝昀：《强迫症和强迫型人格障碍关系的研究进展》，《临床精神医学杂志》2016年第6期。

一定的顺序和程序去做。如擦地必须先用湿抹布擦一遍，必须每个角落都要擦到；湿抹布擦拭一遍后，再用半干的抹布擦第二遍，任何地方都要擦到；第三遍必须用八成干的抹布擦拭。如果有一次没有按照规定程序擦，就要从头开始。一名戒毒人员家属告诉我：“我老公吸毒后不去干坏事，他总是在家一丝不苟地擦地。当他认真、仔细、几个小时不停地擦地打扫卫生的时候，他肯定是吸毒了。”

（二）按程序办事绝不含糊

由于长期吸毒，吸毒者形成了一个必须按照既定程序办事的习惯。他们行为循规蹈矩，不知变通，爱好不多，清规戒律反而不少。他们有着强烈的时间观念，对于突发事件或者节奏较快的事情，适应力差，很难接受新事物，刻板、缺乏生命活力。他们做事情讲求规则与程序，并且强制要求他人也按照自己的风格行事，否则就会感到不舒服甚至对他人产生敌意。

（三）常常有不安全感

吸毒相关强迫型人格障碍患者吸毒后变得像惊弓之鸟，他们害怕被警察抓捕，常处于莫名其妙的紧张和焦虑状态。如门锁上后还要反复检查，担心门是否锁好；写完信后反复检查邮票是否已贴好、地址是否写对了；听到警笛声就害怕，经常吓得夜不能寐、食不知味，惶惶不可终日。

（四）总是穷思竭虑，处在完美之中

吸毒相关强迫型人格障碍患者对自己做的事情经常反复地进行核对检查，总是害怕出错。他们思虑过多，对自己做的事总没把握，总以为没达到要求，别人稍有怀疑，自己就感到不安。他们过分地投入工作，常常悔恨或者内疚，经常审视自身存在哪些缺陷或工作有什么不完善、不完美，缺乏冒险精神等。

（五）处于过分的自卑与自责中

吸毒相关强迫型人格障碍患者过分沉迷于吸毒中，吸毒后又会处于极度的自卑和自责之中，感觉自己犯下了滔天罪行，不可饶恕，处在极度的痛苦之中。

（六）拘谨吝啬，几乎没有朋友

吸毒相关强迫型人格障碍患者吸毒前大方、仗义，吸毒后有时会变得过分节俭，甚至是吝啬，和亲属朋友都不再来往，整天独往独来。

（七）固执呆板，没有快乐

吸毒相关强迫型人格障碍患者吸毒后变得固执刻板，如同雕塑一般，生活中缺乏愉快和满足的内心体验。

三、吸毒相关强迫型人格障碍共病的矫治方法

吸毒相关强迫型人格障碍共病与一般的强迫症治疗有所不同。首先,因为吸毒人员存在违法性,进入强制隔离戒毒所必须进行强制和隔离,并且在两年内不能与社会上其他吸毒人员接触,也无法接触到毒品,这也是同社会医院治疗强迫症的根本不同。其次,吸毒相关强迫型人格障碍共病必须以戒毒为首要任务,只有彻底戒除毒瘾,吸毒相关人格障碍共病才可能治愈。

(一)戒除毒瘾

如果吸毒相关人格障碍共病是由吸毒导致的,那么应该从源头出发,首先进行强制戒毒,不戒除毒瘾,其他任何方法都很难取得成效。戒毒最重要的方法之一就是强制和隔离,两年的时间身体的戒断症状、心理反应将会得到有效缓解,大脑神经功能也会逐渐恢复,共病也会得到治愈。戒毒的方法有医学戒毒、心理戒毒、物理戒毒、运动戒毒、文化戒毒、康复戒毒等。

(二)指导教育

对戒毒人员进行教育是治疗吸毒相关强迫型人格障碍共病的手段之一。吸毒行为不容易纠正的重要原因之一是吸毒人员对毒品危害认识不深刻,总认为吸毒能够提神、提高注意力、提高生活的幸福指数。吸毒者只体验到了吸毒前期带来的兴奋、欣快与癫狂,却不知道毒品对身体和家庭的危害。

教育的目的是让吸毒者真正了解毒品的危害和违法性,真正远离毒品。教育的意义在于让戒毒者了解吸毒如何导致人格改变与人格障碍,人格障碍共病的表现是什么;通过进行系统的戒毒专题教育,让戒毒人员深刻认识毒品的危害,通过不断地强化影响他们的潜意识,进而潜移默化地影响他们的行为。

(三)医学治疗

吸毒相关强迫型人格障碍共病的医学治疗包括西医治疗和中医治疗。如果吸毒导致的强迫程度达到了人格障碍,说明吸毒程度很严重,吸毒者对毒品特别敏感,甚至少量吸毒就可以导致强迫和人格变异。

严重的吸毒相关强迫型人格障碍共病必须进行中西医结合治疗。西医治疗吸毒相关强迫型人格障碍共病的主要药物,现在用得最多的还是左洛复,化学名叫舍曲林,还有氟伏沙明、帕罗西汀、氟西汀等。服药过程中结合心理辅导,往往效果较好,治疗疗程基本要 8～12 周。吸毒相关强迫型人格障碍共病的治疗比较困难,往往需要加用抗精神病药物。

用中医中药治疗吸毒相关强迫型人格障碍共病时，对于阴虚火旺型的主证为：强迫意向比较明显，同时有烦躁少寐、口干咽燥、头晕目眩、手足心热、潮热盗汗、耳鸣或腰酸背痛情况，治疗时以滋阴降火为原则，选择知母、黄柏、熟地黄、山茱萸、牡丹皮、山药、茯苓、泽泻等中药材可达到治疗效果。

（四）森田疗法

森田疗法是心理治疗吸毒相关强迫型人格障碍共病的主要方法，是日本学者森田正马教授发明的治疗神经症的方法。该治疗方法程序为：静卧期开始大概一周的时间，让患者躺在床上什么都不做，什么都不许动，尽量放松。静卧期后会让患者进行轻微活动但任务不多，然后通过各个阶段让患者一步一步地走出去。其原理是顺其自然，让患者不要跟疾病做过多斗争，放松地去接纳某些想法，减少焦虑抑郁的情绪，达到康复目的。

（五）物理治疗

经颅磁刺激是一种比较有效的物理疗法，就是把电磁刺激聚焦在患者大脑的某个特定区域，从而改善吸毒导致的大脑功能改变，磁场能激活特定区域的神经回路，使症状缓解。过去这种方法主要用来治疗抑郁症。

早在 2016 年我们就将经颅磁治疗方法应用到戒毒领域，经颅磁重复对大脑的不同部位进行刺激，使大脑功能得到恢复。目前，经颅磁治疗在全国司法行政系统已经得到了较好的推广应用，特别是在江苏、浙江司法行政系统，治疗病例逐渐增多，但该领域的专业数据分析与研究还比较少。对于经颅磁刺激的部位、强度、时间，是否受到药物治疗的干扰，还需要不断进行临床研究与实践探索。

（六）心理行为治疗

吸毒相关强迫型人格障碍共病患者常处于自相搏斗的状态，常感到非常痛苦。相对其他疗法而言，心理行为治疗更为安全、可靠。

心理行为治疗有许多种方法，如模拟法、意向逆转法、松弛法、自控法等。其中自控法疗效较好，自控法有制想法、行为中止法和替代法等。

制想法是用震惊术打断强迫观念、强迫情绪和强迫意向的自控方式。例如，用一个定时闹钟，让它每 3 分钟响一次，钟响时大声说“停”；多次完成后，再依次改用正常声音、微弱声音直至仅在内心说“停”，以驱除强迫观念等强迫症状。

行为中止法是用毅力强行中止强迫行为的自控方式，当强迫行为出现时，心中默念："毫无必要，我有毅力控制它！"然后用顽强的意志强行中止强迫行为，由此来抵抗强迫性思维和强迫行为。

替代法是用不相容的观念、意向和行为，去取代强迫观念、意向和行为的自控方式，在出现强迫症状时，立即去回忆或设想有趣的情景或者立即去从事需要高度集中注意力的活动，从而使强迫症状自行消除。

第三节　吸毒相关强迫型人格障碍共病矫治案例

下面让我们走进李严的人生，听听他的故事。

一、幸福的时光

李严，1977 年出生于东营的一个小乡村，父亲是村主任，家境比较殷实，从小父母便对他寄予厚望。小学时，他在班级里担任卫生委员，虽然学习成绩算不上名列前茅，但是他卫生委员的工作做得很称职，不但穿戴整洁，而且教室物品的摆放也是井井有条，在不修边幅的同学面前他显得格外出众，深受老师和同学们的喜爱。

中学时，李严邂逅了他的初恋小芳。几经周折，李严到小芳家提亲，但遭到姑娘家人的拒绝。原来小芳还有一对双胞胎弟弟，小芳要和父母一起供两个弟弟上学，李严高中还没毕业，也没有经济来源，所以这门亲事暂缓。高中毕业后，李严托当派出所所长的舅舅帮他谋取了一份辅警工作。就这样，李严摇身一变，穿上了警服，开上了警车，一下子威风十足，和小芳的婚事立刻得到了全家人的一致同意。

在同事眼里，李严虽然年纪不大，但成熟稳重，沉稳干练。警车被他擦得干干净净，办公室也被他收拾得整齐有序，领导和同事都很喜欢他。

二、陷入深渊

2002 年的夏天，小芳的两个弟弟中考双双落榜。高昂的借读费全压到了小两口的身上，李严一个月 1000 元的工资对于上万元的借读费来说实在是杯水车薪。

一天，李严偶遇来派出所开户籍证明的李大发。看着原来贫困潦倒的发小如今成了暴发户，李严心中产生了一种不平衡的感觉。李大发见到李严非常开心，看到李严在派出所工作，李大发开始百般讨好李严，经常邀请李严到棋牌室一起打牌，打牌的时候也故意输给李严。慢慢地，李严陷入了李大发设置的陷阱中，后来李严也借起了高利贷打牌。鬼迷心窍的李严在李大发的诱惑下，加入了他的盗窃原油团伙，第一次就轻轻松松挣到了3万，飞来的横财让李严彻底沦陷了，他开始天天和李大发混在一起，在李大发的带领下，李严也享受上了高档货——冰毒。吸毒后的李严完全被毒品攻破了防线，他每天花天酒地，家也不回了，工作也不再上心，白天打着出警的幌子扎在游戏厅，晚上以加班的名义不回家在出租屋内吸毒。最终，在一次公安清理游戏机赌博的行动中，李严被当场抓获，同时因为吸毒被拘留。

因吸毒被拘留，李严失去了辅警的工作，从此他死心塌地跟着李大发偷油，赚到钱就吸毒、淫乱、打游戏，最后染上了性病。患病后的李严感觉到处都很脏，回到家他就反反复复地清洗自己的身体，从那时起他像着了魔一样开始喜欢清洗东西，衣服已经洗得发白了，还要继续洗，家中所有能洗的东西都要反复清洗。他不管儿子的学习，但却非常注重孩子的卫生，要求孩子每天必须洗手30次，每天洗澡两次，洗澡水温度必须控制在40℃，时间40分钟。有一处做得他不满意便开始教训孩子。李严不停洗的毛病，小芳也越来越忍受不了，两人之间的裂痕也越来越深，到了不可修复的地步。

在李严焦头烂额的时候，李大发又找到了李严：“人啊，活着就要及时享乐。走，带你去青岛散散心。”在李大发的热情张罗下，李严夜夜笙歌，乐不思蜀。他将所有的压力和不快都抛诸脑后。这时候的李严已经完全沉迷于美色和冰毒的泥潭中不能自拔，对美色和钱财统统来者不拒……没过多久，偷油的事情就败露了，李严跟随李大发拿着仅有的积蓄连夜逃跑，成了一个公安追逃的罪犯。

三、强制戒毒

一个半月之后，办案民警在一个低矮破败的出租屋内找到了李严。此时的李严面容枯槁，他蜷缩在床上，颤抖着、哆哆嗦嗦地烤着已经发黑的冰壶，看到破门而入的警察，李严呆滞的眼神并没有泛起一丝波澜。最终李严被送到戒毒所进行为期两年的强制隔离戒毒。

四、毒瘾渴求检测

毒瘾渴求是吸毒者的内心体验，表现出吸毒者对毒品极度的需求。毒难戒，实际上是瘾难戒。

山东省戒毒管理局与望里科技（北京）有限公司合作，通过采集大脑相关数据，应用计算机人工智能算法进行分析比对，从而得出一个相对可靠的数据，我们称之为“毒瘾指数”。最高 100 分，最低 0 分，分值越高，代表毒瘾渴求越高。

李严进入戒毒所后，心理压力特别大，先后三次毒瘾发作。每次发作都是全身肌肉抽搐、烦躁不安、牙关紧闭、全身肌肉关节酸痛，需要大喊大叫、用极大的毅力去控制。戒毒人员此时如果是在社会上或者家中，复吸是必然。毒瘾发作时，戒毒所的医务人员会给予注射药物，之后症状均能得到有效缓解。

李严目前吸毒成瘾并且在临床上达到了强迫型人格障碍的程度，需要先用毒瘾检测系统进行毒瘾渴求检测（见图 4-1），再决定采用哪种治疗方法。经检测，李严毒瘾指数达 90 分，属于重度渴求。

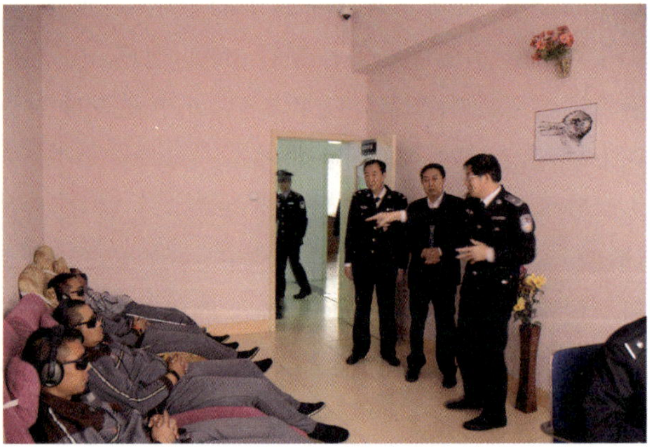

图 4-1　毒瘾渴求检测

五、亚冬眠疗法脱毒

采用大剂量盐酸氯丙嗪为主的脱毒疗法被称为“亚冬眠疗法”，简写为 SHT。将氯丙嗪与异丙嗪联合给患者应用后，可使其几天内一直昏睡，处在亚冬眠状态，使戒断症状在睡眠中发生，患者痛苦小，费用低。氯丙嗪是抗精神病药物，具有安定、抗精神病、镇咳、降温、扩张血管等作用。应用大量氯丙嗪可出现镇静、嗜睡、体温下降、基础代谢降低、器官活动减少等现象，好似动物冬眠一样，故称“人工冬眠状态”。

针对李严当时的情况，在不进行强制戒毒的情况下，任何的心理干预措施都很难见效，因此首先采用生理脱毒的方式对李严进行脱毒治疗。

亚冬眠疗法脱毒是我们成立医疗戒毒中心后做的第一件大事。我和同事查阅了大量资料，与北京大学第六医院、中国药物滥用防治协会的专家商讨，对传统的亚冬眠疗法进行了改良，根据吸毒者的疾病程度和毒瘾指数，决定药物的剂量和使用途径。适应证和用药剂量是脱毒关键。对每一个戒毒人员进行亚冬眠疗法脱毒前，我都要亲自对戒毒人员进行仔细的体格检查（见图4-2）。症状明显、体重较大、毒瘾指数高的，给予静脉或者肌内注射药物；轻者，给予口服药物。对每一个戒毒人员进行亚冬眠疗法脱毒时，我都会亲自在现场指导戒毒治疗师准确用药，避免剂量过大导致休克、剂量过小导致脱毒效果不佳等情况。

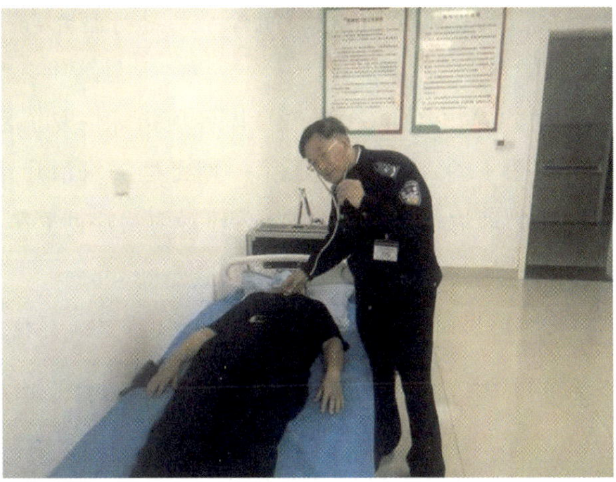

图4-2　戒毒人员体格检查

接受亚冬眠疗法脱毒约10天后，李严告诉我，他已经没有太多的不良感觉了；睡眠良好，晚上九点钟熄灯前半小时服药，不到半个小时就能睡着；全身疼痛的症状基本消失。目前他最大的问题就是解决对毒品的渴求。

六、旋磁物理治疗

毒品渴求是戒毒的核心问题。其实,生理脱毒并不难,难的是对毒品的渴求无法解决。社会上一些戒毒机构,基本上就是用药物治疗的方式去解决吸毒者生理上出现的症状,但对吸毒渴求基本上没有方法解决。这也是一直困扰戒毒治疗师的问题,解决了毒瘾渴求问题,彻底戒除毒瘾就不是问题。

这几年,我在旋磁治疗科研工作中有了一些进展,发现深部脑刺激对成瘾性疾病有效,这也是近些年来对成瘾性疾病治疗形成的共识。这些年,我们一直使用旋磁康复机对戒毒人员进行旋磁物理治疗,旋磁物理治疗对毒品渴求有很好的疗效,因此经过研究,我们决定每天对李严进行一个小时的旋磁物理治疗,并进行严格的数据监测,以此来判断治疗效果。

经过商定,我们决定选用山东三善堂磁疗科技有限公司生产的旋磁康复机,治疗前先用望里科技(北京)有限公司生产的毒瘾渴求检测系统进行毒瘾渴求检测。两家公司也立刻派专业人员前往,戒毒治疗师与科研人员密切配合,对旋磁方向、频度高低、治疗部位、治疗时间等一一进行研究,最终商定了一个可行的治疗方案。

经过了一个月的旋磁物理治疗,李严身体各项指标恢复正常,毒瘾渴求指数降低到了 40 分(见图 4-3),圆满完成了第一期毒瘾渴求治疗。下一步,我们决定在继续进行旋磁物理治疗的同时,配合心理行为治疗彻底解决李严的吸毒相关强迫型人格障碍共病。

图 4-3　戒毒治疗师科学分析戒毒人员毒瘾渴求治疗情况

七、吸毒相关强迫型人格障碍共病

完美型人格类型的人，沾染上毒品后，在毒品的催化作用下，最有可能形成吸毒相关强迫型人格障碍共病。吸毒相关强迫型人格障碍共病一经形成，吸毒者吸毒以前的人格特点就荡然无存，取而代之的是过分按部就班、墨守成规以及特别小心谨慎，且经常因为过分仔细、重复和过度关注细节而导致工作拖延，甚至无法完成任务。

李严来到戒毒所后，很长一段时间都适应不了这里的生活，平常都是低着头不说话，一副唯唯诺诺的样子，值班班长喊到他名字的时候，他总是惊慌失措地喊“到”，回答问题时结结巴巴的。他在班里负责擦玻璃，每天早上他都是先擦窗户的玻璃，再擦门的玻璃。

一天，班长检查卫生时，对着门玻璃仔细看了看。他如临大敌，在班长走后把门上的玻璃反反复复擦了一遍又一遍，还叫了好几个舍友帮忙看看玻璃擦干净了没有。检查卫生的人路过时，他紧张得腿一直在发抖，头上也冒出了汗。有次队里上课时他发现自己的位置被别人占了，就惊魂失魄地呆住了，瞬间失去了行动能力。

根据临床心理治疗学和九型人格有关理论，吸毒相关强迫型人格障碍共病的主要特征：一是容易把冲动理智化，具有强烈的自制心理和自控行为，时常陷入情绪和思想的彷徨之中；二是要求过于严格，苛求完美，做事缺少灵活性、开放性，效率低下，常常过度关注某件事情，但目的并非是为了获得更多利益，而是陷在琐事中无法脱身；三是在日常生活中表现出紧张、焦虑，在道德、伦理和价值观上，也表现得固执己见，强迫自己和他人遵循所谓的原则和完美主义标准；四是过分干净整洁、谨小慎微，没有责任感，忽略周围亲人和朋友的感受，并以过分保守的态度脱离正常人群，特别容易出现抑郁和孤独感。

吸毒相关强迫型人格障碍共病的戒毒人员对新环境的适应性较差，进入戒毒所后，适应新环境、开始新的戒毒生活对强迫型人格障碍戒毒人员来说是一个巨大的挑战，甚至个别强迫型人格障碍戒毒人员进入戒毒所初期，因无法适应新环境而出现一些自伤、自残甚至自杀的极端行为。

吸毒相关强迫型人格障碍共病的戒毒人员心里总是笼罩着一种不安全感，常处于莫名其妙的紧张和焦虑状态。例如，门锁上后仍担心门是否锁好，而反复进行检查;写完信后要反复检查邮票是否贴好、地址是否写对了等。有的还出现强迫计数、强迫记忆、强迫洗涤等强迫行为。虽然他们基本能够遵守戒毒所的制度,但做事缺少灵活性、开放性,效率低下,无论是习艺劳动还是学习训练,他们都很难有出色表现。

吸毒相关强迫型人格障碍共病的戒毒人员总是给人以刻板、僵化、缺乏生命活力的印象,他们爱好不多,可是清规戒律却不少,并固执己见地喜欢控制他人,期望他人按自己的要求办事,往往过分要求一成不变。在戒毒所中,习艺劳动的劳动岗位、队列训练的站位、睡觉的铺位稍有调换,他们就会感觉不舒服、心情紧张,甚至惶惶不可终日。

吸毒相关强迫型人格障碍共病的戒毒人员很有责任感,相较其他人格改变的戒毒人员,对于自己的吸毒行为,他们最具忏悔心。他们对自己的生活总是处于一种不满意的状态,而且倾向于产生一些对立的行为,譬如,为了避免别人离开自己,就选择自己先离开别人。这不仅反映在人际关系中,而且还反映在戒毒生活中。譬如,在别人拒绝自己之前先拒绝别人。这种行为准则再加上僵化而执拗、不知变通、思虑过多的性格,对于他们融入社会、保持自律极其不利,必须予以矫正。

通过查阅戒毒人员的档案、观察、面谈、心理测量,并同戒毒人员的亲友取得联系,了解其成长经历,如果戒毒人员具有以下特征中的五项及以上的表现,即可考虑诊断为吸毒相关强迫型人格障碍共病。

(1)强烈的不安全感,常处于莫名其妙的紧张和焦虑状态,担忧一些无关紧要或莫名其妙的事物。

(2)行为循规蹈矩,在戒毒所虽然不是个惹事的角色,但是不知变通,对新事物接受慢,难以很快融入戒毒所的集体生活。

(3)习艺劳动、康复训练、学习都过分注重细节、规则,受到他人干扰、打破常规则不悦。

(4)有强烈的戒毒愿望,但是信心不足,别人一怀疑,自己就感到不安。

(5)过于迂腐,被常规所束缚,事事都期望按照自己的意愿行事。

(6)过于疑虑和谨慎。比如和患有艾滋病的戒毒人员接触,就怀疑感染上艾滋病,从而反复洗手、洗衣服。

(7)对自己做的事,没有信心,经常有自卑和无助感。

(8)干警安排一件普通且易于达成但不在自己常规范围内的事时则百般推

诿，做事情过分认真、负责、固执己见。

(9)自私、吝惜，不喜欢与他人分享。

综合以上诊断依据和李严的具体表现，确定诊断：

(1)物质依赖伴抑郁状态。

(2)吸毒相关强迫型人格障碍共病。

戒毒治疗师根据李严的诊断结果，制定了相应的人格重塑方案。

八、制定人格重塑目标

根据李严进入戒毒所后的表现以及他目前的状况，我们制定了对李严进行人格重塑的方案。

人格重塑就是通过一定的步骤与方法对患者的人格进行修复。人格重塑塑造的不是人的本能反应或本能欲望，而是因不同生活环境与生活经历形成的自我暗示系统。

李严的吸毒风险评估结果：对毒品无抵抗力，处于极度危险状态。

李严的人格重塑目标和方向：彻底治愈吸毒相关强迫型人格障碍共病。

李严的人格重塑方案：在对李严进行人格重塑的过程中，我格外注意遵循循序渐进的原则。首先针对李严的现实情况，从问题的源头出发，先对其进行戒毒治疗，如果不进行这一步，一切就无从谈起。其次针对李严的焦虑情绪采取放松疗法，先让他放松下来，减轻他的焦虑感，这有助于让李严配合接下来的治疗工作。针对李严的强迫行为，我主要采用森田疗法进行治疗，以减轻他的精神压力，帮助他克服对冲突的理智化，承认现实，顺其自然。治疗过程中不强求他立即改变，前期在一定程度上允许他带着症状参加学习、习艺劳动、康复训练等，在消除矛盾对立状态的前提下，进行下一个阶段的训练。最后通过团体辅导，进一步巩固治疗效果，培养他团体活动和人际沟通交往的能力，为以后他走向社会做准备。在治疗方案的实施过程中，李严的强迫型人格障碍一天天减缓。

九、呼吸放松疗法

(一)呼吸放松疗法简介

放松训练又称松弛训练，是行为疗法中使用最广泛的手段之一，是一种通过有意识地控制自身的心理生理活动、降低唤醒水平、改善机体紊乱功能的心理咨询和治疗方法。主要是训练患者能够随意放松自己全身的肌肉，随时保持心情轻松的状态，从而达到缓解紧张和焦虑情绪的目的。呼吸放松疗法是放松疗法中的一种，主要通过放松肌肉、调整呼吸来增强松弛效果。呼吸放松疗法是人们在不断实践的过程中总结出来的体会和经验，对治疗吸毒导致的强迫型人格障碍很有效果。

在李严出现严重强迫症状时，我会引导李严学习用呼吸的方法调整自己的情绪和状态。

（二）具体实施

李严进入治疗室后，表现得紧张，眼睛到处看，警惕地看着周围的一切。我也注视着他的表情和肢体动作，根据之前与他的交流，我认为他目前的求治心还是比较迫切的，至少有求治动机，不需要在动机强化治疗上下太多功夫。但他目前的状态非常焦虑，思维固化同时思想偏执，我认为可以在给予适量的抗抑郁、抗焦虑和单胺氧化酶抑制剂治疗的基础上，跟进心理治疗，提高他对治疗的顺从性。经过综合考虑，我决定本次治疗先从放松训练开始，接下来让他跟着我做充满全身的放松呼吸。

放松呼吸又叫振觉呼吸，放松呼吸能够调动全身能量，呼气与吸气之间没有任何停顿，是一气呵成的呼吸。我教他“一四二呼吸法”，即用一个单位吸气，四个单位憋气，两个单位吐气。例如，如果吸气用了 5 秒，憋气就要用 20 秒，吐气就要用 10 秒来进行。同时要注意，吸气时腹部要微微鼓起，吐气时将腹部收回的气吐干净。这样进行三到五次后，就能感觉到身体放松和能量畅通。进行完放松呼吸后李严明显没有那么紧张了，肩膀也不再紧紧耸着。然后我让他用肯定的语气表达他的诉求及愿望，表达清楚自己的愿望，就能更加放松。李严说他现在最大的愿望就是能够成功戒毒，证明给妻子看自己已经洗心革面了。听了他的愿望后，我表示相信他一定能做到，以此增强他的戒治信心。

通过一段时间的呼吸放松训练，李严发生了明显的变化：刚入所时他经常不能控制自己的情绪，出现严重的头疼、焦虑、抑郁、失眠、健忘等症状，经过一个月的呼吸放松训练及心理疏导，上述症状基本得到缓解。李严告诉我：“呼吸放松真的让我很受用，我已经接纳了自己内在的情绪，在任何时候，只要再出现以前的症状，我只要进行 10 分钟的呼吸放松训练，身心自然就会放松下来。”

十、森田疗法

（一）森田疗法简介

森田疗法是一种重要的治疗吸毒相关强迫型人格障碍共病的心理治疗方法，该疗法的森田正马教授发明，他认为思想上的矛盾是强迫症患者发病的心理机制中心。在日常生活中遇到困难时，患者会固执地认为是自己能力不够，而不认为是客观原因所致，由此内心不安，产生思想上的冲突，对自己提出了更高的要求，即便这种要求是过分的，超出了自己的实际能力，久而久之，患者出现了身体上的不适，由于患者是神经质，过于敏感，常会紧张不安，经常把精力转移到克服身体的不适上，越是关注，不适越严重，患者更加紧张不安，由此陷入恶性循环，从而形成强迫症状。[①] 森田疗法的核心理念是顺其自然，让患者放松去接纳某些想法，减少焦虑抑郁的情绪，以此达到康复的目的。

由于吸毒相关强迫型人格障碍共病的主要特征是把冲突理智化，患者常过分压抑和控制自己，因此对患者强迫型人格障碍的纠正主要是帮助患者减轻和放松精神压力，帮助患者顺其自然。开始时可能会引发患者焦虑的情绪反应，但由于患者的强迫行为还远没有达到强迫症的无法自控的程度，所以经过一段时间的训练和努力，症状会逐渐减轻甚至消除。经过一段时间的放松训练，李严的焦虑情绪有了明显的缓解，结合强制戒毒措施后，他的自控能力也有很大的提高。

（二）森田疗法的应用原则

1.不问过去，注重现在

森田疗法遵循“现实原则”，不去追究过去的生活经历，而是引导吸毒相关强迫型人格障碍共病的人员把注意力放在当前，鼓励他们从现在开始，让现实生活充满活力。

2.不问症状，重视行动

森田疗法认为，病人的症状不过是情绪变化的一种表现形式，是一种主观性的感受。治疗时应注重引导病人积极地去行动。

3.在生活中指导，在生活中改变

森田疗法不使用任何器具，也不需要特殊设施，主张患者在实际生活中像

---

① 化振、杨来启、马文涛等：《森田疗法在强迫症中的临床应用》，《国际精神病学杂志》2018 年第 3 期。

正常人一样生活，在生活中治疗，在生活中改变。因此，患者应在生活中不断纠正不良习惯，真正从行为上发生改变，从而达到戒毒的目的。

4.陶冶性格，扬长避短

森田疗法认为，性格不是固定不变的，也不是随着主观意志而任意改变的，无论什么性格都有积极面和消极面，戒毒人员的性格特征亦是如此。例如，戒毒人员中很多人有思维敏捷、追求快乐、对新生事物比较敏感等性格特点，通过积极引导，发挥性格中的优势，规避性格中的缺陷，实现人格的重塑和升华，达到彻底戒毒的目的。

5.顺其自然，为所当为

顺其自然、为所当为是森田疗法的精髓，而如何正确理解“顺其自然”则是治疗是否有效的前提条件。在现实生活中，很多戒毒人员对“顺其自然”的理解不够深刻或者是错误，因而怀疑森田疗法对戒毒的治疗效果。究其原因，其实是他们只从字面上去理解其含义，以为“顺其自然”就是“任其自然”，就是对自己的问题不加控制。实则不然，“顺其自然”就是顺应自然规律。例如，人的情绪本身就有一套从发生到消退的规律，你接受它、遵循它，它很快就会走完自己的程序而结束，反之则不然。当人的强迫观念或行为出现时，它也有一个从发生到消失的过程。倘若你接受它存在，并知道它是毫无意义的“杂念”，不理会它，那么它将不会影响你，很快就消失了。反之，你去注意它，试图控制它、赶跑它，和它辩论等，那么你很快就会被它束缚。

（三）具体实施

针对李严神经质的强迫观念，我决定采用森田疗法对他进行干预。首先是卧床期，第一天由于进入一个新环境，并且需要把一切都交给治疗师，李严时常感到不安，但是总体上心情比较轻松。到了第二天，他就开始感觉到枯燥，不知道什么时候能够结束，也对这种治疗方法产生了怀疑，希望能够快点结束。第三天的时候，他感觉更加无聊，他在日记中写到“我现在感觉非常无聊，并且有些痛苦，我想赶紧结束这个治疗过程，我会不受控制地在脑海中出现洗东西的画面”。到了第四天，情况有了很大的改变，他感觉没有那么痛苦了，他日记中提到“由于无法摆脱强迫观念，越想越痛苦，有时候想着想着就不想了，不再进行对抗，这样反而让我舒服一点”。他在日记中还提到“我好像明白了治疗师让我卧床的意义，我慢慢地好像能控制住自己的强迫观念了，但是我实在是不想再继续躺下去了，我感觉很孤独寂寞，我想要找些事情做，随便什么事情都行”。

到了第五天，我开始允许他起床，允许他自由进行一些活动，由于很长时间都没有进行自由活动，他显得非常开心。第六到十天一直是允许他进行自由活动，做一些轻作业，这段时间，他强迫清洗的行为在逐渐减少，到了第十一天的时候强迫清洗行为停止。他在日记中提到“我之前怎么会那么傻，洗东西洗个不停，现在想来真是可笑”。可以说，森田疗法对李严的治疗达到了预期效果，接下来的日子，我在强化治疗效果的同时，开始引导他进入团体活动中，一是提高他的人际沟通能力，二是提高团队凝聚力，三是锤炼意志，增强他战胜强迫的信心。

十一、团体活动疗法

针对像李严这样的吸毒相关强迫型人格障碍共病的戒毒人员，我们有意识地组织一些团体活动，设计好一些具体情节，让他们参与其中。通过与其他戒毒人员的肢体接触和肢体语言交流，逐步改变他们谨言慎行、洁癖、孤独的性格；通过在团体中分享感受体会，增加他们自觉与人沟通的能力；通过在团体活动中的互动，改变戒毒人员固有的心智模式，实现人格改变（见图 4-4）。

图 4-4 戒毒人员开展“团体活动”

在团体活动中我们设计了一个“背人”的接力游戏，游戏分为两个队，每队从第一个人开始，相邻两个人背靠背相互背起，然后转身再和另一个人相互背起，以此接力下去，最终看哪个队伍速度快。刚开始李严十分抗拒同其他人进行这样直接的接触，他们小组的背人接力到李严这里的时候就停止了，他感受到了四周火辣辣的目光，开始变得焦虑起来。这个时候我走上前去，有力地拍了拍他的肩膀，对他说：“你一定可以的！”并对他伸出了大拇指以示鼓励。同组的戒毒人员也主动靠近他，辅助他完成了本次“背人”游戏。尽管李严所在的团队名次在最后，但最终完成了比赛。这对一般人没有什么，但对李严来说，那可是革命性的突破，只见他脸上满是汗水，傻傻地站在那里不知所从，我示意身边的戒毒人员去支持一下他，没想到他们直接拥抱在一起，两行幸福的眼泪尽情地流在他的脸上……

这次团体活动，既是针对改善李严强迫症状设计，也是针对戒毒人员由于长期吸毒，拒绝与人接触，导致人际沟通能力不良而设计。活动结束后，大家仍沉浸在团结友好的氛围中。从游戏中，大家感受到了团队的集体智慧和团体动力，那种互相帮助，互相支持、理解、信任，充满温暖的场景，留在了大家心中（见图 4-5）。

图 4-5　团体活动结束后，戒毒人员进行交流

之后，针对李严的情况我们又设计了很多针对性的活动，不断巩固前期的治疗效果，让他从抑郁、焦虑、强迫性思维、强迫性行为中走出来。我们每个人都一样，有时也许对别人来说是微不足道的事情，但对我们自己来说却是天大的事情，也许就是这样一件不起眼的事件，我们的人生就此改变。很久之后，李严告诉我：“那次背人游戏，您对我的鼓励是那样重要，对我来说几乎不可能的事情，我竟然完成了。通过您的鼓励，我明白了别人能够做到的，我一样能够做到，而且能做得很好！”

十二、暴露疗法

吸毒相关强迫型人格障碍共病戒毒人员的一个最重要的特征就是不愿意和别人有肢体接触。李严就出现了较严重的强迫症状，包括强迫性洗手、洗衣服等。暴露治疗就是要让患者接触一些其不愿接触的物品，让其暴露在大庭广众下，以实现脱敏。我们每个周五、周六安排李严去食堂帮忙，让他帮忙刷洗大家的餐具、饭勺。这个工作对他来说是一个巨大的挑战，他从开始极度的反感，到开始逐渐适应，这对大多数人来说不算什么，但对一个强迫型人格障碍的患者来说却不是一件容易的事情。我们鼓励李严勇敢地去做，不去想只管做，当他完成后，他自己也感到很高兴。

李严不善与人交往，害怕别人看不起自己，经常有自卑、恐惧、焦虑、抑郁情绪，与他交流中，无意中听他说在上小学时有打乒乓球的爱好，我们就特地组织了一场精彩的乒乓球比赛，我也上场和他进行了一轮比赛（见图 4-6）。比赛中，我们有意识让李严艰难获胜，之后对他进行支持性心理治疗，帮助他建立自信，提高他战胜别人、战胜自我的能力。

图 4-6 戒毒治疗师与戒毒人员进行乒乓球比赛

我们还特地安排李严住下铺，每天晚上开班会时大家会轮流去他床上坐，直到他习以为常。以前的他是坚决不会让别人碰他的私人物品，而现在他逐渐享受这份你来我往的情谊。

在暴露治疗过程中，我会随时询问李严的真实感受，他说：“以前我特别嫌弃别人用过的物品，也不喜欢和别人有物品往来，当面对面时，我感觉别人呼出来的细菌会传染给我。现在好了，别人坐在我床上我也无所谓，握个手、拿我的东西我都没事了。”

笔者：“谈谈从入所到现在你的体会，有哪些收获？”

李严挺直了腰板：“从我融入这个集体后，我找回了自我，知道了自己内心深处恐惧的到底是什么，我会不断地打破心中的那个魔，不再坚持心中所谓的完美，顺其自然地做自己想做的事情。”

笔者：“现在你对毒品是什么看法？”

李严：“我为自己的那段经历深深感到愧疚，毒品让我违背了做人的原则，从今往后我会时刻牢记，今生不再吸毒，也不会与吸毒的人为伍，请看我的行动吧！”

对李严进行暴露治疗的同时，我们也注意缓解他的内在压力，带领他到情绪宣泄室进行情绪宣泄，缓解他的压力。

十三、行为矫正和习惯养成

针对吸毒相关强迫型人格障碍共病的戒毒人员，在强制隔离戒毒所这个特定的环境里，可以通过行为矫正、康复训练等方式，促进其良好行为的养成，逐渐促使其内在价值观念与思维模式的转变，进而达到人格重塑的目的。

一个人如果持续 21 天保持一个好的行为，那么他就会形成一种思维定式，行为不断固化进而形成习惯。我们根据李严的具体情况，制定了短期目标和长期目标，检查和督促他去完成每一项任务，每完成一件事情就给予表扬和鼓励，同时也鼓励他分享心得体会（见图 4-7）。我让他养成每天写日记的好习惯，把每天计划做的事情和完成的情况都用日记的形式记下来，每天下午三点检查完成情况，如果有没完成的任务，就要立刻去完成。就这样，好的行为不断地坚持下来，习惯也逐步养成，李严也就这样一步一步发生了改变。李严的变化也应验了一句话：人是能够改变的，好人是教出来的。

图 4-7 戒毒人员分享坚持 21 天形成习惯的心得体会

冬去春来，李严还有几个月就要回归社会和家庭了，他开始有些忐忑：将来的自己会怎样？吸过毒的人会不会让人看不起？回去后自己能干点什么？一想起这些，李严显得有些焦虑了。看到李严的情况，我选择合适的时机与他进行交流，帮助他缓解这种焦虑的情绪。

一天，我把他叫到治疗室，开始和他聊了起来。

笔者：“李严，现在你的这些顾虑是正常的。如果我遇到这种情况，我也会有很多顾虑和想法的。”

我有意识地这样说，好让他心情放松一些。实际上，李严已经改变了很多，比如，他的那些强迫症状已经消失，他能够像正常人一样生活、工作。我想让他知道，他的这些顾虑别人也会有，不需要自寻烦恼。

笔者：“你感觉别人遇到同样的情况就没有这样的感觉？”

李严：“别人遇到这样的事情，不会和我一样吧？”

笔者：“刚才我说过，如果我遇到你这样的情况，我也会有很多顾虑的。只是我能够分得清，哪些是必然的烦恼，哪些是自寻烦恼而已。”

李严看着我，有点不明白。

笔者：“比如你现在这种状况，你生活在戒毒所里将近两年，社会发展变化很快，家庭也会发生很多事情，你即将回家，有这些顾虑是正常的，每个人遇到这样的事情都会有所顾虑，但也不必过分纠结，这就是所谓的必然烦恼。你现在不能自寻烦恼。比如，你总是担心出去后别人会看不起你，能否东山再起等。

过分纠结这些问题就是自寻烦恼了。”

李严低头沉思了一会，回应了一句：“没用。”

笔者：“那什么是有用的？”

李严：“面对，努力去做。”

笔者：“对。现在要做的，是根据你的性格特点、爱好、特长，选择一项适合你的工作，这才是重要的。”

我还给李严做了性格测试，和他交流了他性格中的优势与缺陷，让他根据自己的性格特点，仔细思考回到社会上该做哪些事情才能让自己事业成功、家庭幸福，从而开始新生活。

我告诉李严，要学会自己做决定，不要总是让别人决定你的生活。要学会倾听别人的意见，别人的观点也常常是对的，即使他们说的不对，他们的观点中或多或少也有一些可取之处，听取他人的意见，不但会让你学到更多，还可以让你成为一个更敏锐、见识更广博的人。

通过对李严更深层的心理辅导，我把他完美型人格中所包含的过分追求完美、爱批评别人甚至有时候没有人情味等性格缺陷及时地进行了矫正，让他自己感知到并明白今后该做什么，该如何做。

我让李严用不同的方法去完成一件事情，当结果一致时我会教导他：“世界上没有一种绝对正确的做事方法，任何事情都可以找到很多不同的方法来解决，并且不会造成任何不利。但过分的完美往往会令人无法接受，过分的完美是一种无意义的挑剔，要懂得什么时候把完美当作一种有用的标准，什么时候不可以把完美作为一种标准。”

我和李严一起探讨对待人、事、物的标准，探讨怎样才能与人更好地进行交流沟通。通过一次次的交流，治疗师明显地感到李严变得诚实、可靠、富有同情心了。

从人格重塑到人格升华，李严能够积极地配合治疗，并且每天记录着自己的心得体会，我们相信，回归社会后他能够用积极向上的态度泰然自若地面对现实生活。

转眼间，两年的戒毒生活结束了。李严由于表现较好得到了奖励，提前三个月解除了强制隔离戒毒，顺利回归家庭和社会。傲雪寒梅独自开，唯有伊人踏香来。李严回家后，他没有立刻参加工作，而是选择多陪伴父母、妻子和儿子，适应新环境。

根据自己的性格特点，李严开了一家汽车监测站，为车辆检测尾气，进行汽车线上检测。李严严肃认真的工作态度和热情的服务，不断赢得顾客的信任现在他的客户越来越多，信誉越来越好，生意也越做越大，十里八乡审车都到他的监测站去。

李严也适应当前高档汽车越来越多、高档服务需求日益提升的社会需求，不断增加专业人员，不断提高服务水平，又先后开设了高档汽车服务中心，事业越做越红火。

第四节 吸毒相关强迫型人格障碍共病矫治思考

关于强迫症，大家了解的程度不一。如果曾经接触过强迫症病人，感性认识就比较多，但大多数认识只限于不停地洗手、洗澡，按程序做一件事等。如果咨询医生，大部分医生会告诉你强迫症需要长期间歇性治疗，常用的药物包括氟西汀、氟伏沙明、舍曲林等，这些药物的副作用会比较大，药物与心理结合治疗效果较好。

吸毒相关强迫型人格障碍共病更是鲜为人知，如果不是专业的心理医生，了解的也不会很多。

一、从一首歌谈起

《强迫症》是乔任梁演唱的歌曲，由郑国锋、张鹏鹏作词，郑国锋作曲，收录在2014年发行的迷你专辑《耀·出色》中。我第一次看到歌词时，瞬间就被它的意境感染了，短短一首歌词，仿佛看到了作者对爱的那种痴迷与狂热，感受到了作者的执着和深沉的思恋，然而这些都是强迫。

实际上，生活中我们很多时候也会不知不觉地处在强迫中不能自拔：明明知道过分地追求完美是一种强迫，但很难停止追求；明明知道那份爱遥不可及、无法实现，但还是穷追不舍、苦苦追求；明明知道吸毒会妻离子散、家破人亡，但那种好奇、侥幸，还是让你不顾一切地去冒险。

作为心理医生的我，其实也有一种强迫：明明知道戒毒是一个世界难题，戒治很困难，但还是放不下，一定要去当一个戒毒医生。

二、关于发病率问题

吸毒相关强迫型人格障碍共病的主要特点是要求严格和完美，容易把冲动理智化，具有强烈的自制心理和自控行为。强迫型人格障碍在人群中的患病率大约为1.7%，该类人数占心理障碍总人数的5%左右。强迫症有较高的人格障碍发病率，尤其是强迫型人格障碍，致残性高，严重影响了患者的家庭、职业、情感、社会功能，给家庭、社会带来了非常沉重的负担。①

强迫症的患病率总体上国内比国外低，国内大约不到1%。强迫症的发病期主要在青春期或者青春早期。强迫症属于焦虑障碍的一种类型，是一组以强迫思维和强迫行为为主要临床表现的神经精神疾病，其特点为有意识的强迫和反强迫并存，一些毫无意义甚至违背自己意愿的想法或冲动反反复复侵入患者的日常生活。

三、关于治疗方式的思考

强迫症的治疗通常有三种方式：药物治疗、心理治疗、药物与心理综合治疗。在我国目前的情况下，药物治疗以一种“简、捷、快”的方式，在一定程度上可以缓解或控制症状。但“是药三分毒”，药物治疗也有不利的一面：一是药物的副作用，一线SSRI（五羟色胺再摄取抑制剂）类、二线三环类、三线合用增效剂（一般是抗精神类药物）均可能出现如排尿困难、便秘、嗜睡、多汗、口干、视物模糊、震颤、眩晕、肝中毒，并有可能导致性功能障碍的情况。药物不能改变思维模式，即使药物将情绪调整到相对稳定的状态，出现应急事件甚至只是普通事件发生时，由于经典条件反射仍在正常运转，随之而来的仍然是以往的情绪反应模式，强迫意向、强迫思维、强迫动作依旧会出现。二是足量抗强迫药物治疗3个月视为一个评估疗程，用药以足量为原则，最大剂量的抗强迫症药物取得较好疗效时维持剂量6个月、减量3年左右（甚至终身服药），停药的过程也是缓慢的，患者可能会产生不良反应，如恶心、呕吐、眩晕、嗜睡、失眠、肌阵挛及感觉异常等，也会让患者不能耐受。三是服用抗精神病类药物会给患者及其家

① J. E. Grant, M. E. Mooney and M. G. Kushner, “Prevalence, Correlates, and Comorbidity of DSM-Ⅳ Obsessive-compulsive Personality Disorder: Results from the National Epidemiologic Survey on Alcohol and Related Conditions”, *Journal of Psychiatric Research*, vol.46, no.4, 2012, pp.469-475.

属带来一定的心理压力。

轻症病人最好采用心理治疗，重症病人应用药物稳定病人的情绪后再实施心理治疗，效果会更好。对于吸毒相关强迫型人格障碍共病的治疗，我们的经验是药物治疗配合心理治疗，而心理治疗以人格重塑为主。吸毒相关强迫型人格障碍共病的治疗，首先是彻底戒毒，不能戒毒谈不上人格重塑，只有在彻底戒毒的基础上进行人格重塑，吸毒相关强迫性人格障碍共病才能够被治愈。

四、关于自助治疗

吸毒相关强迫型人格障碍共病患者的自我治疗又叫自助治疗，是吸毒相关强迫型人格障碍共病患者必须掌握的方法，也是戒毒所戒毒警察必须学会的治疗手段。具体步骤如下。

（一）第一步：再确认

第一步就是吸毒相关强迫型人格障碍共病患者要学习“认清自己”的想法与行动。必须努力地、全心地觉察，以便了解此刻的困扰是否来自强迫性想法或行为。在行为治疗中要学习控制自己不对强迫性想法作反应，不论它们有多干扰。

（二）第二步：再归因

自己对自己说：“这不是我，这是强迫思维和行为在作祟！”强迫性想法是无意义的，那是脑部错误的讯息。患者要深切地去了解，“为何急着检查”或“为何我的手会脏”这么有力量，以致让人无法承受。了解为何强迫思考如此强烈、为何无法摆脱它，是增强意志力和强化抵抗强迫行为的关键。这个阶段的目标是学习“再归因”：了解强迫想法的源头是脑部某些化学物质的不平衡。了解脑部并认识强迫型人格障碍，有助于患者免除最令人受挫的“想要完全除掉强迫症状”的不正确想法。时刻记住：可以不必马上对强迫症状做反应！可以将强迫想法、感觉放在一边，然后做其他的事。如此可以帮助自己，从而改变脑部的生理生化反应。这就是所谓的“换挡”：做其他的行为！

“再确认”与“再归因”常常一块儿做，以此让患者对成因有更深刻的了解。

（三）第三步：转移注意力

首先患者要做好“没有痛苦，就没有收获”的心理建设。其次要学会转移注意力，可以选择某些特定的行为来取代强迫性行为，任何有趣的、建设性的行为都可以，最好是从事自己感兴趣的活动，例如散步、运动、听音乐、读书等。当有强迫性思考时，要先“再确认”是强迫性思考或冲动，且“再归因”是源自脑部某些生理生化反应的不平衡，然后“转移注意力”去做其他的事。

1.15 分钟法则

转移注意力不是件轻松的事。要将强迫思考瓦解需要花极大的力气，承受莫大的痛苦。但是唯有学习抗拒强迫症状，才能改变脑部生化，假以时日必会减轻痛苦。15 分钟法则就是延缓反应时间 15 分钟以上，刚开始时可以从延缓 5 分钟做起。原则是千万不要没有延迟就立即反应。注意这不是被动地等待 15 分钟，而是在这段时间内我们做“再确认”“再归因”与“转移注意力”，然后做其他有兴趣、有建设性的活动。在一段时间之后，再评估强迫症的冲动，看看强度是否下降，并且记录下来。即使一点小小的下降，也要鼓励、奖赏自己。

2.行为纪录

将成功转移注意力的行为记录下来也很重要，因为你可以回溯去看何种行为对于你转移注意力最有帮助。当列出来的项目达到预期的效果时，可以帮助你建立信心。记录可以帮助你在强迫症状严重时“换挡”，并且训练自己记得过去曾做些什么。当成功的经验越多，自己就越受鼓励。行为记录只记录成功的经验，而不记录失败的经验，这样可以给自己多一些鼓励，有助于增强信心。

（四）第四步：再评价

前三个步骤是利用既有强迫症的知识来帮助自己厘清强迫症是一个身体的疾病，也就是脑部生化的不平衡，而不去接受强迫思考的驱迫，同时将注意力转移在有建设性的行为上。“再确认”与“再归因”是连在一起的，接着就是“转移注意力”。这三个步骤的总体力量，大过个别步骤力量的总和，“再确认”与“再归因”的过程可强化“转移注意力”。经过适当的训练之后，就可以及时地将强迫性想法与冲动的值降低。

评价的终极目标是贬抑强迫症状的值，评价过程有两个重点：第一要有心理准备，要了解强迫症的感觉，并且准备承受它。第二要接受它，当有强迫症状时，不要浪费力气自责，在有心理准备的基础上，马上“确认”它并且做“再归因”工作，同时可以做“再评价”的工作。

五、关于人工智能毒瘾渴求评估技术的应用研究

吸毒成瘾是一个全球性的严重的社会问题，吸毒成瘾不仅仅是一种恶习，还是反复发作的脑部疾病。吸毒者短期生理脱毒容易，长期心理戒毒难，致使

复吸率居高不下。

复吸率高是戒毒工作面临的一大难题，如何预防复吸也就成为强制隔离戒毒工作迫切需要攻克的难题。传统戒毒工作中，毒品戒治过程中对吸毒者不断变化的生理指标缺乏客观测量、统计和分析，缺乏针对性的措施，这也是导致复吸率居高不下的重要原因之一。

在帮助吸毒者戒除毒瘾的过程中，如何评价吸毒者的“心瘾”，形成一套标准化和系统性的“心瘾”评估指标，进行针对性的戒治显得尤为重要。随着科学技术的发展，新一代人工智能（AI）正在全球范围内蓬勃兴起，为经济社会的发展注入新动能，正在深刻改变着人们的生活方式。司法行政戒毒系统适应时代发展要求积极引入人工智能，开展“数字法治、智慧司法”信息化体系建设。

山东司法行政戒毒系统瞄准降低复吸率的难题，从 2017 年年底开始与望里科技（北京）有限公司合作开展人工智能毒瘾渴求评估技术的实践应用研究，将人工智能引入吸毒者毒瘾渴求监测与评估中，提供吸毒者的有关生理数据，为吸毒者毒瘾戒除提供客观标准，努力实现毒瘾渴求评估技术方法与戒毒实际工作的深度融合。

（一）人工智能与毒瘾渴求机理

人工智能是随着电子计算机的发展而产生的。人工智能形象地说就是让机器的行为看起来就像人的行为一样智能。其核心要义是机器像人一样思考，像人一样行动，理性地思考，理性地行动。人工智能对人类经济、社会等方方面面产生了重大的影响，是引领新一轮科技革命和产业变革的战略性技术，具有溢出带动性很强的“头雁”效应。在移动互联网、大数据、超级计算、传感网、脑科学等新理论新技术的驱动下，人工智能加速发展，呈现出深度学习、跨界融合、人机协同、群智开放、自主操控等新特征，正在对经济发展、社会进步、国际政治经济格局等方面产生重大而深远的影响。加快发展新一代人工智能是我们赢得全球科技竞争主动权的重要战略抓手，是推动我国科技跨越发展、产业优化升级、生产力整体跃升的重要战略资源。”人工智能的发展，也必将在吸毒者毒瘾戒除的过程中发挥重要作用。

国内外对吸毒者的毒瘾渴求评估基本均采用自我报告式的测量方式。但在强制隔离戒毒所内，由于大量戒毒人员有人为隐藏、撒谎等主观行为因素，导致评估的信效度低，无法客观有效评估毒瘾渴求情况。因此，找到一种客观的毒瘾渴求评估技术就显得尤为重要。

近年来，无损探伤脑功能测量技术的发展使得对毒瘾渴求的客观定量评估成为可能，脑电波可直接记录神经活动产生的电信号，对大脑活动进行客观、定量、实时的监测。但脑电波等生理数据维度多、数据量大，单纯使用传统统计学方法很难对这类生理数据进行有效的分类。尤其是脑电波数据，往往涉及多个电极导联的多个指标，数据之间存在复杂的关系。而机器学习技术就可以在这类研究中体现出独特的优势，通过充分利用数据信息，建立较为复杂的模型，实现更为准确的预测。目前已有研究者将机器学习应用于对精神类疾病的甄别和评估。山东省戒毒管理局与望里科技（北京）有限公司正在寻求使用受主观因素影响较小的评估方法对毒瘾渴求进行评估和研究，如心率、血压、皮温、皮电等指标，它们不受意识的控制，比自我报告的测量更加敏感和客观。

人工智能毒瘾渴求评估与干预技术是人工智能技术与新兴虚拟现实技术在物质成瘾领域的开创性融合应用，通过虚拟现实技术呈现成瘾物质相关线索刺激，同时采集戒毒人员的脑电波、皮肤电、心率三种生理数据，利用人工智能算法，对吸毒者多维度的生理数据进行深层次挖掘，建立较为复杂的模型，实现对毒瘾渴求准确的量化预测。

但在物质成瘾领域尚未出现运用机器学习模型对甲基苯丙胺成瘾人员的渴求评估。

（二）山东省司法行政戒毒系统人工智能毒瘾渴求评估技术实践探索

2017 年底，山东省司法行政戒毒系统与望里科技（北京）有限公司合作实施人工智能毒瘾渴求评估与干预技术。先后在山东省济东强制隔离戒毒所、山东鲁中强制隔离戒毒所开展工作，已完成上千名戒毒人员的毒瘾渴求评估及四百余名戒毒人员的干预疗效评估，目前正逐步将此项戒毒新技术应用到常规戒毒工作中来。

我们对戒毒人员进行了集中的毒瘾渴求评估，建立了戒毒人员的动态毒瘾渴求数据库，同时也对戒毒人员的基本情况进行了全面记录。通过对强制隔离戒毒人员基本情况及毒瘾渴求状态的记录及分析，形成大数据中心实现信息化管理，有利于及时掌握戒毒人员的基本情况和实时毒瘾渴求状态，定位高危人群，实现数据化及科学化管理，促进精准戒毒。

与此同时，人工智能毒瘾渴求评估也与旋磁治疗、食疗、体疗等相结合，实时监测戒毒人员的毒瘾渴求状态，精准分析戒毒人员的毒瘾渴求变化，为精准制定戒治措施提供参考。

（三）人工智能毒瘾渴求评估与干预技术的应用进展

2018 年 6 月 23 日，在第 31 个国际禁毒日到来之际，“山东省戒毒研究中心”在济南举行揭牌仪式。望里科技（北京）有限公司 CEO 李岱作了《关于人工智能毒瘾渴求评估系统在济东戒毒所的实际应用》的报告，指出在戒毒人员康复过程中，基于量化指标的动态监测与干预指导对其康复的意义重大。目前该系统已经在山东省完成了对 1500 余名戒毒人员的评估，下一步双方还将共同创立山东省戒毒评估中心，对每位戒毒人员在入所、出所以及每次干预治疗前后，进行科学化、可量化的动态监测与评估。

山东省戒毒管理局与望里科技（北京）有限公司在 2018 年神经系统科学学会年会（SFN）发表文章《一种基于机器学习和脑电的探测虚拟现实诱发冰毒渴求的方法》[①]和《一种通过机器学习和虚拟现实检测冰毒渴求的方法》[②]。

人工智能毒瘾渴求评估技术提供了一种客观的量化评价指标。该项技术的核心是用人工智能翻译“不说谎”的生理信号，其评价结果不依赖于主观报告，不存在主观偏差，解决了目前诊断评估大多使用自我报告产生的信效度较低的问题。

同时，对戒毒人员毒瘾渴求的评估进行数据量化，为戒毒诊断评估工作提供客观、统一、标准化的评价指标，可为之后的戒治提供衡量指标。

（四）山东省戒毒工作的实践方向

从山东戒毒工作看，今后可从以下几个方面努力：

(1)加强与课题研究的结合，促进“六疗”评价指标体系的建立。“医疗、心疗、文疗、食疗、工疗、体疗”简称“六疗”，一直是山东省戒毒管理局的特色品牌，在“六疗”品牌精品化的大趋势下，帮助构建全方位、多维度、立体化的戒治新格局。为充分发挥“六疗”教育戒治作用，围绕“六疗”继续开展课题研究，着力提升戒治工作体系化、成果化。

(2)纳入“四期流转”年度及出所前考评，增强对戒毒人员考核的科学性。在戒毒人员生理脱毒期、康复巩固期、教育适应期、回归指导期“四期流转”考评时纳入毒瘾渴求量化指标体系，对各期戒治效果做出科学考核，根据各期戒毒

---

① 作者：丁欣放，北京首都医科大学；李元辉，阿呆科技（北京）有限公司；齐延安、毕于乾、汤洪源，中国山东省戒毒管理局；李岱、彭志永，美国威斯康星大学麦迪逊分校教育心理学人类发展学院。

② 作者：丁欣放，首都医科大学；李元辉、龚兰蕴、李岱、彭志永，阿呆科技（北京）有限公司；毕于乾、汤洪源，中国山东省戒毒管理局。

人员的身心变化、戒治表现等考核情况，设定多个等级，分别实施特殊管护、常态管理和自我管理，将戒毒工作基本模式框架中的“以分期分区为基础”落实到位。

(3)纳入一年后和解除前诊断评估，提高诊断评估的客观科学性。在对戒毒人员进行诊断评估时加入人工智能毒瘾渴求评估，将人工智能毒瘾渴求评估指标作为一项客观量化指标，以此作为诊断评估的依据，提高诊断评估的客观科学性。同时加强戒毒人员从入所到出所全戒治过程中的诊断评估的流程化与规范化，实现强制隔离戒毒人员定期客观诊断与长程追踪评估，建立个体全周期矫正档案，做到每名戒毒人员的数据监管更安全，毒瘾渴求数据可追溯。

(4)打造智能化管理平台，提升戒治工作的标准化及信息化程度。人工智能毒瘾渴求评估与干预技术提供了标准化的评估流程以及评估指标，为诊断评估及戒治效果考核提供了一个有效的解决方案。同时将戒毒人员各类数据信息(毒瘾渴求信息、吸毒史信息、人口学信息)纳入信息化系统，建成智能化综合业务管理平台和大数据中心，以大数据分析为基础，构建智慧戒毒平台，实现科学指挥、管控、考核，实现信息、动态、管控、戒治、考核的精准化。

(五)人工智能毒瘾渴求评估与干预技术应用前景展望

人工智能可实现毒品成瘾唤醒的实时监测。“诱因凸显”可使戒毒人员重新回到使用毒品的环境中，但也会带来一定的危险。人工智能的模式识别技术可利用计算机代替人类或帮助人类去感知，比如，可利用可识别的可穿戴设备，实时感知、记录戒毒人员在毒品相关环境中的生理、行为反应，一旦复吸的生理标记出现，可立即转变为毒品成瘾的模式，实时监测、实时反馈，从而提前进行预警。

人工智能也可实现对戒毒人员的实时干预。在实时监测、实时预警的基础上，人工智能在未来可打造非侵入式的脑机接口，配合便捷的可穿戴设备，采用神经调控技术，比如特殊的蓝光，无损地穿透大脑皮层，从而精准调控成瘾复吸相关的神经元及神经环路的活动性，降低或消除戒毒人员的渴求感，控制自动化的觅药行为，减少复吸行为，降低社会危害性。

综上，人工智能在毒品成瘾康复领域具有广泛应用空间，把这一技术应用到戒毒康复工作中，还需要多个领域、多个学科的专家共同参与，利用不同学科的专长、优势，实现人工智能与毒品成瘾康复的整合、一体化，从而让人工智能技术在戒毒康复领域大放异彩。

在全国统一戒毒工作基本模式的总体要求下，借助科技优势，创新打造智慧戒毒体系，将人工智能毒瘾渴求评估与干预技术纳入司法行政戒毒系统，加强戒毒新技术、新方法的运用和推广，形成全国一流的戒毒技术标准和规范体系，实现科学精准戒毒。

六、关于旋磁治疗的思考

关于旋磁治疗在戒毒工作中的应用与评价，山东省戒毒管理局与望里科技（北京）有限公司进行了合作，应用山东三善堂磁疗科技有限公司生产的旋磁康复机对戒毒人员进行旋磁康复治疗，利用望里科技（北京）有限公司研发的人工智能毒瘾渴求评估系统进行数据测量和分析，经临床验证旋磁治疗对心脑血管及多种精神神经性疾病具有显著的治疗和康复效果。这项研究成果在2018年全国药物滥用防治研讨会暨中国药物滥用防治协会第十七届学术会议上得到了与会专家学者的密切关注和肯定（见图4-8）。

图4-8 在2018年全国药物滥用防治研讨会暨中国药物滥用防治协会第十七届学术会议上进行学术交流

第五章　“爱”的噩梦

——吸毒相关表演型人格障碍共病案例及其矫治

当我们在观赏电视节目或舞台表演的时候，常常会被演员传神逼真的演出所打动，会为他们精彩的演技而喝彩。但是如果在现实生活中，你看到有人像演员在舞台上那样夸张地表达自己的情感或显露出做作的行为时，就会觉得很不舒服。然而有些人却把这种夸张变成了自己生活的常态，时时处处夸大着自己的言语和行为，经常煞有介事地吹牛，完全不考虑被戳穿的尴尬。你是否也遇到过这种人呢？不要太诧异，“表演型人格障碍”就是这样的人。这种人格障碍成因复杂，吸毒也有可能导致。那么究竟什么是表演型人格障碍，它的成因、表现与治疗是怎样的呢？接下来，让我们走近一位曾经活泼好动，却在毒品的侵蚀下逐步变成表演型人格障碍的男孩。

本章案例中的主人公于乐畅是一个聪明好动，性格开朗的大男孩。初见他时，便感受到了他浑身上下透露出的那股机灵劲儿。他的父亲是当地的富商，作为独子，生来便集万千宠爱于一身。含着金钥匙降世的他，如何沦为了毒品的俘虏和朋友们的笑柄？

第一节　表演型人格障碍概述

表演型人格障碍（Histrionic Personality Disorder，HPD），又称“寻求注意型人格障碍”或“癔症型人格障碍”，在DSM-Ⅴ中被定义为以一种过分感情用事和以夸张言行吸引他人注意为主要特点的人格障碍，开始于成年早期，可在多种情况下发病，患病率为2.1％～3％。多见发病于女性，男性发病年龄多在25

岁以下，往往并发乙醇中毒、药物依赖和职业不稳定等不良状况。表演型人格障碍与其他类型的人格障碍一样，随着年龄增长会逐渐趋向改善。[①] 具有该类人格特征的人在精神因素作用下易患癔症。

一、表演型人格障碍的发病原因

表演型人格障碍的形成与基因和家庭环境相关。研究显示，成长在缺乏关爱与期望家庭背景中的孩子更易发展成表演型人格障碍。具体来说，导致表演型人格障碍的因素包括以下几点。

(1)父母对孩子行为的不当强化。例如，随心所欲不稳定的奖励与惩罚，容易使孩子过分寻求关注并用尽可能多的行为寻求他人认可[②]，最终发展成表演型人格障碍。本章案例中，乐畅在童年时期被老师批评后，回到家向母亲“诉苦”，最终得到的母亲的偏袒，就属于“不当强化”。

(2)神经心理的发展。精神分析理论提出，表演型人格障碍起源于“俄狄浦斯期”(约3～6岁)。具体来说，精神分析理论认为，男孩子从出生开始就存在“恋母情结”，进入“俄狄浦斯期”，便开始嫉恨父亲，想要占有母亲，这时自然会表现出对父亲的敌视。比如有的小男孩想独占妈妈，不想让爸爸亲近妈妈，而把爸爸当成是与他争夺妈妈的人。但是他会慢慢发现自己不够强大，无法战胜爸爸，转而，他会向爸爸学习，从而产生性别认同，即“我是一个男孩子”这一性别概念。而这一时期的冲突如果得不到恰当的处理，就会导致异常性格的形成。放在女孩子身上，也是同样的道理，即嫉恨母亲，想要占有父亲，最终从母亲身上习得自己的性别概念。

(3)自我塑造与巩固。一个人的价值既来源于外界认可，又来源于自我认可。依赖自我认可的人，倾向于我行我素；依赖外界认可的人，则通过保持与外界的一致、喜新厌旧的人际关系、逃避真实的自我等倾向，最终发展成表演型人格障碍。本章案例中，乐畅属于倾向于依赖外界认可的类型。

(4)潜在人格特质。不同的人格类型总是与不同的人格障碍有着千丝万缕的联系。在本章案例中，乐畅属于“快乐型人格”，他喜欢追求快乐，不拘小节，

---

① 章剑和:《警惕孩子的表演型人格障碍》,《社区》2009年第19期。

② 何克、刘丽君:《表演型人格障碍的表现、形成和治疗》,《贵州师范大学学报》(自然科学版)2002年第1期。

不喜欢束缚，难免会夸大自己的言行，不自觉地进行“表演”，最终发展成表演型人格障碍。

二、表演型人格障碍的特征

表演型人格障碍的人在行为举止上常带有挑逗性，并且他们十分关注自己的外表，常以自我表演、做作夸张的行为引人注意，暗示性和依赖性特别强；自我放任，不为他人考虑，表现出高度的以自我为中心；他们情绪外露，表情丰富，喜怒哀乐皆形于色；娇柔做作，易发脾气，喜欢得到别人的同情和怜悯，情绪多变且易受暗示，极端情绪化，易激动；思维肤浅，不习惯于逻辑思维，言语举止和行为显得天真幼稚。

表演型人格可以分为六种亚型①，每种亚型都有不同的症状和表现。这些亚型包括：(1)“安抚型演员”，他们专注于安抚他人和消除分歧，可能达到自我牺牲的程度；(2)迷人、精力充沛、冲动的“活泼型演员”；(3)“暴风雨般的戏剧型演员”，他们可能表现出更多的消极特征，如喜怒无常或人际关系混乱；(4)“虚伪的装腔作势者”，他们表现出更多的反社会特征，如故意操纵和欺骗；(5)“戏剧演员”，他们更关注外表；(6)“幼稚的装腔作势者”，他们有着孩子般的行为，比如生闷气或提出不合理的要求，而且情绪很不稳定。本章案例中，乐畅属于迷人、精力充沛、冲动的“活泼型演员”。

三、表演型人格障碍的诊断

表演型人格障碍与其他类型的人格障碍一样，有些人在童年、少年时就有上述某些表现，有些人则开始于成年早期，但要到18周岁以后临床上才能做出人格障碍的诊断。

表演型人格障碍在普通人群中的患病率约为2%，女性发病率约为男性的两倍。表演型人格障碍在吸毒人群中发病率更高，为5%左右。

尽管《国际疾病分类》(第10版)(ICD-10)和DSM-Ⅳ均包括了表演型人格障碍，但在诊断标准上二者略有差异。

(一)ICD-10表演型人格障碍的诊断标准

个体必须具有以下特性或行为中的四种及以上：

---

① T. Millon, et al.,“Personality Disorders in Modern Life”, *The Journal of Clinical Psychiatry*, vol. 61, no.2, 2012, pp.149-152.

(1)自我戏剧化,做戏性,夸张的情绪表达。

(2)暗示性,易受他人或环境影响。

(3)肤浅的情感体验。

(4)不停地追求刺激、为他人赞赏以及以自己为注意中心的活动。

(5)外表及行为表现出不恰当的挑逗性。

(6)对自己外观容貌过分计较。

(二)DSM-IV 表演型人格障碍的诊断标准

个体若满足以下至少五个标准,且其特征通常在成年早期出现并持续一段时间,则可被诊断为表演型人格障碍。

(1)在自己不能成为人们注意中心的场合感到不舒服。

(2)与别人交往时常有不适当的性诱惑或挑逗行为。

(3)情绪表达变换迅速且肤浅。

(4)总是利用外表来吸引别人注意。

(5)言语表达缺乏具体细节。

(6)常有自我戏剧化、舞台化和情绪表达的夸张。

(7)易受暗示,即容易受其他人或环境影响。

四、表演型人格障碍的鉴别

表演型人格障碍容易和依赖型及自恋型人格障碍相混淆。

表演型人格障碍患者通常希望由其他人来帮自己做决定。与依赖型人格不同的是,表演型人格障碍的人往往无拘无束,且十分开朗,他们宁可放弃独立自主,因为他们认为“依赖”的特征更容易受到喜爱。相比依赖型人格障碍者,他们不会认为自己是不幸的,并且他们很少表现出暴怒或任性的自伤等行为。

自恋型人格障碍在 DSM-Ⅳ 中被定义为,总希望去说服他人、控制他人(在幻想或实际行为上),需要赞美与追捧,缺乏同情心。自恋型人格障碍患者也会通过寻求注意来维持他们的自尊,但不同的是,他们专注于成功和权力,所寻求的注意必须是别人的过度赞赏甚至羡慕,并常常显示出傲慢的行为与态度。

五、表演型人格障碍的治疗

表演型人格障碍是一种比较棘手的心理障碍,一旦形成,目前的治疗很难将其彻底改变。即使在心理学最发达的美国,临床治疗效果也很不乐观。但经较长时间的心理治疗，对改善紧张的人际关系有一定效果。许多患者在不断抱怨原因不明且得不到缓解的身体不适感后，被医生转介到心理咨询室来寻求治疗。这种心理障碍呈现出高自杀率，在国外经常采用住院治疗。常采用的治疗手段主要包括以下几种：

（一）认知行为疗法

认知行为疗法是认知疗法和行为疗法的结合，该疗法以认知改变和行为改变为主要干预途径。认知行为疗法的基本模型为：情境→认知→情绪[①]，即聚焦于患者讲述的特定情景，发掘他对此情景或事件的评判，以获取其思维模式，发现其存在于头脑中的不合理的想法，再推断这些想法与思维模式导致其发生怎样的情绪。然后通过对话引导，使患者逐步将这些不合理的想法从头脑中剔除出去。本章案例中，通过与乐畅的交谈，不断引导他进行联想，最终重塑他的认知模式与行为模式，我采用的便是认知行为疗法。在治疗过程中，治疗师要把握谈话的节奏和方向，把握患者的心理动态。

（二）心理动力学疗法

心理动力学疗法又称精神分析疗法。该疗法强调患者回顾早期尤其是幼年时期个体的经历以及创伤，回顾和感受自己是如何变成这样的，然后直面自己，重新发现被自己深深埋藏的需求，并尝试去满足这些需求。治疗师需要为患者提供共情、关怀和一个足够安全的场所，让他们尽情感受自己的痛苦，并将当前的痛苦、愤怒和失望与早期未被满足的合理需求联系起来。重要的是让患者了解自己的真正需求，明了自己痛苦的根源，最终接受自己，并接受和理解他人给予的爱与认可，从而达到治疗的目的。例如我们平常听说的催眠、释梦等，都属于该疗法中常用的方法。

（三）药物治疗

尽管药物不能改善人格结构，但用来改善某些症状并非无益。例如，焦虑表现明显者可选用苯二氮䓬类抗焦虑药，伴有脑电图改变的暴发型人格障碍可给予抗癫痫药，碳酸锂则对有冲动或攻击行为者有效。

（四）精神外科治疗

脑部颞叶切除或立体定向手术可改善一些人格障碍。

总的来说，表演型人格障碍临床治疗上应用最多的还是认知行为疗法。治

① 许若兰：《论认知行为疗法的理论研究及应用》，《成都理工大学学报》（社会科学版）2006年第4期。

疗此型人格障碍，应努力提高患者认识自身人格缺陷的能力，注意训练情绪表达得自然、适度，应加强心理治疗，必要时辅助精神类药物。[①] 虽然目前尚无较好的针对性治疗方法，但仍应持积极态度进行矫治。

六、表演型人格障碍的预后

表演型人格障碍与其他类型的人格障碍一样被定义为终身持久状态，故其难以发生变化。目前几乎没有关于其预后的可靠依据。

第三节 吸毒相关表演型人格障碍共病概述

长期吸毒会导致大脑颞叶功能受损，出现大脑皮质功能紊乱，导致人体生理、精神、心理的强烈刺激，形成过度的兴奋与紧张，容易形成人格障碍共病。研究表明，较多的物质依赖人群患有精神疾病，人格形成和变动与毒品依赖紧密相关，例如，目前有关吸毒人员人格特征的研究表明，吸毒人员具有冲动型特质，喜欢寻求刺激等特点。[②] 本章案例中，于乐畅是喜欢新鲜刺激的快乐型人格，他也符合这一特点。

一、吸毒相关表演型人格障碍共病的表现

吸毒相关表演型人格障碍共病是指一个人不仅存在物质依赖，还有表演型人格障碍。于乐畅吸食冰毒成瘾，被公安机关确定成瘾后被送到强制隔离戒毒所执行强制戒毒。吸毒相关表演型人格障碍共病临床表现除了具有吸毒所具有的临床症状外，还具有表演型人格障碍的症状体征。

（一）吸毒，嗜赌

有吸毒史、曾经有赌博经历或癔症病史且喜欢猎奇、愿意组织各种娱乐性活动的人员是表演型人格障碍的高危人群。许多吸毒人员由于毒品造成的强烈身心刺激，导致其形成表演型人格障碍。

---

① 汤世明：《解读人格障碍——表演型人格障碍》，《中国社区医师》2002 年第 24 期。

② C.R.Cloninger，“Childhood Personality Predicts Alcohol Abuse in Young Adults”，*Alcoholism Clin Experiment Research*，no.12，1988，pp.494-505.

(二)吸引别人过分关注

吸毒相关表演型人格障碍患者常常表现出过分做作和夸张的行为,他们十分害怕寂寞,特别喜欢引起别人的注意。例如,为吸引他人注意,经常身着奇装异服,在大庭广众下努力展现自己,吸引眼球。

(三)夸张的表演家

吸毒相关表演型人格障碍患者极具表演天赋,即使是在与人交往中,言谈举止也如在舞台上一样,极为夸张。他们演技逼真,有一定的感染力。有人称他们为伟大的模仿者、表演家。

(四)高度的暗示性和幻想性

吸毒相关表演型人格障碍患者不仅有很强的自我暗示性,还带有较强的被他人暗示性。他们常好幻想,喜欢把想象当成现实,当缺乏足够的现实刺激时便利用幻想激发内心的情绪体验。

(五)感情用事,装腔作势

吸毒相关表演型人格障碍患者喜欢感情用事,经常抛弃理智。他们情感丰富,热情有余而稳定不足;情绪炽热但不深刻,因此他们情感变化无常,容易激情失衡。对于轻微的刺激,可有情绪激动的反应,容易大惊小怪,缺乏稳定的心境,情感活动几乎都是反应性的。由于情绪反应过分,往往给人一种肤浅、没有真情实感、装腔作势甚至无病呻吟的印象。

(六)说谎欺骗,玩弄感情

吸毒相关表演型人格障碍患者喜欢玩弄多种花招使人就范,如任性、强求、说谎欺骗、献殷勤、谄媚,有时甚至使用操纵性的自杀威胁。他们的人际关系肤浅,表面上温暖、聪明、令人心动,实际上完全不顾他人的需要和利益。

(七)高度的自我中心

吸毒相关表演型人格障碍患者过于以自我为中心,喜欢别人的注意和夸奖;只有投其所好和取悦一切时才合自己的心意,否则会不遗余力地攻击他人。此外,患者性心理发育不成熟,表现为性冷淡或性过分敏感。

一般来说,吸毒相关表演型人格障碍患者不会注意细节或事实,他们不情愿或不会对问题和处境理智地做出判断分析。心理矫治中心为于乐畅进行了《神经精神病学临床评定表(SCAN)》测试,测试结果符合表演型人格障碍。综合分析于乐畅的吸毒史、现实表现以及心理测试结果,吸毒相关表演型人格障碍的诊断成立。

二、吸毒相关表演型人格障碍共病的治疗

对于吸毒相关表演型人格障碍共病的治疗，除了前文提到的针对一般性表演型人格障碍的治疗方法外，还包含以下两种。

（一）戒毒治疗

吸毒相关表演型人格障碍共病的治疗首先就是彻底戒毒，不能戒除毒瘾就不可能治愈表演型人格障碍。

（二）艺术升华

吸毒相关表演型人格障碍患者往往有一定的艺术表演才能，可以让他们把兴趣转移到表演中，使原有的淤积的能量在表演中得到升华。艺术表演有一定的夸张成分，为了使观众沉浸到剧情中，演员必须用自己的表情、语言去打动观众。因此，表演型人格的人投身于表演艺术是一条很有效的自我完善之路，戒毒治疗师对戒毒人员进行情景心理剧培训见图 5-1。乐畅的舞台剧作品《重生》的成功演出，便很好地印证了这一点。

本章案例中，在强制隔离戒毒的环境下，以认知行为疗法为重要治疗手段，通过舞台心理剧等艺术创作，在帮助乐畅回归正常生活过程中，收到了显著成效。

图 5-1 戒毒治疗师对戒毒人员进行情景心理剧培训

第三节　吸毒相关表演型人格障碍共病矫治案例

故事的主人公是一个年仅 21 岁的青年，但他本人看上去却与其年龄极不相称。浓浓的眉毛下那双乌溜溜的黑眼珠透着一股狡黠，略显稚嫩的脸上透着一股极不协调的成熟。他本该肩负着父母殷切的希望升入大学，可卖淫、嫖娼、吸毒和贩毒的阴霾却将他本该蔚蓝的人生天空遮得乌云密布。在他这 21 年的人生历程中，究竟发生了什么？

一、不可一世的公子哥

他叫于乐畅，父亲是当地一家知名集团的老总，父母的婚姻仅仅维持到了他 5 岁便宣告结束。儿时的他并没有因为父母的离异而变得失落，他的周围有太多新鲜刺激的事物分散着他的注意力。

乐畅 5 岁时的某一天，父亲带着他来到一家 KTV 应酬，父亲让司机带着他在大厅玩。看着有些神秘的父亲，他偷偷地尾随父亲到了包房。当他充满好奇地推开包房的门时，一桌子五颜六色的“糖块”立刻引起了他的注意。“糖，给我糖！”父亲看到后很气愤，不由分说地把他拎了出去。那时候，懵懂的他认为，好像吃了这些糖，就会像那些人一样开心地跳舞。

因为离异，父母只能通过溺爱的方式来弥补对小乐畅的愧疚之情。他很开朗，也很乐观，甚至有些调皮，是同学们的开心果。他经常扮演“小丑”的角色，给大家带来无尽的快乐。也因为他的活泼好动，没少跟同学发生矛盾，有时甚至大打出手。一次，小乐畅调皮捣蛋误伤了同桌，老师体罚了他。满心委屈的乐畅回家后，便添油加醋地告诉了妈妈。视儿子为掌上明珠的妈妈气不打一处来，当即拉着乐畅找到了老师，当着全班同学的面，指着老师破口大骂，在妈妈的目送下，小乐畅理直气壮地回到了座位。妈妈怎么也没有想到，自己“理所应当”的袒护行为，悄悄为小乐畅种下了“表演型人格障碍”的种子。有了妈妈的撑腰，小乐畅变得更加有恃无恐，他常常顶撞老师，欺负同学，变本加厉的小乐畅最终被学校开除了。无奈之下父亲又将他转到了另一所中学。

对于转学，乐畅很开心。“终于可以换个新环境，认识新同学啦。”到了新学校，他很快就适应了新环境，凭借自己开朗活泼的性格，很快就跟新同学们打成了一片。

正值青春期,情窦初开的于乐畅,开始向往像《流星花园》里一样美好的恋爱。那时候的他每个月都会从爸妈那里拿到几千元的生活费,在同学眼里,小乐畅人长得帅气,出手阔绰,开朗活泼,大家都很愿意和他玩,并给他取外号“道明寺”。“道明寺”这个称号让小乐畅很受用,他开始模仿电视剧里的桥段,偷偷潜入女生宿舍,跟女同学约会。有一次他溜进女生宿舍,被舍管发现,当即被批评教育了一顿。他不耐烦地答道:“关你屁事! 大不了我不在这念了,这破学校我早待够了!”说罢扬长而去……这一次,万般无奈的父亲又想尽办法将他送进了当地的一家体校。那一年,乐畅 14 岁。

抱着好奇与尝试的心态,乐畅开始了他的体校生活。在这里,他将他的活泼好动充分发挥到了训练上,训练成绩名列前茅。沉浸在这种喜悦中没多久,于乐畅便又厌倦了这种封闭式的体校生活,注意力又开始转移到吸烟、喝酒、谈恋爱上。他喜欢上一位练射箭的女同学,便使出浑身解数来讨她欢心。一天晚上,他硬闯女生宿舍遭到保安的制止后,跟保安发生了激烈的肢体冲突并致对方轻伤。显然,体校也待不下去了。15 岁的乐畅面临着无学可上的尴尬境地。父亲无奈:“也好,跟我做生意吧。”就这样,于乐畅便从学校搬到了父亲的公司。

二、步入深渊

一次,于乐畅无意间路过父亲的办公室,透过虚掩的办公室门,看到父亲和其他三个人一起拿着透明的瓶子,伴随着咕噜咕噜的声音吞云吐雾,他对这种新奇的东西自然充满了好奇心。“应该比抽烟好玩”,他心想。待父亲等人离开,于乐畅溜进父亲办公室,从抽屉里发现了一大包白色的晶体和一个透明瓶子。他便学着父亲的样子,开始用火烤了起来。吸了两口,他怕父亲回来发现,就赶紧回到自己房间玩起了电脑。担心东窗事发的紧张感和毒品带来的刺激感,让他兴奋了一整晚。他感觉特别精神,就玩起了“劲舞团”这个游戏。丝毫没有困意的他跟游戏里一个名叫“媛媛”的女孩一直玩到第二天下午。媛媛问他:“玩这么久你都不困,你是不是‘溜冰’了?”“溜冰?”于乐畅猛地意识到,在父亲房间里吸的原来是冰毒。媛媛告诉乐畅,她也“溜冰”。于乐畅以一种无所谓的口气说:“我经常玩,现在手里就有,你要不要过来一起玩?”

这是于乐畅第一次见到媛媛。吸毒后,在媛媛的引导下,两人迫不及待地发生了关系,在毒品的刺激下,乐畅内心的好奇和对刺激的追求得到了极大的满足，让他深陷其中不能自拔。

很快父亲便从烤煳的冰壶上瞧出了猫腻，他怎么也不敢相信这些都是自己未成年的儿子所为。父亲把于乐畅一把抓进办公室，对他一阵怒吼，同时抄起一根拖把杆狠狠地朝于乐畅挥去。于乐畅一脸委屈："爸爸，你在说什么，我不明白！不明白?!"父亲把冰壶摔在于乐畅脚下，"说，怎么回事"！于乐畅哭着说："爸爸，我真不知道。"父亲把所有的愤怒都化作力量狠狠地打在于乐畅屁股上。于乐畅强忍着疼痛，继续跟父亲表演着苦肉计。豆大的泪珠从于乐畅脸上滚落。父亲心疼地看着一脸委屈的儿子，将打断了的木棍扔到了一旁。父亲开始反思：因为平时不注意自己的行为，给儿子造成了恶劣的影响。为了儿子的将来，自己一定要收敛。于乐畅一面啜泣，一面在内心盘算：苦肉计还算成功，以后可不能再用父亲的冰壶了，得自己搞一个。又一次"表演成功"的经历，已经在不知不觉中将乐畅引向了"表演型人格障碍"的歧路。

父母在经过一番互相推卸责任后终于达成共识：停掉乐畅的零花钱，同时检点自己的行为，决不再让乐畅受不良环境的影响。父母突如其来的严管，让乐畅有种双手被束缚的感觉。没有零花钱就无法买毒品了，乐畅急得像热锅上的蚂蚁团团转。

一个男人的出现，让乐畅重新看到了曙光。乐畅叫他王叔，王叔是父亲的朋友，乐畅曾看到他在父亲的办公室跟父亲一起吸过毒。最近王叔在父亲公司待了好几天，好像在求父亲给他放贷款，但父亲好像并不买王叔的账。于乐畅找到碰了满鼻子灰的王叔央求道："王叔，你帮我弄点冰玩玩呗，我看到你在我爸办公室玩了。""你小孩儿家懂什么！你再闹我就告诉你爸爸，让你爸爸揍你。""王叔，我不是小孩儿了，我都 15 岁了。再说我也不是没玩过这个东西，只是最近没东西了。"于乐畅眨着眼睛，"王叔叔，我请客"。鉴于毒品的强大诱惑加之对乐畅父亲不放贷款的报复，王叔答应了于乐畅的请求。

来到王叔家，王叔一个电话便叫来了当地一个贩毒小混混来送货。当贩毒的人来到王叔楼下时，于乐畅自告奋勇地下楼去拿货，顺便记下了这个小混混的电话。重新尝到冰毒滋味的于乐畅，精神和肉体得到了极大满足。就在他心满意足地在游戏厅玩耍时，遇到了那天送货的小混混。于乐畅走上前去搭讪，很快跟小混混打成一片，成了无话不谈的好朋友。通过交谈，他得知这个小混混经营了一家小型 KTV，聊天内容很自然地牵扯到了冰毒。"咱们都是哥们了，你拿货，我请客。"在乐畅的请求下，小混混带领他来到了市郊的一家超市。

当于乐畅一行人走进超市时，他惊呆了：眼前这个胡子拉碴的中年男人是父母的好朋友，人称“三爷”。原来他就是“放大货”的。三爷对乐畅的到来也很吃惊，犹豫了一下，随即就明白了。三爷告诉他：“你小子！玩可以，不过不能让你爸知道。”“放心吧，三爷！”乐畅像个小大人一样回答道。于乐畅就这样与父母的期望背道而驰，在堕落之路上越走越远。他开始编造各种理由向父母要钱买冰毒和招待朋友，就这样，于乐畅成了三爷死心塌地的马仔，他帮助三爷贩毒，渐渐的，他的腰包也鼓了起来。

对于乐畅在外面的所作所为，父母也有所耳闻，但是怎么也不敢相信这是真的。就在于乐畅潜回家想拿一些换洗的衣服时，被妈妈发现了。妈妈一把抓住他：“儿子，跟妈说，外面那些人说的是不是真的？”“什么啊，妈，他们说的你也信！”于乐畅百般辩解。“你是不是吸毒了，别以为我不知道！”于乐畅一脸无辜，以为用这种方法也能欺骗妈妈。但是妈妈不依不饶：“这事儿我要查个水落石出！”妈妈的穷追不舍让于乐畅恼羞成怒：“要你管，你跟爸爸离婚了，谁都别管我，我不用你们管！”说完便跑了出去。听了这话，妈妈伤心不已，赶忙追了出去。撕扯中，妈妈从楼梯上滚了下去，而彼时的于乐畅一心惦记着毒品，并没有理会母亲痛苦的呻吟，狠心地从妈妈身上跨了过去。

三、初识于乐畅

年轻的乐畅在毒品的漩涡里越陷越深，父亲终于狠下心，报警举报，将他送到了强制隔离戒毒所。

于乐畅进入戒毒所后，并没有表现出任何的不适应，不时地和周围的戒毒人员打着招呼，做自我介绍的时候用他幽默的语言和夸张的表情与动作把大家逗得哈哈大笑。组织上教育课时，他一会儿抓耳挠腮，一会和其他戒毒人员聊天，被分管警察勒令站着时也不老实，趁值班员不注意就做个鬼脸、扭扭屁股，搞得大队警察哭笑不得。

他一回到宿舍嘴就闲不着，叽叽喳喳，像个快乐的小鸟。有次和同室的戒毒人员吹嘘自己在体校多么优秀，臂力多么强壮，有个戒毒人员想和他较量一下腕力，结果于乐畅惨败，气急败坏的他咬了对方一口，把对方的手背咬伤。第一次队列训练，于乐畅表现不错，受到值班干警的表扬，于乐畅高兴坏了，逢人就吹嘘：“这算啥，我以前当兵的时候国旗班都挑我去，我嫌离家太远，没去……”一个当过兵的戒毒人员随便考了他几个问题，马脚就露了出来，他甚至不清楚一个连里有多少人，有几个排，有几个班。面对大伙的嘲笑，他恼羞成怒，和其他戒毒人员厮打成一团，当然又免不了干警的一顿批评教育。他在检查中这样写道："我真的真的错了，我不应该和别人动手，我下次一定不敢了，求求大家别再让我丢人了……"可是没到五分钟他那耷拉的脑袋又和拨浪鼓一样了，大家一看就知道，他又开始不着边际地吹牛了。

他肆无忌惮地手舞足蹈着，胡吹神侃着。他享受着周围人的注意力聚焦于他一身的感觉，尽管伴随着嘲笑，他也满不在乎。虽然他给大队带来了无穷欢乐，但透过这些看似平常的生活片段，我看到了他身上表演型人格障碍的影子。

四、一波未平一波又起

于乐畅入所两个月后，市疾控中心给我打来电话，告诉我，于乐畅经艾滋病确认实验室确认，被诊断为艾滋病感染者，让我们注意防护，做好下一步工作。我挂断电话，陷入沉思中。于乐畅今年 21 岁，他从 15 岁开始吸毒，并与吸毒女鬼混，如果和艾滋病感染者发生性关系，极有可能感染。由于我们所的医院只是艾滋病初筛实验室，只有初筛阳性才会将血样送到市疾控中心确认实验室再次检验，他们对艾滋病感染者的确认很严格，经过多次多种方法检验确定后才会通知单位或者个人。

像于乐畅这样在强制隔离戒毒所戒毒的人员确诊，市疾控中心一般会通知单位主要负责人，在保障安全的情况下，对艾滋病感染者进行告知，然后进行心理疏导并开展一系列管理、教育、治疗，其中就包括艾滋病发病后的"鸡尾酒疗法"。鸡尾酒疗法又称健康融合疗法，简称 CT 疗法，是指在健康管理过程中根据患者在年龄、体质、工作环境、生活习惯等方面的差异，在体检筛查、膳食搭配、心态调整、运动健身、生活方式等方面为其量身定制健康管理方案。艾滋病感染人员正式名单会通过卫生行政网络直报系统直接报告国家疾控中心，具体感染人员也会通过秘传通道正式通知单位。对于艾滋病感染后的告知也有一系列程序，必须确保艾滋病感染者安全，不能出现自伤、自残、自杀等系列事件，确保艾滋病感染者不传播给其他人员。

得到通知后，经商讨，我们认为对于乐畅的管理、教育、治疗，特别是心理疏导等工作的开展，已经迫在眉睫。我既是大队长，又是所心理矫治中心主任，还兼任全所医疗戒毒中心主任，深知肩上责任重大。我曾经在医疗战线担任科室主任和业务院长，有丰富的临床工作经验。在医院工作期间，我还牵头成立了心理治疗中心，收治过自愿戒毒人员和心理疾病病人，并且当时医院艾滋病感染者的管理、教育、治疗工作一直都是由我分管。所以，尽管于乐畅的问题更为复杂，但我对此非常有信心。于乐畅确诊艾滋病这件事，只有我们大队几个主要领导和他的主管队长知情。我作为专业医生，得知这样的消息，心情格外沉重。乐畅现在是集三重疾病于一身，情况很棘手，特别是感染艾滋病更让我感到不安。由此下一步的治疗方向也会发生变化，他的管理和矫治会更加艰难。

鉴于这种情况，我马上召集相关人员召开专门会议，研究于乐畅下一步的管理、教育和治疗方案。会上大家进行了广泛的讨论，在考虑到各种情况的基础上进行了周密部署和明确分工。我考虑再三，乐畅的心理疏导和人格重塑工作还需要我去亲自完成。

五、心理矫治序幕拉开

要做好于乐畅的心理疏导和人格重塑，必须首先了解他是什么样的人格类型，我准备先对他做一次心理咨询。

我把于乐畅叫到心理治疗室，他显得有点惴惴不安，他不知道我突然让他来是什么意思。一般情况下，戒毒人员犯了错误才会安排他们到心理治疗室，一般接受心理咨询，也是要经过预约才能进行。所谓心理咨询，就是心理咨询师通过谈话的方式，去发现患者的主要诉求、具体情况、问题根源，然后逐步引导，使患者用自己的力量，摆脱心理困扰。但是由于戒毒所心理咨询的特殊性，治疗师对患者已经有了一定的接触和了解，与传统意义上的心理咨询不同，不是患者主动找治疗师寻求帮助，而是治疗师主动找患者开展心理咨询。在此前我通过接触，对于乐畅的生活经历、性格特点、人格类型已经有了大体的判断。接下来，我想通过心理咨询的方式，再寻找一些证据，来支持我的判断。

笔者：“乐畅，今天请你来心理治疗室，你有什么想法？”我试着摸索他目前的心理准备状态。

乐畅感觉很疑惑，他两眼迷茫地看着我，心不在焉地说：“没什么想法。”

可以看出，他对心理治疗的开展毫无预判和准备，此刻的他好像有一丝不情愿。笔者：“你别紧张。你来大队已经两个月了，前几次只是和你简单交流了一下你的家庭状况和吸毒情况，今天想和你聊聊你性格方面的一些话题，以便更好帮到你。”我开门见山，说明来意。帮助他尽快放松和放下戒备，进入咨询状态。

乐畅长长地舒了一口气,“不是因为别的事情就好……”他小声嘀咕说。乐畅抬起头:“大队长你说吧。”

一般情况下我会有三种身份,一是大队长,二是治疗师,三是医生。大部分时间我是大队长,但我做心理咨询时,一般戒毒人员称呼我“老师”;给他们看病时,他们称呼我“大夫”。对我来说,“老师”是对自己角色转换的一种提醒;对戒毒人员来说,叫“老师”“大夫”能让他们感觉放松从而便于沟通交流。今天乐畅称呼我“大队长”,但我希望建立一个更轻松的关系,便纠正道:“乐畅,今天我们做心理交流,你就称呼我‘老师’吧。”

乐畅反应很快,立刻改口:“汤老师,您说吧。”他还是很谨慎,称呼我老师,还特意在前面加了“您”。

笔者:“乐畅,你来咱们戒毒所也有两个多月了。在这里过得怎么样?”我寒暄似地想了解一下他的近况和内心世界。

乐畅:“汤老师您不说,我都没意识到我来这已经那么久了。时间过得真快啊!刚开始不是很适应,毕竟之前过惯了无拘无束、无忧无虑的生活。”乐畅起身转了一圈:“来到这以后,生活质量变差好多,您看我都瘦了一圈!”他笑着继续说道:“刚来的时候,天天不想吃饭,也睡不好觉。好在我和大家伙都挺合得来的,经常一起开开玩笑什么的,他们都很喜欢和我聊天。这样也就没那么乏味了。”

乐畅进入状态很快,气氛很快就轻松活跃起来,尤其是他生动的表情和动作,让我不由得跟着他笑了起来。笔者:“看到你和大家相处得很好我还是挺开心的。你性格开朗,看得出来,大家都很喜欢你。”我有意识地引导乐畅。首先肯定他的好人缘,以便更好地打开他的心门,为后续的深入沟通做铺垫。

乐畅:“是的,汤老师。我从小就爱说话,我是咱们队里面话最多的人了。大家也都爱听我讲话,他们都叫我‘开心果’。但父母总是说我缺心眼……嗐,人活着不自己找个乐子,整天死气沉沉的,那多没有意思啊。”乐畅讲这段话时,显得神采奕奕。

笔者:“我还听说你有很多朋友?”我笑着说。我用平静的语气说出这句话,好像自言自语一样。当乐畅听到这句话时,他的眼睛闪现光芒,激动地几乎要站起来。

乐畅:“朋友多不好吗?一个朋友一条路。但父母总是说,那些都是酒肉朋友,总有一天,我会被朋友伤害。他们那么多狐朋狗友,就不允许我交朋友,真是的。”

笔者:“我没有说不好的意思。好像女朋友也不少,是吗?”我试探性地询问他的情感生活,希望能更多发现一些人格类型方面的线索,也许能够了解他感染艾滋病的情况。

乐畅:“世界上就是男女两类人,也不能全是男朋友吧!我认为,异性朋友关键时候更能关心帮助你。我也大了,很多事情自己有判断力了。我的女性朋友们并不是他们说的那样不堪,我还是享受很多异性朋友带给我的快乐和帮助的。”

乐畅打开了话匣子,很激动的样子。笔者:“你刚提到的‘快乐’对你来说意味着什么?”

乐畅:“这是我的人生目的和意义啊!我活着就是为了快乐。如果痛苦地活着,我宁愿死去。”

乐畅的这一番话,为我的预判提供了有力的证据。我继续追问道:“那你平时都是怎样和朋友相处的呢?”我进一步打探细节,试图挖掘尽可能多的信息。

乐畅:“哈哈,和朋友相处是我天生的本领。不能太小气,吃饭请客送点小礼物,这是人之常情,是必须的。特别是对女人,给她们买个衣服,送个首饰什么的,她们最喜欢了。”

笔者:“那么请你说说你生命中的女人吧。”我有意识地说“生命中”这三个字,希望得到一个尽可能全面的回答。

乐畅:“不瞒您说,汤老师,我现在虽然才 21 岁,但人生该享受的我都享受了。人生如梦,趁着自己还年轻有资本,到了老了身体不行了,什么都晚了。我还是很想得开的。”

乐畅的这段话有力地支持了我的预判。他小小年纪,竟说出这样的话。笔者:“嗯,看得出来。你可以就刚才的话题,再具体讲讲吗?”

乐畅:“钱这东西,花了再赚。我爸爸是开金矿起家的,爸爸留给我的家产和金钱,两辈子也花不完。我对待朋友小气干嘛!基本上晚上几场酒局,包括洗脚、按摩、桑拿……都是我请客。说到酒局,我经常通宵,一晚上去好几场。朋友太多了,都得照顾到不是?这时候就看出来年轻好了吧,玩通宵第二天根本不觉得累和困。再看看我爸,一晚上两场酒局,他就撑不下去了。”

乐畅越讲越兴奋,是的,快乐型人格的人总是精力非常旺盛,为了寻求快乐,他们不会觉得困倦。此次谈话主要是为了确定乐畅的人格类型,他的回答也大部分支持了我的判断。我还想到快乐型人格的人喜欢尝试新事物，但也喜新厌旧。于是我继续从这一方面探索证据："大家都说你很聪明。听说你爸爸还给你请了音乐老师，专门教你学音乐，对吗？"

乐畅："嗐，那些乐器我一学就会，但想学好太难了。手风琴、小提琴、电吉他、钢琴都学过，家里这些乐器都买了。我上手很快，但我一入门就不愿意再深入学了，太浪费时间了。这些东西啊，我就图一新鲜。但别说，女孩子都喜欢这些，都说我多才多艺。其实，我学东西很快，但是老师和父母都说我没长性。"

经过这次谈话，考虑到乐畅吸毒前与快乐型人格特征的吻合度达到80%左右，基本上可以断定乐畅是九型人格中的第七型——快乐型人格。吸毒前快乐型人格的戒毒人员在戒毒所占的比例最高，大约占26%。他们乐观开朗，活泼好动，即使在监管场所，也总是给人积极阳光的感觉。他们总是喜欢参加戒毒所组织的各种有意思的活动，一旦取得一些成绩或获得表扬就喜不自胜并乐此不疲；由于他们精力旺盛，如果得到正确的引导，在习艺劳动、戒毒康复、心理矫治等各方面，往往也能有积极的表现。快乐型人格的人又被称为想象家、计划者、享乐主义者、乐观主义者。他们开朗活泼，精力旺盛，喜好新鲜刺激的事物并进行大胆尝试；他们爱好极多，永远是环境中快乐气氛的制造者，给人一种天真、乐观的感觉。面对生活他们总是将视角放在积极、阳光的一面，当问题真正发生时，他们会极力逃避问题和痛苦，常用追求其他快乐的行为和方式，去替代面对痛苦和烦恼。

六、自由联想训练

转眼间，于乐畅来戒毒所已经三个月了，按照程序，下一步就要对于乐畅进行艾滋病感染告知。按照要求，要为艾滋病感染者成立单独的专管大队或场所，进行集中管理、教育、戒治。但目前我们没有这个条件，艾滋病感染者和其他戒毒人员暂时只能进行混合管理。首先我们要做的就是做好于乐畅的心理疏导，提高他的心理承受力，增强他的抗挫折能力。

在监管场所，我们通常会人为地设置障碍制造挫折，从而训练戒毒人员对逆境的承受能力，以帮助他们更好地适应生活，改变现状，这是提高戒毒人员心理素质的一个重要方面。因此，我想逐步引导乐畅学会直面问题和烦恼，循序渐进地将他引入挫折情境中，带领他去直面问题和烦恼，避免逃避和后退。我采用的是"假如你的生命只剩最后24小时"的自由联想训练（见图5-2），帮助乐畅想清人生中对他来说最重要的事情以及目前最大的遗憾是什么;更重要的是,一步一步引导他学会直面挫折。自由联想是指,为患者呈现一种刺激(一般为词或图片,以听觉或视觉方式呈现)后,要求患者尽快地说出头脑中浮现的词或画面。在应用自由联想时,事前向患者说明反应与刺激之间的自由性,即不受任何限制,但反应一般约定只以语言方式呈现。

图 5-2 戒毒人员进行自由联想训练活动场景

我再次把于乐畅叫到心理治疗室,用平静的语气和他交流:“乐畅,最近怎么样?”

乐畅:“挺好的。这段时间和大家关系处得更好了,没事大家都愿意和我说说话,听我讲讲笑话,大家越来越喜欢我了。前两天,隔壁监舍的大壮还非要换床位,强烈要求和我一个宿舍。我劝他说这不是随便换的,他因为这还绝食了呢,还是我把他给劝好了。”

这事我未曾听说,其真实性有待考量。或许是事实,也或许是乐畅的表演型人格障碍又在作怪了。我当然不能去深究,更不能试图去戳穿,否则对良好的咨访关系十分不利。“哈哈,你太受欢迎了。看到你过得不错,我很开心。”我需要不断表达我对他的积极关注、尊重、热情、共情,这些都对咨询的进展十分有利。看着他得意的样子,我冷不丁地来了一句:“不过,现在请你设想一下,如果你现在得了一场大病,而且这个病不能治愈,你会怎么做?”我很快切入正题,开展我的抗挫折训练计划。

乐畅:“啊,我才 21 岁,能得什么大病呢?不可能的。”显然他对我的问话有些猝不及防，他看上去并不想去考虑这一假设，果然他给我的第一反应是抵触与逃避。

笔者：“如果，是如果。”

乐畅：“哈哈，如果得了大病，我就不治了，拿出剩余的时间，满世界去玩一下，然后去死。”

我心想：不愧是快乐型人格的人！这样乐观，死之前也要好好玩一番，不枉活这一生。我趁热打铁，继续跟进一个更加残酷的假设：“假如因为一个特殊的原因，你只剩下 24 小时的生命，这 24 小时你将怎样度过？”我跟进了更不可思议的假设，看到我认真的神情，乐畅严肃起来，他开始认真思考起来。

乐畅：“这个问题，我需要好好想一下。”

笔者：“是啊，你应该认真思考，如果你的人生真的只剩 24 小时，你将如何度过？”我又重复了一下这个假设。然后认真地观察他。乐畅眼神变得很迷茫，脸上没有了表情，双手不知道放在哪里。一会搓手，一会不停地抚摸头发，两只脚倒是安安静静地踩在地上。

过了一会儿，乐畅抬头看了我一下，自嘲地说：“汤老师，如果真的只剩 24 小时，该怎样就怎样呗。”

我看到他不认真对待这个假设，不想去直面问题和挫折。于是我严肃地说：“请你认真一些，虽然这是假设，但也许真的会有这种事情发生。请你想象一下，你会怎么做呢？”听到我这样说，他又开始思考起来。

空气仿佛凝固了，整个房间十分安静，只能听到呼吸的声音。良久，他抬头对我说：“如果我的人生只剩 24 小时，我第一时间去看看我的母亲和父亲，他们为我操了太多的心，这段时间学习传统文化，我感觉太对不起他们了。”

看来传统文化教育还是起了一定作用，在所里，我们时常对戒毒人员进行传统文化教育，以帮助戒毒人员坚定戒治信心（见图 5-3）。能够想起父母的养育之恩，对乐畅来说，也是很大的进步，我感到十分欣慰。“嗯，请继续”，我鼓励乐畅继续讲下去。

图 5-3 对戒毒人员进行传统文化教育场景

乐畅:“我再去看看我的奶奶,她都八十多岁了,小时候她老人家最疼我了,零花钱和好吃的都给我留着。唉,就是我太让她老人家失望了。”

说完,乐畅低头不语,我感受到了他眼神中的忧伤。我没有回应他,等待他继续说下去。

过了一会儿,他没有抬头,缓缓地说:“我还要找一个命很苦的朋友,她叫莲花,人长得很美,就像她的名字一样美。但她的命真是太苦了,被人拐卖到那种场所……”

听到他说起这个女孩,我突然考虑到,他的艾滋病是否会与这个女孩有关系?随后的交流印证了我的猜测,乐畅的艾滋病感染源基本上可以确定是在莲花那里。接下来我准备将话题转向告知前的准备工作上。

笔者:“难怪李甲也会爱上杜十娘,只可惜李甲心术不正,才导致杜十娘怒沉百宝箱,一段美好姻缘就这样破灭了。”我有意识这样说,好让乐畅继续说下去。

乐畅:“我和李甲可不一样,我和莲花是真爱,我一天不见她,就有如隔三秋的感觉,爱情这东西还真神奇。”

笔者:“是的,看得出来,你对她用情很深。但是她们这个人群特别容易染上性病。”我有意识地、很肯定地说出这句话,也算为告知工作做一定的铺垫。

乐畅:“嗯,都是那些坏人作的孽。”

乐畅说到他和莲花的这些经历,变得十分愤怒,他心中那份善良被激发出来，只见他双目怒视，紧攥的手指嘎嘎作响。

心理咨询的最后，我为乐畅做最后点评和布置作业：“今天这次心理咨询，感谢你的信任，和我聊了这么多私密的事情，相信这些事情憋在你的心里已经很久了，说出来你可能更舒服一点。你很善良，也有正义感，同时也很孝顺，希望你今天回去好好思考一下你的未来，你才经历了 21 年的人生，往后还有很长的路要走，你要用什么样的态度去对待人生？怎样度过将来的日子？思考清楚了，把它写出来交给我，好吗？”

乐畅点头答应，然后回宿舍去了。

七、针对性心理治疗

于乐畅的性格过于活跃，有些时候他自己也无法厘清自己的想法，总是想说什么就说什么，想做什么就做什么，无法集中精力。于乐畅曾经说过：“我是热情而自由的，能够很好地适应现实世界中的种种事物。”的确，作为快乐型人格，他非常率真，容易兴奋，对新鲜事物充满好奇，头脑敏捷且十分聪明，但有时会让人觉得过于做作。高度的自我中心，喜欢别人的注意和夸奖，心理发育极不成熟，情感丰富而肤浅，鲜明而强烈，且极不稳定，变化莫测。鉴于乐畅的性格特点，我认为必须对他进行针对性治疗，解决他性格中的缺陷，发挥优势，才能保证不出现问题。否则，一旦他知晓自己感染了艾滋病，按照他的性格，不知道会做出什么事来。

针对乐畅的具体情况，需要不断提高他的心理素质，增强抗挫折能力，将来在告知、治疗、预防伤害、避免艾滋病传播等方面才能得到保证。除了进行团体心理素质训练外，平时我一有时间也会找乐畅进行思想、心理交流，不断提高他的抗挫折能力。

笔者：“乐畅，咱们在之前的小组活动中，一起解决了很多难题，你也一直表现得很出色。今天再给你出一个题目，有一个需要你帮助的人，她现在很迷茫，请你帮助她一下，好吗？”

乐畅听到需要帮助别人解决问题，显得很兴奋。急忙说：“什么人需要我帮助？没问题。”

快乐型人格的人，对于帮助别人，总是能愉快答应。但能够帮到什么程度，还需要进一步斟酌，虎头蛇尾、言过其实是常有的事。笔者：“有一个人得了一种奇怪的病，需要你帮助她。”

乐畅：“什么病？”

笔者：“这个病很难启齿，但很严重。”

乐畅有点急了，着急地问道：“到底什么病？”

笔者：“就拿你的好朋友莲花说吧，假若她得了那个病，就是性病，你会怎么帮她？”

乐畅：“这好办啊，赶紧看医生，没钱我可以帮助她，借钱给她。”

笔者：“除了性病外，如果是更加危险的病呢？”我有意识地说，逐步推进着。

乐畅：“更严重的病？还能是什么病？”他看着我，有点紧张。“不就是性病吗！这个病能治好。就是花钱多点。”他仿佛在逃避和防卫着，但好像已经感受到危险。

笔者：“如果她患了艾滋病，你怎么帮她？”

听到艾滋病三个字，乐畅惊呆了，他张大嘴巴，半天没合拢。

笔者：“我说的是假设，并不一定是真的。”

乐畅疑惑地看着我，脸上一阵红、一阵白，心里泛起了阵阵波澜。

我冷静地注视着他，观察他的反应。笔者：“是假如莲花患了艾滋病，你作为好朋友，应如何给她提供帮助？”乐畅慢慢调整着自己的情绪，努力让自己镇定下来。我也在尽力暗示他这只是个假设而已。

乐畅：“告诉她这个病能治疗？不，都知道这个病不能治……告诉她这个病没事？不，谁都知道这个病会死人……她怎么生活？如何面对周围的人？她会自杀吗……”

乐畅自言自语地嘟囔着，一会儿紧皱眉头抬头看我，一会儿低下头去摇摇脑袋，拳头攥紧又舒展开来，显得有些不知所措。笔者：“嗯，你怎么帮她？”我紧跟着进一步强化。乐畅又陷入了思考，我知道这个问题他很难回答。思考这个问题需要一定的时间，急不得。我也并不希望他能够当场给我答案，而是希望得到一个经过他深思熟虑的答案。于是我把这个问题作为作业，让他回去思考。一是引导他好好想一想；二是提前打个预防针，让他做一些心理准备。

八、告知感染艾滋病

针对我们大队收治艾滋病感染者的问题，戒毒所领导和干警都提出了意见建议，大家一致提议设置艾滋病单独管理的专管大队。为此，我和我最好的朋友王昌义合作写了一篇《关于成立艾滋病专管大队的思考》，发表于山东《司法行政戒毒研究》2012 年第 1 期，对成立艾滋病专管大队进行了理论探讨。

在多方努力下，艾滋病专管大队成立了。艾滋病感染者都可以调转到专管大队进行单独管理。没过多久，于乐畅等三位艾滋病感染者就被调转到艾滋病专管大队了，我们大队派出了三名同志参与告知活动。

由于我们提前给于乐畅做过相关心理辅导，所以，第一个告知的人我们选择了他。当宣读完于乐畅患艾滋病需要调转到专管大队的通知时，于乐畅低着头，表情木然，没说任何话。当责任警察把于乐畅交给专管大队警察时，我们看到他眼中全是泪水，不惊恐，也不慌张。我想一定是上次的心理治疗让他有了心理准备。由于前期我们做了大量准备工作，因此整个宣告工作进展得非常顺利。

九、特殊的心理辅导

于乐畅调转到专管大队后，心情一直很不平静。专管大队领导打电话过来，说他情绪低落、茶饭不思、夜不能寐，需要再次进行心理辅导。因为心理矫治中心还属于我们大队管理，因此我和另外两名心理咨询师到专管大队开展特别心理辅导。我继续负责对于乐畅的一对一心理辅导工作，帮助他舒缓情绪。

“乐畅，我过来看看你，还挺惦念你呢。”见到乐畅，我先开口说道。我想向他表达我的关怀，让他感受到温暖。

他看到我，眼泪就控制不住地流了出来。他再也控制不住自己的情绪，开始放声大哭起来。此刻的我，没有想到那天宣告时他那样镇定，这次会这样情绪爆发。我没有着急去安稳他，而是任由他大哭，让他的情绪彻底释放，这也是一种治疗。我静静地等待，注视着他，心里五味杂陈。年仅 21 岁的他，如何经得起这样的打击？这段时间，他的内心是如何承受住这份煎熬的？我等待他尽情释放情绪，这个时候，任何言语都显得苍白，陪伴就是最好的治疗。过了大约七八分钟的样子，于乐畅慢慢平复了自己的情绪。他抬起头，缓缓地站起来，深深地向我鞠了一躬，之后我们坐下开始了心理治疗。

笔者：“乐畅，我很理解你此刻的心情，知道你心中那份孤独和忧伤。”

乐畅没有说话。我继续说：“这段时间，你能熬过来，真的很坚强。”我给他加油打气，鼓励他，帮助他建立信心。乐畅看着我，眼神中透露着尊重和感动。我知道他有话要说。我关切地看着他。

乐畅：“谢谢汤老师一直以来关心、帮助我。”

我没有说话，只是点头回应他，并用眼神表示理解。

他继续说道：“我该怎么办？我才21岁啊。”讲这句话的时候，他的眼泪再次夺眶而出。

我想我能够理解此时此刻的他，他现在很无助、茫然、不知所措，甚至绝望。而今天我心理辅导的主要目标就是要让他看到希望和重拾坚强活下去的信心与勇气。笔者：“感染了艾滋病就没有希望了？”我先提出这样一个反问，引导他不要放弃希望。乐畅看着我，一时不知道如何回答。如果有条件，乐畅得知自己感染艾滋病后，一定会上网查阅有关艾滋病的知识，或者翻阅有关介绍艾滋病的书籍。但在戒毒所，他没有这个条件，于是我给他普及了一下有关艾滋病的常识。

笔者：“实际上，艾滋病是一种特殊的疾病，如果预防控制到位，可以做到一生不发病。”我帮助他重拾继续活下去的信心。乐畅听到这段话后，原本暗淡的眼神立刻散发出光芒，表现出渴望的神情。为了给乐畅重塑人生的希望，我给他讲述了一个真实的故事，希望榜样的力量能够感染到他。我问：“你知道美国有一位篮球明星叫约翰逊吗？”乐畅摇了摇头说：“不知道。”

接下来，我给他讲了世界著名球星约翰逊战胜艾滋病的故事。听完这个故事，乐畅更加兴奋了。他惊喜地问：“汤老师，艾滋病可以完全康复啊。”

笔者：“是的，尽管身体感染艾滋病毒，但只要不发病，还是可以像正常人一样生活。”

“那怎样才能做到不发病呢？”乐畅眼神中充满了期待。

笔者：“那就看你自己了，你看人家约翰逊怎么做的，需要快乐的心情、规律的生活、坚强的意志，更重要的是要有和病毒顽强做斗争的精神。”

乐畅：“我能做到吗？”

笔者：“当然了！我相信你有这个能力。”我坚定地告诉他。

乐畅：“汤老师，你告诉我怎么做，我就怎么做。我一定要像约翰逊一样做生活的强者。”乐畅的这番回答，让我很欣慰。

治疗结束后，我和专管大队负责于乐畅的警察交流了许多，希望专管大队多关心他、鼓励他，给他勇气、希望、信心。于乐畅到了专管大队后，我不仅给他做心理辅导，还要继续对他进行人格重塑。我经常会到专管大队看他，了解他的表现。一段时间后，他恢复了以往的快乐、积极、主动。他还不断鼓励其他戒毒人员用积极的态度戒毒，把约翰逊的故事也讲给其他艾滋病感染者听，对其他艾滋病感染者的管理工作起到了一定的帮助作用。大队组织的各项关于艾滋病的主题宣传活动，他都踊跃参与，争做宣传使者，为戒毒所艾滋病防范与管理工作贡献自己的力量。

十、“浴火重生”

为了让戒毒人员度过一个温暖的春节，2013 年春节，所里组织了春节文艺晚会，于乐畅作为文艺骨干被选进了春晚文艺宣传队。

他以自己为原型，自编自演了心理情景剧——《重生》，讲述了自己吸毒，感染艾滋病，得知自己感染艾滋病后心灰意冷几次试图自杀，但在戒毒警察的帮助下，重新点燃生命的希望，走向新生的人生经历(见图 5-4)。因为是他的真实经历，引起了其他戒毒人员的共鸣，演出特别成功。不仅让他自己得到了重生，也让其他戒毒人员在他的感染下得到新生，全体戒毒人员都受到了深刻的教育。

图 5-4　心理情景剧《重生》深出现场

大年初一，我去专管大队看望艾滋病戒毒人员，专管大队领导专门邀请我给感染艾滋病的戒毒人员上了一节课，课题是“特别的春节”(见图 5-5)。在课堂上，按照过年习俗，我带领他们进行了一个特别的仪式：对着自己的故乡，给远在外地的亲人拜一个年，以激发他们的感恩之心；同时给他们纸和笔，让他们写下或者画出今年过年的情景，寄托对亲人的思念，激发他们彻底戒毒、重新做人的信念和斗志。

图 5-5 戒毒治疗师在春节第一天为戒毒人员讲课

春节过后，所里也邀请了戒毒人员家属来一起吃团圆饭。乐畅的父母也来了，看到乐畅的改变，他们非常高兴。后来，乐畅的父母复婚了，他们和乐畅都得到了“重生”。

于乐畅在戒毒治疗师的关心帮助下，在科学规范的戒治中，完成了近两年的强制隔离戒毒，戒毒效果很好。尽管感染艾滋病这个噩耗曾给他造成了巨大的打击和心灵创伤，但在戒毒所领导和警察们的关心、帮助和支持下，在戒毒治疗师的精心治疗和矫正下，他重新站了起来。出所后，乐畅经常给我打电话汇报他出所后的情况，乐畅的父母也非常感激戒毒所为乐畅做的一切。

第四节 吸毒相关表演型人格障碍共病矫治思考

回顾于乐畅的人生经历，他不断违反校规校纪、违法乱纪，多次被学校开除，最后无学可上，以至于 15 岁就开始吸毒，吸毒后道德沦丧、荒淫无度，在淫乱中感染艾滋病，最终被公安机关强制隔离戒毒。思考其原因，从小受家庭不良环境的影响，在家长的不良干预下，本该受到批评教育，家长却不问缘由地强化助长不正之风，放任自流。冰冻三尺非一日之寒，种种因素一步一步将于乐畅推至吸毒相关表演型人格障碍共病的悬崖上，导致悲剧的发生。好在人性本善，在戒毒治疗师的努力和帮助下，深陷深渊的乐畅被拉了出来，开启了新的人生。结合本案例，对于吸毒相关表演型人格障碍共病的矫治笔者有以下思考。

一、形成共振，达成共识

对表演型人格障碍的戒毒人员进行医学治疗，效果甚微，表演型人格障碍的戒毒人员每天都像在演戏，而心理治疗在当下被认为是最好的治疗方法。

表演型人格障碍的戒毒人员经常说一套做一套，虚虚实实、真真假假，哭笑无常，让你很难分辨他是真实的痛苦还是有意识地表演。矫治过程中和他们形成共振、达成共识很重要。一是要站在他们的立场上进行交流沟通，要深入他们内心深处；二是要知道他们心中的需求，围绕他们的需求去帮助解决问题，同频才能共振；三是治疗师的人格魅力对他们的治疗具有重大影响，治疗师站位要高，要让患者看到希望，要帮助他们做出选择，帮助他们走出一条重生之路。

二、发挥性格优势

吸毒相关表演型人格障碍共病人员矫治的关键在于发挥其性格优势。我曾接触过一位患者，他长期服用某著名精神病院专家开出的药物，与别的心理障碍患者一样，所获得的“疗效”仅仅是在服药期间变得嗜睡、呆板、头晕、乏力、颤抖、性功能减退等，表面上原有的症状看似减轻或消失，但实际上是药物控制了神经活动，用另一种“症状”取代了原来的症状，患者的消极行为和精神痛苦并没有改变。吸毒相关表演型人格障碍共病人员的病根在心，与家庭教育、环境熏陶、行为养成、吸毒等都有关系。

表演型人格障碍患者天生有表演优势，通过真实的表演，让其感知自身的问题，从而让他们发自内心地去改变，这是一个很好的治疗方法。对于于乐畅的治疗，就是发挥了他的表演天赋，让他回顾自己的吸毒、感染艾滋病的经历，通过剧目表演出来，最终让他获得重生。

三、在寂寞中升华

以改变为基础，向更好层面、更高层次的发展为升华。那么在什么情况下能够升华？我苦苦思索，不得明确答案。但我认为，处在寂寞中的人，能够耐得住寂寞，并在寂寞中重新认识自我和他人，认知得到提高，行为得到改变，就是一种升华。对于戒毒人员来说,在强制隔离戒毒这个特殊环境中,两年的戒治生活,有的人度日如年,有的人充满希望。我认为用一个什么样的心态去面对自己的戒治生活很重要。在戒治过程中,我们始终帮助乐畅认真思考、重拾信心,乐畅也在我们的帮助下认真思考,重新认知自己和他人,最终走向新生。

第六章 “魔盒”下的偏执

——吸毒相关偏执型人格障碍共病案例及其矫治

潘多拉的魔盒总是吸引着拥有好奇心的人，一个刚愎自用到极致的人，在一个偶然中得到了“发财的秘诀”，打开了“潘多拉的魔盒”，在猜疑和欲望的驱使下，一步步将自己和家人带入灾难的深渊。由此，我们便揭开了一个“从正义化身、人民公仆的角色转变成为自我放纵的瘾君子”的故事。

偏执型人格障碍患者最常见的一种表现就是不信任身边的任何人，尤其是在毒品的作用下，患者会将家庭搞得天翻地覆，生活也满目疮痍。

第一节 偏执型人格障碍概述

DSM-Ⅴ将偏执型人格障碍(Paranoid Personality Disorder，PPD)的特点总结如下：对他人不信任、猜疑和嫉妒，倾向于把他人的动机解释为恶意；他们通常对威胁高度警惕，对侮辱和伤害耿耿于怀，思想、行为固执死板，心胸狭隘并且爱嫉妒；对他人的成就或荣誉感到紧张不安，不是寻衅争吵，就是在背后说风凉话，或公开抱怨和指责他人。他们在家不能和家人和睦相处，在外不能与朋友、同事融洽相处。偏执型人格障碍患者其病程漫长，有的患者终生如此。由于他们少有自知之明，对自己的偏执行为常持否认态度，实际情况可能更严重，但当他们意识到自己的问题时，自己也很难改变。偏执型人格障碍大多首次发生于儿童和青少年时期，在临床中多见于男性。

一、偏执型人格障碍的病因

偏执型人格障碍的发病机制目前还没有一致的说法，但是与遗传因素、环境因素有一定的关系。

(一)环境因素的影响

家庭环境尤其是父母的养育方式等都是人格障碍形成的重要环境因素，特别是幼年生活在不被信任、常被拒绝的家庭之中，缺乏关爱，父母态度冷漠，经常被指责和被否定，就容易出现偏执型人格障碍。另外，早年的创伤经历也是导致偏执型人格障碍的重要因素。比如，一个人在幼年和青少年时在学校和周围环境中连续地遭受生活打击，经常遇到挫折和失败，如经常受欺负，也容易形成偏执型人格障碍。

(二)遗传因素的影响

国外一项研究发现，偏执型人格障碍的遗传度为0.5。① 血缘关系越近，人格障碍的发生率就越高，某些基因和脑区的异常也会形成偏执型人格障碍。

二、偏执型人格障碍的诊断

根据ICD-10，偏执型人格障碍的诊断标准为：

(1)对挫折与拒绝过分敏感。

(2)容易长久记仇，即不肯原谅或轻视。

(3)常把他人无意的或友好的行为误解为敌意或轻蔑。

(4)与现实环境不相称的好斗及顽固地维护个人的权利。

(5)极易猜疑，毫无根据地怀疑配偶的忠诚。

(6)将自己看得过分重要。

(7)将一切都解释为“阴谋”。

三、偏执型人格障碍的治疗

(一)医学治疗

单纯的偏执型人格障碍，医学治疗的措施较少。当伴发焦虑、抑郁时可采取联合治疗，可给予抗抑郁药及抗焦虑药对症处理。

(二)心理治疗

偏执型人格障碍的治疗原则是以心理治疗为主，但由于一部分偏执型人格

---

① F. L. Coolidge, et al.,“Heritability of Personality Disorders in Childhood: A Preliminary Investigation”, *Journal of Personality Disorders*, vol.15, no.1, 1993, pp.33-40.

障碍患者不认为自己有问题，所以很难主动配合接受治疗。有一部分患者能意识到自己有人格问题或者有某些情绪方面的问题，愿意配合心理治疗，能够有比较好的疗效。心理治疗对偏执型人格障碍群体是有益的，通过深入接触与他们建立良好的关系以人道主义和关心的态度对待他们，帮助他们认识个性中的缺陷进而指出个性是可以改变的，鼓励他们树立信心，可以帮助他们间接地消除精神症状。偏执性人格障碍患者对于逃避十分敏感，治疗时不应挑战患者的拒绝和自我投射，治疗师应注意耐心倾听，由于患者很难相信任何人，因此首先应与患者建立良好的信任关系。

第二节　吸毒相关偏执型人格障碍共病概述

吸毒是一种常见的物质滥用行为，长期吸毒严重影响人的认知、情绪、行为等，也会出现吸毒相关人格障碍共病。

一、吸毒相关偏执型人格障碍共病的表现

(一)认知异常，吸毒成瘾

吸毒人员长期吸毒出现吸毒相关偏执型人格障碍共病，久而久之，他们会失去正常认知，他们不认为自己吸毒成瘾不正常，反而认为高层次的人都在吸毒，这是一种实力的体现。

(二)固执己见，家庭不和

吸毒相关偏执型人格障碍共病的患者有时会表现得特别固执己见，其认定的事情难以通过说服讲理来改变，容易与周围的人发生争执，很难建立稳定的婚姻关系，因此，很多吸毒人员都是家庭离异的个体，他们宁愿单身，也不愿意成家，甚至认为家庭会拖累他们，并且不愿意承担家庭的责任。他们形成一种偏执怪异的行为模式，不容易接受新的观念，生活中很少有娱乐活动。

(三)敏感多疑，行为怪异

吸毒相关偏执型人格障碍共病患者往往性格怪异，不愿与人接触，即使接触也容易与周围的人发生冲突，人际关系紧张。常将生活中一些中性事件理解为针对自己。例如，周围的人聊天时发出笑声，患者可能会怀疑笑声是针对自己发出的。患者还会特别在意和自己个人利益相关的事情，坚决维护个人利

益，绝不让步。

（四）冷酷无情，蛮横无理

吸毒相关偏执型人格障碍共病患者往往冷酷、疯狂、蛮横不讲理。他们不会顾及别人的感受，永远活在自己的世界里。他们极度自负，认为自己的意愿就是真理，别人不遵从自己就是大逆不道，一旦不小心激怒了他们，就有可能受到其暴力攻击，甚至被残忍杀害。

（五）酒后吸毒，出现毒驾

偏执型人格障碍的吸毒人员很喜欢聚众喝酒，酒后用冰毒“解酒”，然后找“冰妹散冰”，这几乎是常规项目。用传统毒品“治病”，用新型毒品“减肥”，用新型兴奋剂提高兴奋阈值，是常见的行为。他们酒醉后吸毒，吸毒后毒驾，给家庭、社会造成巨大危害。

二、吸毒相关偏执型人格障碍共病的矫治

对于吸毒相关偏执型人格障碍共病的矫治，一般分为几个方面。首要的就是戒毒矫治，只有彻底戒毒才是根治性治疗。戒毒矫治以社会心理治疗为主，常用的治疗方法主要有认知疗法、认知行为疗法等。

第三节　吸毒相关偏执型人格障碍共病矫治案例

吸毒相关偏执型人格障碍共病的戒毒人员，在大队往往是“严管对象”。一方面他们多疑多虑，有时出现偏执或情绪失常；另一方面他们因为猜疑、冲动，害怕事与愿违、害怕被人伤害而主动出击，因故不断寻衅滋事，扰乱戒毒场所秩序。但有时他们又表现得恪守本分，立场坚定，谨慎实际，具有自我牺牲精神，有一批忠实的拥护者，给人以拉帮结伙的感觉。这类戒毒人员一旦对你产生信任，就会变得忠诚而义气。

本章案例的主人公刘忠是一个典型的吸毒相关偏执型人格障碍共病患者，从他的童年经历、成长过程、婚姻家庭、事业成就，特别是在吸毒后发生的事情，都能看到偏执型人格的影子。从刘忠吸毒期间发生的变化，我们也能看到他是如何从一个天之骄子，一步步沦落成为吸毒者，又是怎样偏执、猜疑和疯狂到几乎无可救药。对他进行人格重塑的过程也非常艰辛，有值得借鉴的经验，更有

深刻的教训。

一、从刑警到富商

刘忠，男，33岁，吸食麻古、冰毒4年。小时候的刘忠乖巧懂事，学习刻苦。经过十年寒窗苦读，19岁那年他考取了警察学院。在刘忠进入大学后，他父亲便和叔叔背井离乡来到山东鲁西南的一个地级市，开始了在异乡的打拼生活。刘忠的父亲和叔叔靠着经营游戏厅迅速在鲁西南站稳了脚跟。

毕业后的刘忠考取了刑警。那时正值扫黄打黑浪潮席卷全国，刚当上刑警的他跟随同事出入全市的大小旅馆和洗浴中心执行任务。有一次执行任务时，他们来到了一家小旅馆，当刘忠跟队长打开宾馆房门，看到一丝不挂的女人在床上瑟瑟发抖时，涉世未深的他在害羞的同时，萌生了另外的邪念——他开始期待扫黄这样的案件。现实中，刘忠还是那个听从安排的小兵卒。他想，必须改变现状，要利用当警察的优势做点事情。一次任务结束后，他故作镇定地再次打开了宾馆房门，里面只有一个吓得浑身颤抖的女人，女人看见只有他一人，淡定地对他说："哥，最近生意不太好，今天还没开张，要不这样吧，今天的罚款我用身子顶账，你看咋样？"从来没碰过女人的刘忠犹豫了，在女人的一再引诱下，他动摇了："这件事，只要这个女人不说，没人会知道。万一暴露了，我死不认账就是了，就说是栽赃陷害。"没有经验的刘忠出现了勃起障碍，女人的嘲笑让刘忠的脸霎时涨成猪肝色，他羞愧得无地自容，不顾一切地冲了出去。停下来后，他不停地安慰自己："没事，第一次，只是个意外，下次一定不会这样。"为了验证自己的想法，刘忠在接下来的一个月里，如法炮制了数次"行动"。

接下来的一段日子里，刘忠渐渐地感觉到同事看他的眼神越来越特别，有些女同事甚至在背后窃窃私语。刘忠越想越害怕，每天活在恐惧中。就这样，在疑惑和焦虑情绪的驱使下，他不顾母亲的反对，辞掉了刑警队工作，他担心事情败露，害怕别人嘲笑，就投奔了远在山东鲁西南的父亲。

刚到山东的刘忠被父亲安排去杭州一家电子工厂学习。经过一年多的学习，他不但带回了先进的游戏设备，而且还掌握了先进的管理经验。回到鲁西南的刘忠，凭借自己敏锐的头脑立即对游戏厅进行了大刀阔斧的改造。他的游戏厅，因为玩法时髦，游戏新鲜刺激，迅速挤垮了其他竞争对手，轻而易举地垄断了整个市场。那时候的游戏厅，用日进斗金来形容一点也不为过。

伴随着游戏厅生意的日渐红火，开始出现输钱后闹事和同行的排挤，刘忠开始和父亲谋划，他们借慈善事业助力“企业成功”，通过买通小报记者宣传企业对地方税收和就业做出的重大贡献，摇身一变成了“良心企业”。从此，游戏厅的经营一路顺风顺水、扶摇直上，进入了快车道。随着事业的不断壮大，刘忠开始涉足服务业。他斥巨资建造了当地最豪华的洗浴中心。就这样，在“先进管理经验”和“慈善捐助”的双重作用下，刘氏父子也成了当地有名的企业家。当然，他的洗浴中心不单单是洗浴那么简单，还提供毒品和色情服务。

二、从富豪到瘾君子

了解到冰毒的助兴效果，想到自己曾经的耻辱，刘忠萌生了久违的性冲动。拿到毒品后的刘忠找到了新婚不久的妻子菁菁，他要跟菁菁一起玩。菁菁对刘忠的要求一直是唯命是从，所以，当刘忠提出要菁菁一起玩的时候，她没有拒绝。

刘氏集团仍然在刘忠的筹划下越做越大。一个女孩的出现，彻底打乱了刘忠的生活。她叫刘佳，11 岁，是刘忠父亲的私生女。刘佳的出现，让刘忠开始重新审视父亲和刘氏集团。他不允许自己一手扶持起来的刘氏集团被一个陌生人瓜分。

自此之后，随着吸毒量的增加，刘忠开始了无尽的猜疑，他认为父亲肯定还有很多事情瞒着他。为了防止被暗算，他开始主动出击。他一面派人追查父亲私生子的事情，一面找人除掉刘佳。这时候的刘忠已经听不进去任何的劝告，在无数次争吵下，刘父将他送进了当地的康复医院，将刘佳送出国留学。

从康复医院回家后，刘忠听到刘佳出国留学就更生气了，他的妻子菁菁在一旁劝导他，但他听不进任何劝告，反而怀疑起菁菁和父亲的关系。吸毒不断加重刘忠的怀疑，在巨大的精神压力下，刘忠只能依靠毒品来缓解内心的焦躁，他想到连妻子都不再帮自己，就越发生气，一气之下，他打开液化气将岳母家炸得乱七八糟。得知消息的刘父老泪纵横，刘父一面派人收拾残局，一面派人连哄带骗地将刘忠“请”进了当地的戒毒疗养院。

这段时间刘氏集团的发展开始走下坡路，刘母也非常想念儿子，刘父考虑到这些情况，无奈之下又把刘忠接回了家中。

回家后的刘忠，精神已变得恍惚，他急切地想逃离父母的管束和监督，随后他带着妻子开始了居无定所的旅行生活。第一站他们去了吉林老家，但刘忠仍然很焦虑，他总是担心父亲会找过来。随后他们辗转多地，最终去了新疆，到了乌鲁木齐后刘忠才算松了一口气，他想，这么远，父亲应该不会找过来了！安顿下来后，刘忠又开始了他的淫乱生活。一天吸毒后的刘忠突然产生了幻觉，他总是觉得有人在跟踪他，打开门后正好看到一个服务员从门前经过，由此他确信有人跟踪他。之后，刘忠的症状越来越严重，身边的任何声响都能把他吓到……

由于长期与毒品为伴，刘忠的精神出现了问题，单纯的疗养治疗已经不能让刘忠戒毒。刘父无奈之下，将刘忠送到了强制隔离戒毒所。

三、强制戒毒

来到强制隔离戒毒所的刘忠，像一只惊恐的老鼠，慌乱地瞄向四周，一起住的戒毒人员热情地帮他拿行李，他抱住他的行李包大嚷："走开，走开，你要干什么，这是我的东西，你们谁也别想从我这里拿走，离我远点！"只见他抱着行李包蜷坐在角落里，嘴里不停地嘟囔着。在相当长的一段时间里，刘忠的戒治态度和行为表现都很差，甚至多次出现违规违纪行为。

一天，戒毒人员饭后聊起了各自在外面的"成就"，一名戒毒人员说自己每年能赚几十万甚至上百万，刘忠粗暴地打断他："百十万算什么，在我眼里那也算赚钱？我早上起床到晚上睡觉前要是赚不到100万，我都睡不着觉！"（刘氏集团的日盈利额应该在150万左右，这倒不是吹牛）说完后全屋子戒毒人员哄堂大笑，都认为他在吹牛，刘忠恼羞成怒，给了笑话他的那个戒毒人员一拳，值班员及时制止了刘忠，队长让他写检查在全队承认错误，刘忠表面服软，可一看到那名值班员立马怒目而视。事后，又多次和值班人员发生冲突，肆意滋事。

母亲节前后，大队组织戒毒人员写赞美母亲的文章，并选取优秀作品进行奖励。得知落选后，刘忠非常气愤："我的稿子为什么没被选上，我写得比他们的好多了，专业的作家也都佩服我的文笔，领导们有没有审美观念！"某次大队组织写知错认错改错书，要求大家深刻剖析自己的错误，他写道："我没什么错误，我的家族集团在我的带领下资产达到了30多个亿，我的才干是万里挑一的，我的家人愚蠢，把我送到这里，这肯定会让我们的集团遭受重大损失，集团没有我很快就会走下坡路，我用自己赚来的钱买点冰毒玩，我又没出去贩卖，我又没危害社会，反而带动了社会经济发展，何错之有？我的家人想瓜分我的财产才出了这个馊主意把我送进来，我没上瘾，我是冤枉的……"

四、医学分析和中西医治疗

(一)医学分析

结合刘忠前后的表现,从医学视角看,一是刘忠吸毒被公安机关抓获,被鉴定成瘾,物质依赖的诊断成立。二是刘忠吸毒后出现一系列偏执性人格特点,以至于出现幻觉、分裂等思维、行为异常,其精神异常应该是继发或者伴发的,因为高中、大学期间,特别是进入警察学院,都要经过严格的体检,大学期间并没有任何心理、行为精神异常,在刑警队工作也没有相关精神症状,只是性格中存在多疑、焦虑、谨慎、思虑过度等特点。最终出现的偏执型人格障碍至少不是原发的,是吸毒导致还是独立并发的疾病,目前很难给出具体的证据。三是刘忠既往的戒毒治疗都不彻底,回归社会家庭后立刻复吸,戒毒的同时也没有应用正规的抗精神病药物治疗。四是没有进行规范的心理治疗。五是社会家庭支持不够,尽管家庭经济条件优越,但给予的社会性支持却明显不足。在刘忠吸毒后出现严重精神障碍的情况下,家里仍然通过思想工作、康复疗养的方式解决他的躯体、精神、心理问题,导致病情越来越严重,最后到了治疗非常困难的境地。

(二)戒治思路

经过对刘忠的观察,我心中有了一个大致的思路:首先进行抗精神病药物治疗,抗精神病药物能缓解他的精神症状。幻觉、妄想、幻听等精神症状减退或者消除后,再尝试应用心理行为治疗。最后再配合严格的行为养成及教育戒治,使其从根本上彻底戒毒,达到彻底治愈的目的。

(三)西医治疗

刚入所时,刘忠被专门安排到了生理脱毒区病房接受医学治疗。每天戒毒治疗师都要查房,询问病情,同时认真细致地对其进行全面查体,以了解病情变化,随时调整药物和药物剂量。护士则对其测量体温、脉搏、呼吸、血压等,并一一记录在观察表上。刘忠不仅一日三次口服药物,还进行输液治疗(血管静脉点滴注入脑细胞活化药物、促进代谢药物、能量合剂等),晚上睡前口服镇静催眠药。治疗的过程中,医务人员不时地和刘忠唠家常,尽管刘忠开始时情绪烦躁不安,但应用了专门的抗精神病药物后,刘忠的情绪逐渐得到了控制,症状得到了缓解。医生询问病情,刘忠也能正常回答。服药后,刘忠感觉每天睡眠充足,全身疼痛减轻。两周后,刘忠的幻觉、妄想、幻视症状明显减轻,已经不再自言自语、乱喊乱叫，安稳了许多。

专业技术的应用拓宽了戒毒治疗的方法和手段，以前对于刘忠这一类型的戒毒人员可能只是进行单独管理，让其自行恢复，就是所谓的“干戒”，除此之外没有其他好方法，这对于处在生理脱毒期的戒毒人员来说的确很痛苦。现在有了亚冬眠疗法，适当的药物剂量就可以让痛苦万分、狂躁不安的戒毒人员立刻稳定下来，不得不说这是一个革命性的改变。通过药物实现无痛苦的生理脱毒，极大地提升了戒治水平，也避免了很多意外的出现，为以后其他戒毒人员主动配合治疗奠定了良好的基础。

（四）中医中药治疗

毒品使人达到一个极其兴奋的状态，即中医所说的“过喜”，“大喜伤心”“暴喜伤阳”，从而导致吸毒者神志不清、精神涣散，注意力和记忆力减退，思维混乱等，久则五脏皆受损，出现声低懒言、食欲不振、多疑善虑、失眠甚至幻觉（幻听或幻视）。戒除毒品后，吸食者的身心会长时间处于对毒品的渴求状态，即中医中的“思”，“思伤脾”“思则气结”，会出现不思饮食，脘腹胀闷，逐渐消瘦等症。

遵循中医辨证思想，我们对戒毒人员进行益气养心和补益心脾治疗，包括针刺耳穴、针刺体穴和中药治疗。针刺耳穴主要用针刺耳朵上的心、脾、神门、交感、皮质下、肝、肾、肺等穴位，从而达到治疗的目的。针刺心穴可以起到宁心清火、振奋心阳的作用；针刺脾穴可以起到调和脾胃、健脾化浊的作用；针刺神门可以起到镇静、安神、除烦的作用；针刺交感穴位可以起到滋阴扶阳的作用；针刺皮质下穴位可以起到补髓益脑、镇痛安神的作用；针刺肝穴可以起到疏肝、理气、活血化瘀的作用；针刺肾穴可以起到补益肾气、固本培元的作用；针刺肺穴可以起到补肺之气阴两虚的作用。

体穴主要有内关、足三里、合谷、三阴交。内关为手厥阴心包经的络穴，又是八脉交会穴之一，手厥阴心包经起于胸中，与阴维脉相通于胃、心、胸，具有宽胸顺气、宁心安神、理气止痛、和胃降逆的功效。足三里为足阳明胃经之合穴，是全身强壮要穴，刺之可升清降浊、健脾和胃、理气止呕、培补后大、强壮一身之气血。合谷为四关穴之一，开一身之气，可行气理血，协调阴阳。三阴交属足太阴脾经，足三阴在此交会，可调脾胃，益肝肾，补脑髓，主要起镇静宁心、补益脾肾、安神清脑之效。

戒毒人员刚刚入所，处在急性脱毒期，尿甲基苯丙胺检测呈阳性者，表现为急性戒断症状，主要有情绪亢奋、话语较多、不思饮食、失眠、哈欠频繁、有时伴涕泪、思维逻辑混乱等。治则：宁心安神，理气开窍。处方：耳穴以心、神门、肝、为主，体穴取内关、合谷，行强刺激。

进入教育康复期后，戒毒人员已经顺利平稳地度过了戒断反应阶段，此时体内毒性代谢产物已经基本代谢殆尽，此时的戒毒人员情绪平稳，思维逻辑清晰，哈欠频繁有时伴涕泪症状消失，以睡眠障碍（失眠或多梦或入睡困难或眠而易醒）、食欲减退、体重减轻、不喜言语、不爱与人交流沟通等症状为主。治则是补益心脾，调和五脏。取穴方面，耳穴取心、脾、神门、交感、皮质下、肝、肾、肺，体穴取内关、足三里、合谷、三阴交。

中药治疗根据吸毒者吸毒后机体阴阳失衡、气血失调理论，对戒毒人员进行辨证施治。毒品进入人体后，损耗脾肾的阴气，引起阴阳失调、气血亏损，造成湿浊内生，全身各通路堵塞，进而阻塞心窍，完全损害大脑，表现为全身各种功能失调。要达成戒毒目的，就要调节阴阳、通心窍。我们根据戒毒人员不同时期的不同需求，与中医药科研院所、中医机构合作，制作中药 1 号、中药 2 号、中药 3 号合剂，对不同时期的戒毒人员进行治疗。

转眼间，刘忠在戒毒医疗中心进行中西医治疗已经两个月了，精神症状和戒断症状都已得到缓解，看上去面色红润、精神饱满，和刚来时判若两人。

按照程序，戒毒所诊断评估委员会启动了对刘忠生理脱毒期的考核评估，经考核评估，他的各项身体机能、教育考核和心理测评均合格，准许进入康复巩固期治疗。

进入康复巩固期后，在加大康复训练、教育矫正、心理矫治力度的基础上，继续对刘忠进行中医中药巩固治疗。早晚两次服用调和气血、扶正祛邪、健脑补肾的中药 1 号、中药 2 号合剂，一段时间后他的身体机能得到了充分恢复。作为戒毒治疗师，看到刘忠药物治疗的效果如此好，心里自然高兴，就像在医院工作时将濒临死亡的病人抢救过来一样有成就感。

五、心理行为治疗

（一）心理分析

经过了生理脱毒期治疗，刘忠的身体机能恢复了正常，但对于彻底戒除毒瘾来说，这只是第一步，将来的路还很远。进入康复巩固期，心理矫治、教育戒治、康复训练、习艺戒治等各项康复治疗会更艰难，首先我们要对刘忠进行心理和精神分析，真正了解其吸毒的原因，对他的性格特点进行心理分析，这样才能有的放矢地帮助他彻底戒除毒瘾。

从九型人格视角分析，刘忠在吸毒前就已经表现出了偏执型人格的特征，依据有三：一是在刑警队上班时就已经表现出了处事谨慎和敏感多疑的特点。表现在上班时做了不合规定的事情后，担心事情败露，“认为”同事们看他的眼神不对，认为别人窃窃私语是针对自己，对环境中可能存在的风险及问题忧心忡忡。二是遇到危险立刻出手，表现出偏执型人格的重要特点。表现为在疑心和焦虑心的驱使下，他辞掉了刑警队的工作，经常观察周围环境的变化，喜欢提出质疑，眼神里常有焦虑和不安。辞去刑警队工作后，他在工作和生活中都表现出了过分关注潜在的伤害、放大危险的特点。三是他渴望受到保护和关怀，怕出差错，怕事与愿违。当游戏厅生意日渐红火，他担心被破坏，放大危险与可能的灾害，怀疑他人，不轻易相信别人，但内心深处希望得到别人欣赏和肯定；经常犹豫不决，想法天真，很在意配偶及伙伴的想法。

(二)初步诊断

吸毒后，根据刘忠的症状表现，结合偏执型人格障碍的诊断标准，我们将他初步诊断为吸毒相关偏执型人格障碍共病。

(三)诊断依据

第一，刘忠吸毒前无精神病史，吸毒后出现幻觉、妄想、幻视症状。

第二，刘忠吸毒后性格出现了明显的变化。吸毒前忠诚、义气、厚道等优秀品质荡然无存，取而代之的是固执、嫉妒、敏感、多疑、过分警觉和心胸狭隘，经常怀疑自己吸毒被公安机关盯梢或被别人监视，甚至因为担忧、害怕不停更换吸毒地点，毫无根据地怀疑朋友、配偶等对自己的忠诚。

第三，强戒后不知悔改，将错误归咎于家人或社会。

第四，过分敏感，经常把他人的无意行为误解为敌意或轻蔑。过分警惕与防卫，无论是干警还是其他戒毒人员，稍不如其意就反目为仇；容易长久记仇，即使对方主动认错也不能宽容；易产生病态嫉妒，嫉恨表现优秀的戒毒人员。

(四)干预治疗

对吸毒相关偏执型人格障碍共病的心理治疗是由戒毒治疗师根据戒毒人员的症状用心理学的原理进行解释，了解他们压抑的欲望、隐蔽的动机或不能解除的情结，帮助他们获得自制力、了解自己的内心、洞察自己适应困难的反应模式，进而改善他们的心理及行为，间接解除精神症状，促进人格成熟。

基于此，我们对刘忠采用了以下几种方法进行矫治和干预。由于刘忠首先要进行戒毒矫治，因此干预矫治重点进行心理治疗与心理干预。

1.箱庭治疗

偏执型人格障碍的戒毒人员具有强烈的警觉性和防御性，他们对别人不信任、敏感多疑，不会接受任何善意忠告，因此与他们建立信任关系非常重要，在进行认知教育之前，我们意识到必须与刘忠深入交流沟通，以建立良好的信任关系。在咨询和治疗前期刘忠多次阻抗和不配合，他也曾怀疑我们。我考虑再三，决定先用箱庭治疗的方式，对他进行最初的心理治疗。箱庭疗法也叫沙盘游戏疗法，就是让刘忠从沙具中挑选自己喜欢的沙具，按照自己喜欢的方式摆在沙箱里完成一个作品。完成后，让他根据自己的创作，讲述作品是如何构思的、作品的名字是什么。之后根据治疗需要对他进行提问，根据他的回答，判断其心理状态。这个方法一方面能够帮助我们接触到刘忠无意识层面的想法和信念，另一方面也有助于刘忠表达自己的情绪，有利于建立信任关系。箱庭治疗现场展示见图 6-1。

图 6-1 箱庭治疗现场展示

刘忠最初摆的沙盘，是一个孤立的小岛，小岛上基本上没有生物，就一个孤零零的人站在那里。人的四周有各式各样的武器，还有一架直升机。

笔者：“刘忠，这幅作品你给它起个名字，叫什么呢？”

刘忠看着自己的作品，想了想，说：“就叫荒岛吧。”

笔者：“这个岛上有一个人，他是谁？”

刘忠：“是我。”

笔者:“看得出那时的你,很孤独,很矛盾,很无助,困难重重,没有人理解你,更没有人能够帮助你。”我用很坚定的语气说出这些话,也没有去观察他。我知道此时的他一定会目不转睛地看着我,一定既好奇又怀疑。

刘忠:“你怎么知道的?”

笔者:“不仅如此,你还随时准备应对一切危险,你会不惜生命代价去维护你的财产和尊严。”

刘忠:“你怎么知道这些?”

笔者:“其实你也不是将生命置之度外,你很智慧,也考虑了遇到危险后的各种处理方法,随时都可以乘坐直升机离开,实际上,你也不怕危险,因为你已经做好了充分准备,一旦危险来临,你随时都可以应对。”刘忠认真地看着我,怀疑的眼神没有了,变成了一种信任和崇拜。

刘忠:“汤大队,你真厉害。我还没有遇到这样的高手呢。”

笔者:“这没什么。我们的专业不同,术业有专攻啊。你的烦心事,我可以帮助你解决!”

刘忠身体向我座位上靠了靠,说:“你说我爹有私生女,他有私生子吗?”

笔者:“这对你来说重要吗?”

刘忠:“当然重要!”

笔者:“为什么?”

刘忠:“我辛辛苦苦把公司做到目前这个状况,他要把我的家产全部瓜分掉啊,我不能就此罢休!”

笔者:“你想怎样?”

刘忠:“我要把他们全部消灭。”

笔者:“那你呢?”

刘忠:“杀了他们,我死了也无所谓了。”

笔者:“那留下这些家产给谁啊?财产固然重要,但你都保证不了你的生命安全,留下那么多财产做什么?如果你死了,财产留给谁呢?你都进了强制隔离戒毒所,至少两年不能回公司,你怎么办?你吸毒对你有什么影响?你能否彻底戒毒?如果这样下去,你感觉出路在哪里?你不用立刻回答我这些问题,回去思考成熟了我们再交流。”

通过这次箱庭治疗,刘忠发生了一些变化,对我和队长们更信任了,和其他戒毒人员的关系也更近了。他开始认真思考问题,很多时候,经常自己写日记,有时也去阅览室看看书，有时还主动找我交流自己的思想。上次给他提出的问题，深思熟虑后，在之后的几次心理治疗中，他也深入剖析了自己吸毒的根源，对自己的性格缺陷也坦诚相待，用他自己的话来说，“认识自我越来越深刻，看待问题越来越真实了”。看着他的改变，大家都很高兴。

2.认知治疗

有一种心理学治疗方法叫认知治疗，这个疗法专门用来消除不合理信念（见图 6-2）。刘忠的突出问题就是存在诸多不合理信念，这些不合理信念既指向他人也指向他自己。因此消除刘忠的不合理信念对他戒毒具有重要意义。

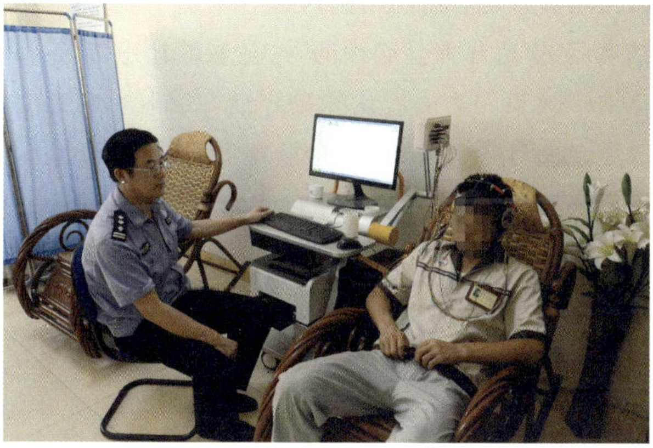

图 6-2 戒毒治疗师对戒毒人员实施认知治疗

认知治疗主要结合理性情绪疗法，主要目的是指导患者识别不合理信念，用提问的方式让患者评价自己的不合理信念。比如偏执型人格障碍的人喜欢走极端，这与其头脑里的非理性观念相关联，因此，要改变偏执行为，偏执型人格障碍患者必须首先分析自己的非理性观念。

刘忠具有以下非理性信念：(1)我不能容忍别人一丝一毫的不忠；(2)世上没有好人，我只相信自己；(3)对别人的进攻，我必须立即予以强烈反击，要让他知道我比他更强；(4)我不能表现出温柔，这会给人一种不强健的感觉。以上是我们观察到的刘忠常有的非理性信念，我们要帮助他对这些信念加以改造，除去其中极端偏激的成分，形成这样的信念：(1)我不是说一不二的君王，别人偶尔的不忠应该原谅；(2)世上好人和坏人都存在，我应该相信那些好人；(3)对别人的进攻，马上反击未必是上策，而且我必须首先辨清是否真的受到了攻击；

(4)我不敢表达真实的情感,这本身就是虚弱的表现。

当非理性信念萌生时,就把改造过的合理化信念默念一遍,以此来阻止自己的偏激行为。有时不知不觉表现出了偏激行为,事后应重新分析当时的想法和非理性信念,然后加以改造,以防下次再犯。结合认知治疗我们帮助刘忠认识自我,认清自身存在的不合理信念和个性中的缺陷。

信任是治疗成功的基础。通过前一阶段对刘忠的医学治疗和初步的心理治疗,我们和刘忠建立起了基本的信任,为开展进一步治疗奠定了基础。实际上,上述认知治疗从第一步到第二步是比较简单的,只需要加以引导和进行必要的解释就可以让患者理解,继而掌握方法。

认知治疗结束后,家庭作业是必须的,一是能够让患者进一步思考,二是进一步强化和深化治疗效果。第一次认知治疗后,我们给刘忠布置了家庭作业,以此帮助他获取更多的自我教育机会、检验他的思想和信念、纠正他的思维和验证新的行为。家庭作业可检验在治疗过程中所学到的东西,增加自我效能感。在接下来的几次咨询中,我们用家庭作业加强刘忠对不合理信念的评估和反应。

认知治疗的更高层次是认识自我,提升自我效能感。在相互信任的基础上交流情感,治疗师向患者全面介绍他们自身人格障碍的性质、特点、危害性及纠正方法,帮助他们形成一个正确、客观的认识,并自觉自愿产生要求改变自身人格缺陷的愿望,这是进行进一步心理治疗的先决条件,在治疗中,我们也有意识地渗透认识自我的内容。这一阶段主要是帮助刘忠认识自我,提升他的自我效能感。我们利用角色扮演的方式,以编故事、演故事的形式,让刘忠认识到个性是可以改变的,同时向他全面介绍其自身人格障碍的性质、特点、危害及纠正方法,使他对自己有正确、客观的认识。在这个过程中,我们也告诉他许多成功戒毒的案例,并且也开展了一次团体活动,让类似的戒毒人员参与其中,主题就是畅想自己成功戒毒后想要从事的事业,给未来戒毒成功的自己写一封信。用这种自我表露和想象美好未来的方式,鼓励他、帮助他树立信心,改变自己的行为,并自觉自愿产生要求改变的愿望。

因为偏执型人格障碍共病患者易对他人和周围环境产生敌意和不信任感,而认知治疗有助于克服敌意对抗心理,帮助他们积极主动地进行交友活动,在交友中学会信任别人,消除不安感。在共同讨论下,我们帮助刘忠建立了以下几项交友的原则。

(1)经常提醒自己不要陷于“敌对心理”的旋涡中。事先自我提醒和警告,处世待人时注意纠正,这样会明显减轻敌对心理和强烈的情绪反应。

(2)要懂得只有尊重别人才能得到别人尊重的基本道理。要学会对那些帮助过你的人表达感谢,而不能不疼不痒地说一声“谢谢”,更不能不理不睬。

(3)要学会对你认识的所有人微笑。可能开始时很不习惯,做得不自然,但必须这样做,而且努力去做好。交往中尽量主动给予知心朋友各种帮助。这有助于取得对方的信任和巩固友谊。尤其当别人有困难时,更应鼎力相助,患难见真情,这样才能取得朋友的信赖而增进友谊。

(4)在生活中要学会忍让和有耐心。生活在复杂的大千世界中,冲突、纠纷、摩擦是难免的,这时必须忍让和克制,不能让敌对的怒火燃烧起来。

(5)与人交往过程中,必须以诚心诚意的态度积极地交友。要相信大多数人是友好的、可以信赖的,不应该对朋友,尤其是自己的知心朋友存在偏见和不信任。要明确,交友的目的在于克服偏执心理,寻求友谊和帮助,交流思想感情,消除心理障碍。

(6)要学会微笑。要学会正面应对困难和挫折,笑对人生。要有宽广的胸怀和远大的目标理想。

经过一段时间的训练,我发现,刘忠的固执、嫉妒、敏感、多疑、心胸狭隘等症状慢慢消失,取而代之的是处事稳重、乐观,为人忠厚踏实,具有理性和弹性,又果断勇敢,基本上重塑回吸毒前忠诚型人格的正常状态。

3.表达性艺术治疗

在这一阶段,我们采用了表达性艺术治疗(expressive art therapy)对刘忠进行干预。表达性艺术治疗是2019年公布的精神医学名词,包括音乐治疗、心理剧治疗、戏剧评书治疗、快板书治疗、诗词大会治疗、红歌表演治疗、绘画治疗等。

刘忠不善于表演,我们鼓励他参加沙盘、诗词朗诵、绘画等活动,收到了较好的效果。吸毒相关偏执型人格障碍共病患者,性格往往孤僻,表达性艺术治疗对其有一定效果。让刘忠进行沙盘、绘画、诗词朗诵等活动,开始他有些阻抗,但经过戒毒治疗师循序渐进的引导,他逐渐参与进来。经过系列表达性艺术治疗后,刘忠更加愿意和外界交流,也建立起了比较融洽的人际关系。

六、严格康复训练

吸毒相关偏执型人格障碍共病最严重的问题就是偏执，偏执的结果就是不计后果、唯我独尊、我行我素、固执己见，长此以往，就会产生严重问题。所以，帮助刘忠纠正不良习惯、进行良好的行为养成，是重塑正常人格的重要过程。

为了改变刘忠的不良习惯和偏执人格，帮助他重新建立起良好的习惯，我指派了一名康复训练师专门负责刘忠的行为养成训练。刘忠是警察学院毕业的学生，而且从事了几年的刑警工作，尽管这些年吸毒严重损害了身心，但身体基本素质还是不错的，进行队列训练时就能看得出来，停止间、行进间队列动作做得很规范。我提醒康复训练师可以对刘忠的这些优势进行鼓励支持，激发他的自尊和正能量，让他融入团队中，提升团队凝聚力并发挥他的团队领导作用。

康复训练师适时在队列训练中表扬刘忠动作规范、能吃苦、懂得协同合作，并让刘忠出列给大家做示范动作，极大地增强了他的积极性、能动性和表现欲望，之后的训练，他更加刻苦，更加严格要求自己。被康复训练师委任为训练班长后，刘忠的戒治态度、戒治行为都有了很大的改观，他每天勤奋好学、事事处处起到模范带头作用，协助警察维持班级纪律，发挥了积极的作用。季度末所里组织戒毒人员进行行为规范展示（见图 6-3）和康复操比赛，他主动帮助其他戒毒人员纠正队列动作，帮助警察选择展示的红歌和康复操音乐，出谋划策，发挥了积极作用。在大家的共同努力下，新收大队取得了比赛第一名的好成绩。

图 6-3　戒毒治疗师带领戒毒人员进行行为规范展示

七、人格升华

作为戒毒治疗师，在对刘忠进行严格管理、行为养成、人格重塑的同时，还要不断对他提出更高的要求，不断提升他的能力品质，不断提高他的素质水平。通过不断的学习和行为养成，促使他的内在价值观念与思维模式进一步转变，进而达到进一步人格升华的目的。为此，我们专门为刘忠制定了人格升华训练计划。

(1)进一步自省，调整心态，培养感恩的心(见图 6-4)。每月至少让刘忠写一封信给家人和朋友，忏悔自己以前的错误，并表达自己重塑新生的决心与信心。

图 6-4　戒毒治疗师对戒毒人员进行心态调整训练

(2)主动与以前发生过摩擦的戒毒人员修好关系，每周至少一个，直到与所有发生过摩擦的戒毒人员都成为朋友。

(3)主动与以前曾经帮助过自己的干警或者其他戒毒人员接触，真诚而委婉地向他们表达迟来的谢意。

(4)学习用欣赏的眼光看待别人。平时注意观察其他人，一旦发现某个干警或者戒毒人员的闪光点，就把它写下来。每周至少写满十条，戒毒治疗师每周进行检查并点评。

(5)学会帮助别人赢得认同和尊敬，学会主动帮助别人，为别人服务。带头打扫室内、室外卫生或者主动为集体服务。

(6)做一个积极正面的人，大声朗读行为规范，激情高唱饭前一首歌，队列中昂首挺胸、步伐整齐、口号嘹亮。

(7)把精力用在正确的地方。积极参加习艺劳动，并超额完成劳动任务，至少在习艺劳动或康复训练等任意一个项目中成为其他戒毒人员的榜样。

(8)一旦出现怀疑、嫉妒、偏见等不良情绪就赶快把它写下来，晚上睡前先好好想一想，产生这种不良情绪的害处以及以后的改正方法。

(9)融入集体，积极参加戒毒所组织的各项活动，并带头分享体会。

(10)做一个心胸宽广的人，当其他戒毒人员获得荣誉或取得成就时，及时上前真诚祝贺。

八、临别叮嘱

刘忠出所前，我给他做了最后一次心理治疗，进一步引导，帮助其人格得到进一步升华，达到更高的健康人格层级。让他重新构建认知结构，重新评价自己，重建对自己的信心。谈话中我分享了美国教育家戴尔·卡耐基的一段话：一个人事业上成功的因素，其中学识和专业技术占15%，而良好的心理素质占85%。我想让他明白，自信是成功的保证，只有相信自己有力量克服困难，相信自己心中有一种内在的精神力量，才能鼓舞自己去克服困难，不断进步。我告诉刘忠，战胜逆境最重要的是树立坚定的信心，自信心可以使人藐视困难，战胜邪恶，集中全部智慧和精力去迎接各种挑战，这是你当下应努力去做的事情。

临别之前，我还帮助刘忠制定了详细的戒毒计划书：

1.从现在起改掉这些坏习惯

(1)不按时完成各种事情的习惯。

(2)消极性的词语经常挂在嘴边的习惯。

(3)作息时间无规律的习惯。

2.从现在起养成这些习惯

(1)每天早上醒来都对自己说些鼓励的话。

(2)睡觉前把第二天的事计划好。

(3)任何场合尽量赞美别人。

3.用这些方法增加自己学习工作的效率

(1)在最高效的时间干最重要的事情。

(2)每天都安排一定的运动、休闲或机动时间。

(3)经常静静思考,包括改善学习和工作的方法。

4.用这些方法增进人际和谐

(1)尊敬自己周围的每一个人。

(2)认真聆听他人的意见,努力了解他人的观点和做法。

(3)试着和别人做知心朋友。

5.回家后继续保持传统文化学习

每周坚持参加一次传统文化学习。以中国传统文化的独特魅力和感染力不断影响自己,传播以感恩、诚信、孝道为主题的传统文化,不断提高自觉抵御毒品的能力,提高抵抗力和免疫力,做一个对社会、对家庭有贡献的人。

刘忠出所两个月后给我寄来了一封信,告诉我他出所后,带领家人还有公司中层到青州大福地传统文化教育中心参加了一个国学传统文化补习班,让大家学习优秀传统文化,学习如何做人、如何做事业、如何持家。之后他还捐款建设了一所希望小学,为那些交不起学费的失学儿童提供上学的机会;还捐款修建了一所敬老院,为那些农村孤寡老人提供了养老场所,解决了孤寡老人的后顾之忧。彻底戒毒后的刘忠,经过深思熟虑,到北京、上海、深圳等地考察,借鉴先进管理经验,大胆启用优秀管理人才,对公司进行了重组,向着产值过百亿、五年内上市的目标前进。

第四节 吸毒相关偏执型人格障碍共病矫治思考

吸毒相关偏执型人格障碍共病的表现为固执、敏感多疑、过分警觉、心胸狭隘、好嫉妒、自我评价过高,对他人善意的动作歪曲而采取敌意和藐视态度,对事态的前后关系缺乏正确评价。目前对于吸毒相关偏执型人格障碍共病的矫治主要还是心理治疗。我们对吸毒导致的偏执型人格障碍的系列矫治,也取得了较好的效果,以下是关于治疗中的一些思考。

一、关于发病率的思考

从医学视角考虑,吸毒可以作为一个独立的疾病存在,也可以与其他疾病以共病的形式并存。在物质成瘾治疗机构中,50%～70%的物质成瘾患者共患其他精神疾病,20%～50%的其他精神疾病患者共患物质成瘾。我们曾对全所886名强制隔离戒毒人员进行统计,共病的发生率大约在78%。也就是说,吸毒相关人格障碍共病率远远超过普通人群,应当引起重视。

二、关于吸毒危害的思考

根据《禁毒法》和《戒毒条例》的规定,对戒毒人员有三个界定:违法者、受害者和慢性脑病病人。毒品成瘾不仅给个体带来认知功能方面的障碍,还可能导致脑功能的损伤,并可能促使个体做出违法行为。根据相关研究,首先,物质成瘾可造成大脑结构和功能的病理性损害,表现为难以控制的渴求感、耐受性、依赖性和成瘾性,停药后出现戒断症状和反复发作。其次,物质成瘾可改变大脑的工作方式,影响患者的情绪、认知和行为,表现为不顾后果、不可控制、强迫性的用药行为。[①]

吸毒人员也是毒品的受害者,毒品使他们身体颓废、心理扭曲、家庭破裂、事业衰败。在本章案例中,刘忠就总是把怀疑的目光指向自己身边的人。戒毒所的另一个吸毒者还在家中安放窃听器,跟踪自己的爱人,把跟踪录音送到公安局刑警大队进行鉴定后仍没有解除对妻子的怀疑,直到彻底戒毒后,这种猜疑才得以消除。

三、关于矫治方面的思考

吸毒相关偏执型人格障碍共病的治疗不宜拖延,应该抓住患病初期的时机进行有效治疗。

首先,要做的就是彻底戒毒,彻底戒毒是治疗的根本。吸毒作为一种常见的物质滥用和成瘾行为,影响人的认知、情绪和行为,导致个体出现幻觉,造成一系列严重的不良后果。因此在矫治中,首先要进行的就是戒毒矫治。并且对于个体出现的幻觉,临床工作者要学会甄别,是精神病性的妄想和幻觉症状还是毒品的作用,这会影响后续治疗手段的选择。

其次,要使吸毒者要配合治疗。吸毒者一般不配合治疗,他们总是认为自己根本没有病,用不信任的眼光看待医生,怀疑医生,拒绝与医生合作,使得医

① 张锐敏:《物质滥用治疗现状与挑战》,《中国禁毒报》2019年第3期。

生无法介入治疗。此时应该配合使用抗精神病药，当症状得到控制后，再配合心理治疗，应用心理干预技术进行心理矫治。认知治疗仍是治疗吸毒相关偏执型人格障碍共病最常用的方法，在治疗中要帮助患者学会辨别自己的非理性观念并与之驳斥。比如，当出现对妻子、同事、朋友等的敌意观念时，就要分析一下是不是自己卷入“敌对心理”的漩涡之中；当对别人有不信任的观念时，就要分析一下是不是自己卷入“信任危机”之中。如果是，就要提醒和警告自己，不要再沉浸于“自我信任”之中了，一旦对别人出现不信任，表现出不信任的态度，就会失去别人的信任。通过这种自我分析非理性观念的方法，可以帮助阻止患者的偏执行为。有时患者自己不知不觉地表现出偏执行为，事后应抓紧分析当时的想法，找出当时的非理性观念，然后再加以分析，不能让病态观念继续发展。另外，也可以用自我暗示调节法来逐渐消除异常人格特征。治疗师在对患者进行干预时，可以给患者布置家庭作业，帮助患者进行多次积极的心理暗示。

最后，要让患者学会自觉地创造一个良好的人际环境。让患者不要轻易地责备、侮辱、怀疑他人，与他人要互相理解、互相关心、互相尊重、互相帮助。要经常进行沟通和交往，减少或避免不良刺激，尽量让患者置身于一个良好的人际环境中，其异常的人格就会逐渐好转。通过良好的交流沟通，真正理解他人，信任他人，从而减少患者敏感多疑的疑病倾向和随便怀疑别人的思想观念。

四、治疗要管控到位

吸毒相关偏执型人格障碍共病形成的行为，即便是亚临床水平，也与频繁的犯罪行为、躯体健康和精神问题有关。根据观察，吸毒导致的偏执型人格障碍者有较强的报复心，他们经常不动声色，遇到危险有时会不顾后果先下手为强，很容易出现意外后果。因此对于患偏执型人格障碍的戒毒人员，要管控到位，防止危险和意外事件发生。

第七章 “书呆子”沉浮录

——吸毒相关分裂型人格障碍共病案例及其矫治

你是否接触过这样的人，他们不修边幅、不擅交际，唯独关注知识，爱学习、爱钻研，非常理智，喜欢观察和分析。而实际上，这个世界也因为有了他们才会有那么多的发明和创造。

本章案例的主人公孙梦伟，吸毒前为思想型人格，原本睿智的他沾染上毒品后性格大变，迷恋上赌博，情绪控制能力急转直下；在人际关系上，也由最初的不善与人交往转变为漠视人际，且经常觉得自己有特异功能，能够看破未来，分裂型人格障碍的症状越来越明显。本章将详细介绍吸毒相关分裂型人格障碍共病的案例以及如何矫治。

第一节 分裂型人格障碍概述

分裂型人格障碍(schizotypal personality disorder)是人格障碍的一种，症状表现为退缩、孤独、沉默、隐匿，具有牵连观念(即将无关的外界现象解释为与本人有关，且往往解释为恶意的)、过度社交焦虑、怪异行为、矛盾情感和偏执等，人际交往能力的缺乏为分裂型人格障碍的主要特点。他们除一级亲属外，缺乏知心朋友，极易产生羞愧感和耻辱感，言语表达不清，穿着也经常不合时宜。此类障碍病因及发病机制迄今尚未完全阐明，一般认为是在大脑先天性缺陷的基础上，遭受环境有害因素的影响而形成。

一、分裂型人格障碍与精神分裂症的区别

虽然分裂型人格障碍与精神分裂症在症状与脑功能影像上均有相似之处，

但分裂型人格障碍和精神分裂症不尽相同。[①] 人格障碍是这个人的心理活动大体正常，不存在明显的幻觉和妄想等精神分裂症的症状，但人格特征明显偏离正常，如行为比较古怪等。而精神分裂症会出现感知觉的障碍、思维障碍、意志和行为障碍等认知功能障碍，且精神分裂症一般多并发精神衰退、精神残疾等疾病。精神分裂症最突出的感知觉障碍是出现幻觉，包括出现幻听、幻视、幻嗅、幻味及幻触等，而幻听是其中最常见的幻觉症状，如总是能听到有人在耳边争吵，但实际并没有人在争吵，或者总是能听到有人在批评自己，但实际并未有人在身边。妄想症状是精神分裂症中最常见的症状之一，它是一种严重的思维内容障碍，患者会觉得一些不存在的事情存在，如被害妄想，即患者觉得有人要害自己，患者说不出来原因，但是却坚信如此。常出现的妄想还有关系妄想、影响妄想、嫉妒妄想、夸大妄想、非血统妄想等。情感淡漠及情感反应不协调也是精神分裂症患者最常见的情感症状，此外，不协调性、兴奋易激惹、抑郁及焦虑等情感症状也较常见。

综上所述，患分裂型人格障碍的人性格中带有精神分裂症的色彩，但没有形成真正的精神分裂症。

(一)主客观是否一致

心理是客观现实的反映，所以任何正常的心理活动和行为，必须在形式和内容上与客观环境保持一致性。不管是谁，也不管是在怎样的社会历史条件和文化背景中，如果一个人说他看到或听到了什么，但客观世界中当时并不存在引发他这种感觉的刺激物，那么，我们必须肯定，这个人的精神活动不正常了，即他产生了幻觉。另外，一个人的思维内容脱离现实，或思维逻辑背离客观事物的规律性时便形成妄想。这些都是我们观察和评价人的精神与行为的关键。精神科临床上常把自知力作为是否患有精神病的指标。简单来说，自知力就是患者知道自己是否有病、是否痛苦。人格障碍的人常有痛苦的感觉，知道自己可能与常人有异。而精神分裂的人则不能感知，只有吃了药，精神恢复了正常，他们才晓得以前自己是有问题的。

(二)内外是否一致

人类的精神活动虽然可以被分为知、情、意等部分，但它自身却是一个完整

① J. W. Hur, et al.,“Attenuated Resting-State Functional Anticorrelation between Attention and Executive Control Networks in Schizotypal Personality Disorder”, *Journal of Clinical Medicine*, vol.10, no.2, 2021, pp.312-315.

的统一体，各种心理过程之间具有协调一致的关系，这种协调一致性保证了人能准确、有效地认识世界。比如，一个人遇到一件令人愉快的事，会产生愉快的情绪。在这点上，分裂型人格障碍的人大体是可以做到的，而精神分裂症患者则不能。

（三）人格是否相对稳定

每个人在长期的生活中都会形成自己独特的人格心理特征，这种人格特征形成之后具有相对稳定性，在外界没有重大改变的情况下，一般是不易改变的。如果在没有明显外部原因的情况下，这种相对稳定性出现问题，我们也要怀疑这个人的心理是否出现异常。

分裂型人格障碍受到遗传和环境的影响，可能从小就有这种性格倾向，只是不明显，到了成年后越发明显。而精神分裂症个体的性格常常是患病之前和患病之后有着巨大的不同。

二、分裂型人格障碍的病因

分裂型人格障碍的病因及发病机制复杂，目前人们倾向于认为，人格障碍的形成是由包括遗传因素和其他生物学因素等内在因素和社会环境等外在因素综合影响的结果。

（一）遗传因素

人格的形成和发展与遗传因素密切相关。研究表明，分裂型人格障碍的双亲中脑电图异常率较高。寄养子研究发现，有遗传背景的寄养子成年后与正常对照组相比，仍有较高的人格障碍发生率。遗传因素为个体埋下易感因素，即有家族病史的人后天更易形成人格障碍。

（二）神经生化因素

前额叶皮质的多巴胺能神经元和去甲肾上腺素能神经元活性降低，分裂型人格障碍患者的认知缺陷可能与其有关。

（三）病理生理因素

研究表明，50％分裂型人格障碍者的脑电图发现有慢波出现，与儿童脑电图近似，故有学者认为分裂型人格障碍是大脑发育延迟的表现，大脑皮质成熟延迟在一定程度上导致其冲动控制和社会意识成熟延迟。分裂型人格障碍者到中年以后情况会有所改善，可能是大脑皮质成熟程度增加的结果。一些研究也证明了患有分裂型人格障碍的人的大脑皮质体积减小，脑脊液的容量增大，这些变化与精神分裂症患者的变化相似，但是分裂型人格障碍患者的大脑变化程度相比精神分裂症更小。① 这些研究说明分裂型人格障碍的形成与大脑的变化有关。

（四）心理社会环境因素

童年生活经历对个体人格的形成具有重要作用。幼儿心理发育过程中的重大精神刺激或生活挫折对幼儿人格的发育存在不利影响，教养方式不当也是人格发育障碍的重要因素。父母对孩子粗暴、虐待、放纵溺爱、过分苛求、态度不一致等，对孩子的人格发育均有不利影响。另外，儿童从小成长于不良的环境中，如父母酗酒、偷窃、本身有精神疾病或人格障碍及犯罪记录等，这些都对儿童起到了不良的“示范”作用，也是引发人格障碍的环境因素之一。

三、分裂型人格障碍的诊断

根据 DSM-Ⅴ的诊断标准，分裂型人格障碍的人在社交关系中常感到孤独和不适，与亲友在一起常感到很不舒服，很少动感情，而且还存在知觉或者认知歪曲以及一些古怪的行为。症状起自成年早期，前后发作过程多种多样。

（一）符合下列五项就可诊断为分裂型人格障碍

（1）有牵连观念，但未达到关系妄想的程度。

（2）有与其文化背景不一致却影响其行为的古怪想法或魔术思想，如，迷信等。

（3）有不同寻常的知觉或者身体幻觉。

（4）有古怪的言语，比如含糊的、琐碎的、隐喻的、刻板的言语。

（5）有猜疑或者偏执观念。

（6）夫妻间感情不和。

（7）有古怪的行为或者表现。

（8）除一级亲属以外，没有亲密的或者知心的朋友。

（9）有过分的社会焦虑，往往伴有偏执性的害怕感，但没有对自己错误的判断。

（二）排除精神分裂症的诊断

诊断分裂型人格障碍必须排除精神分裂症。分裂型人格障碍的患病率可

---

① 张亮：《分裂型人格障碍内嗅皮层神经纤维概率追踪的 DTI 研究》，大连医科大学硕士学位论文，2014 年。

能高于精神分裂症和其他人格障碍。

患有分裂型人格障碍的人同时也可能患有其他的精神或心理疾病，分裂型人格障碍与重性抑郁症的共病率为9%，与强迫症的共病率为19%，各种人格障碍与分裂型人格障碍伴发的可能性均有所不同，其中与分型人格障碍共病有较大可能性的有回避型、分裂样、偏执型人格障碍。分裂型人格障碍患者的特点是：社会隔绝，行为古怪，多疑。患者虽然因此而痛苦，但并不能意识到自身的问题。在进行诊断时，其他的疾病会影响分裂型人格障碍的诊断，所以对病人下诊断的时候要谨慎，避免做出错误的判断。

四、分裂型人格障碍的治疗

目前主要的治疗方法有三种：一是心理治疗，二是生物医学治疗，三是通过家庭和社会的帮助来改善患者的症状。总体来说，目前分裂型人格障碍的治疗效果不是很好，因此在幼年期培养健全的人格尤为重要，预防发病远比发病后进行治疗效果要好。

（一）心理治疗

心理治疗包括顿悟疗法和行为疗法，目前心理治疗已取得了良好的疗效。心理治疗对分裂型人格障碍是有益的，通过深入接触并与他们建立良好的关系，以人道主义和关心的态度对待他们，帮助他们认识个性中的缺陷，进而指出个性是可以改变的，鼓励他们树立信心。对分裂型人格障碍患者有益的心理治疗包括支持性心理治疗、心理分析和分析性心理治疗、认知疗法、认知分析治疗、人际间心理治疗、辩证行为治疗和心理教育。

（二）生物医学治疗

药物治疗可以服用抗抑郁药物，早期报告抗精神病药物治疗有效，而后的研究并没有证实这一结论，还需要进一步的研究证明。

药物治疗难以改变人格结构，但当出现在异常情绪反应等情况时，少量用药仍有帮助。抗精神病药物对分裂型人格障碍患者的急性期治疗是有益的，但其长期效果是不确定的，可选择的药物主要有利培酮、奥氮平、喹硫平、阿立哌唑。当分裂型人格障碍患者的情绪出现过高、过低或者不稳定时，可以酌情加用一定剂量的情感稳定剂（如丙戊酸钠、碳酸锂等），注意监测血药浓度、血常规、生化等。

（三）家庭及社会帮助

对于分裂型人格障碍患者，家庭、社区、单位、亲属和精神科医生一起为他们制定综合的教育和训练措施，提供合适的帮助，也能发挥一定的作用。另外，帮助患者认识到自身的缺陷，鼓励其发展社会关系，让患者掌握相关的社会功能，营造良好的生活环境，保持良好的家庭氛围，引导、鼓励患者积极参与社交活动等都有助于分裂型人格障碍的康复。

分裂型人格障碍形成于个体早年，因此强调儿童早期教育，从幼年开始培养健全的人格，对待儿童患者，要宽容、有耐心，避免体罚或虐待。家长要与儿童建立良好的关系，取得信任，这对分裂型人格障碍的预防有着十分重要的意义。

分裂型人格障碍的治疗和预后整体效果不佳，仅有少数患者会随着年龄的增长而有所缓解，但一般不会影响患者的自然寿命。

第二节 吸毒相关分裂型人格障碍共病概述

一、分裂型人格障碍的诊断

符合 DSM-Ⅴ中分裂型人格障碍的诊断标准，但非原发精神分裂症病人。吸毒人员中，吸毒前是分裂型人格，吸毒后也容易发展为分裂型人格障碍或精神分裂症。淄博籍戒毒人员王某，性格孤僻，人际关系不良，和家人也不能和谐相处。行为非常怪异，像个“外星人”。同事的排挤、家人的不理解，使他悲观失望，最后走上了吸毒的道路，一发不可收拾，长期吸毒后甚至出现幻觉、妄想、行为失常，形成了分裂型人格障碍，最终确诊精神分裂症。

二、吸毒相关分裂型人格障碍共病矫治

吸毒相关分裂型人格障碍共病的治疗首先要进行戒毒治疗，不能彻底戒毒，即使人格重塑或者治疗效果再好，重复吸毒后，分裂型人格障碍不仅不能治愈，反而会越来越严重，甚至有出现精神分裂症的可能。对吸毒相关分裂型人格障碍患者进行治疗的方法主要有团体治疗、家庭治疗、行为治疗、经颅磁刺激技术等。

（一）团体治疗

团体治疗是戒毒所心理治疗最常应用的方法之一，主要是在团体情境中提供心理帮助来进行心理治疗。它是通过团体内的人际互动，让个体通过观察、学习、体验来认识自我、接纳自我，了解自身的问题，改善与他人的关系，改变原有的态度和行为方式。

针对戒毒工作专业化的需要，为了提高戒毒治疗师进行团体戒毒的能力，山东省戒毒管理局组织社会心理专家和系统专业人员进行了团体心理素质提升训练和开展了阳明心学戒毒教练技术培训班。笔者作为系统专家有幸和社会专家一起在青岛、烟台、济南、淄博等地组织了多期理论实践指导培训班，通过以点带面、全面发展的方式，大力提升全省戒毒的专业化能力（见图 7-1）。笔者也借助这一次次培训，加强了与社会专家的交流沟通，弥补了理论上的一些不足，专业戒毒能力得到了很大提高。

图 7-1　全省心理咨询师团体戒毒培训现场

我们根据戒毒所的实际情况，将戒毒人员具有的共性问题，通过讲故事、心理剧、价值观选择、团体游戏等多种形式展现出来，在团体治疗师的带领下，引导戒毒人员扮演相应角色，通过互动、分享、挑战、交流、澄清等多种方式，让有分裂型人格障碍的戒毒人员在团体活动（见图 7-2）中看清自己的问题，并找出解决问题的方法，使自己发生改变。

图 7-2 戒毒治疗师组织戒毒人员开展团体培训

（二）家庭治疗

家庭治疗是治疗分裂型人格障碍的一个重要方法，因为分裂型人格障碍的形成与家庭环境具有千丝万缕的联系，家庭作为一个系统，其中的成员都不是孤立存在的，家庭结构和家庭成员之间的关系与相处模式对分裂型人格障碍的形成有着重要影响。通过家庭治疗，加强患者与家庭的沟通联系，帮助患者缓解与家庭成员之间的矛盾，从而唤醒患者泯灭的良知，形成新的行为模式，达到彻底戒治的目的。

山东省戒毒系统家庭治疗主要是应用萨提亚家庭治疗模式开展戒毒工作。通过系统学习培训萨提亚家庭治疗技术，找到戒治人员发病的家庭因素，通过再现原来固有的家庭模式，让戒治人员看到自己的心智模式，从而发生改变。

（三）行为治疗

行为治疗是以减轻或改善患者的症状或不良行为为目的的一类心理治疗技术。行为治疗以经典条件反射理论、情绪理论、环境决定论、人格理论为理论依据，重视当事人的外显行为，“去其有余，补其不足”，从而建立新的行为习惯、新的人格模式。行为治疗是治疗师与患者一起确定治疗目标，一起制定具体实施方案，同时指导戒毒人员完成任务，使戒毒人员在完成任务的过程中逐渐改变不良行为，最终达到治疗效果。行为疗法应用到治疗吸毒相关分裂型人格障碍方面主要有厌恶疗法、行为塑造法、代币疗法、放松训练、生物反馈治疗、自控法等。

1.厌恶疗法

厌恶疗法是一种帮助戒毒人员将所要戒除的靶行为(某种适应不良行为)同某种使人厌恶的或惩罚性的刺激结合起来,通过厌恶性条件的作用,从而达到减少或戒除靶行为的出现。当靶行为即将或正在出现时,使用轻微的痛苦刺激,使其产生痛苦的主观体验,反复实施后使靶行为与主观厌恶体验产生条件联系,从而戒除靶行为。[①] 这一疗法也是行为治疗中最早和最广泛被应用的方法之一,在临床上多用于戒除吸烟、吸毒、酗酒、各种性行为异常和某些适应不良行为等,也可以用于治疗某些强迫症。

厌恶治疗应用在戒毒工作中的具体方式是,通过虚拟现实技术或者播放吸毒视频、现场展示冰壶和其他吸毒人员经常使用的吸毒工具,诱发戒毒人员毒瘾,然后,通过放映公安抓获吸毒的现场录像、吸毒人员家破人亡视频、毒驾现场录像等对戒毒人员形成厌恶刺激,从而达到戒毒的目的。或者通过播放视频录像、虚拟现实技术等,刺激戒毒人员出现吸毒欲望,再使用厌恶刺激,如橡皮圈弹痛刺激、电刺激、催吐剂、警笛刺激,使戒毒人员想要吸毒时,都会在头脑中出现极端憎厌或无法接受的场面,从而达到戒毒的目的。

2.行为塑造法

这是根据操作性条件反射原理设计出来的,是一种通过强化(即奖励)养成某种期望出现的良好行为而改变不良行为的一项行为治疗技术。行为塑造法在戒毒工作中主要是通过奖励、强化戒毒人员的戒毒行为以实现戒毒目标。对于表现好的戒毒人员,一是在戒毒期限上进行强化刺激,根据表现给予减少强制隔离戒毒期限奖励;二是通过物质奖励形式对戒毒人员形成正向刺激,通过加餐、增加处遇或其他物质奖励形式,提高戒毒积极性;三是给予表扬激励等精神层面奖励强化刺激,让戒毒人员得到支持鼓舞,激发内在戒毒动机,实现彻底戒毒的目的。

3.代币疗法

这是在操作性条件反射理论,特别是条件强化原理的基础上形成并完善起来的一种行为疗法。它与行为塑造法的原理类似,即通过某种奖励系统,当患者做出预期的良好行为表现时,马上就能获得奖励,即可得到强化,从而使戒毒人员的良好行为得以形成和巩固,同时使其不良行为得以消退。

---

① 姜德利等主编:《精神病学》,吉林科学技术出版社 2017 年版,第 79 页。

代币疗法在有些戒毒所得到应用，主要是通过代币作为阳性强化物，如用记分卡、购物卡等象征性的方式，强化戒毒人员的戒毒行为，促进其戒毒。

4.放松训练

这是一种通过自我调整训练，由身体放松进而激发整体身心放松，以对抗由于心理应激而引起的交感神经兴奋的紧张反应，从而消除紧张和进行心理戒毒的行为训练技术。大部分戒毒所都购买了音乐放松椅、放松床等设施，根据戒毒人员不同的人格障碍、情绪特点、心理状态设置不同的音乐，让戒毒人员听着优雅舒缓的音乐进行身体放松，从而达到治疗的目的。

5.生物反馈治疗

生物反馈是一种运用电子仪器将人体内部生理信号转化为外部可感知信号，进而解释、控制并调节体内正常或异常活动的行为矫治技术。生物反馈治疗有助于戒毒人员调整和控制自己的心率、血压、胃肠蠕动、肌肉紧张程度、汗腺活动和脑电波等几乎所有的身体机能的活动情况，从而改善机体内部各个器官的功能状态，矫正对应激的不适宜反应，达到戒毒的目的。

目前山东省各戒毒所大多应用生物反馈仪进行生物反馈治疗，实践证明，生物反馈确实是一种行之有效的行为治疗技术。生物反馈和松弛反应训练相结合，可以使人更快、更有效地通过训练学会使用松弛反应来对抗并消除一般的心理、情绪应激症状；特别是在生理脱毒期应用生物反馈治疗，可对消除恐惧心理、不良情绪、戒断症状起到很好的作用。

6.自控法

主要通过确定目标、自我监察、自我强化等手段达到消除不良习惯性的一种行为训练技术。主要适用于戒烟、戒酒、戒毒瘾及治疗贪食症等。

戒毒治疗致力于吸毒行为的改变，现行的治疗多将目标集中于吸毒行为上，定期评估改变情况，根据戒毒人员的具体情况制定不同的治疗计划和目标。

（四）经颅磁刺激技术

经颅磁刺激技术（Transcranial Magnetic Stimulation，TMS）是一种无痛、无创的绿色治疗方法，磁信号可以无衰减地透过颅骨刺激到大脑神经，实际应用中并不局限于头脑的刺激，外周神经肌肉同样可以刺激，因此现在都称它为“磁刺激”。

经颅磁刺激技术可以治疗精神分裂症（阴性症状）、抑郁症、强迫症、躁狂症、创伤后应激障碍等精神疾病，其中对抑郁症的治疗在美国已经通过美国食品药品管理局的认证，治愈率为 20%，治疗有效率高达 100%。国内，广州脑科医院、湖南脑科医院、上海精神卫生中心、北京安定医院、北大六院等各大精神病医院都开展了相关治疗，并且在临床上取得了可喜的成绩。

近年来，司法行政系统严格落实科学戒毒理念，大力推动科学戒毒工作开展，引进重复经颅磁刺激治疗技术，通过电磁在大脑皮层诱发的微弱电流来影响和改变大脑功能，不仅能够降低戒毒人员的毒瘾渴求度、改善睡眠、调节情绪，也能一定程度提高认知能力。而虚拟现实技术采用线索诱发实验范式，将毒瘾诱发和厌恶治疗场景融入其中，记录戒毒人员治疗时的生理变化，结合人工智能算法，达到准确评估戒毒人员毒瘾渴求度和有效降低戒毒人员对毒品渴求的目的。

第三节　吸毒相关分裂型人格障碍共病矫治案例

孙梦伟，男，36 岁，山东省烟台市人，吸食冰毒 3 年。父亲是某野战医院院长，母亲在本市中心医院任科室主任。由于父母工作忙碌无暇照顾他，2 岁时他就上了幼儿园。

一、“书呆子”

从小在部队长大的他，耳濡目染了军人的作风和气质，在学校里遵规守纪，学习成绩优异，深得老师们的喜爱。当同学们在操场上玩耍时，他总是在座位上看书，他的书包里没有零食，但是各类书籍却从来不会少，他需要的书母亲随时帮他从图书馆借。当同龄人沉迷于连环画、小人书、跳皮筋、玩游戏的时候，他却总是不合群地在一旁翻阅着那些无聊的书。他特别喜欢了解世界上所有他不懂、不知道的知识。不过，他的手工课非常差劲，他甚至捡不起掉在地上的绣花针，同学们为此也常常笑话他。但他却不以为然，总是马马虎虎地做完手工课，节省下来时间用来阅读，读书是他最快乐的事情。

节假日，同学们约他出去玩，他却很少参加，大家都认为他傲慢、不合群。久而久之，很少有人去找他玩了。而他也乐得自在，窝在他自己的小房间里看他喜欢的书。有一次老师在课堂上问同学：“长大后的理想是什么？”同学们的回答各种各样，大多数孩子都选择了科学家、发明家、作家、将军，而他的回答让老师大跌眼镜:“我要当图书管理员,那样我就可以免费阅读所有书籍了。”他的房间杂乱无章,只有书籍摆放整齐有序。他能记住每一本书摆放的位置,却经常忘记自己的袜子在什么地方。他的自理能力很差,升入初中时,才学会自己穿衣服、系鞋带。他曾经珍藏了140多枚毛主席纪念章,有人曾用一台任天堂游戏机(当时所有孩子们的梦想)和他换几枚纪念章,他硬是坚持住诱惑没有换。同学们在一起聊天时最喜欢的话题都是玩具和明星,他却很少插言。但要是提起天文、地理或一些新奇知识时,他总是滔滔不绝,看到别人听得很入迷,他脸上会露出骄傲的表情。如果谁无视或打断他的演讲,他就会愤怒地训斥,时间久了大家都不和他来往了。

成年后,遵循父亲的规划,孙梦伟选择了参军。入伍后,凭借他渊博的知识,总能对很多事情提出不同的观点,但他说话做事直截了当、不讲方法,因此也得罪了不少人。他的很多理论无法付诸实践,被战友们笑称“语言的巨人,行动的矮子”。在部队孙梦伟当了通信兵,一接触电报机和密电码,他像是发现了新大陆,全身心地投入了研究,连吃饭都让别人捎带,后来干脆一日三餐全部吃泡面。老乡去看望他时,他头也不抬:“我没时间,敲门那么大声干嘛,刚记住的密码又忘了……哦,关门时小点声,我还忙,不送了!”功夫不负有心人,在某次军事比武中,他在密码破译上创造了全军纪录,听说至今仍无人能打破。孙梦伟在部队考上了军校,让人费解的是他并没有选择深造,而是复员回了地方。很多人替他惋惜,但他却无所谓地答道:“部队里规矩太多,我不适合,还是回家重找出路吧。”回地方后他进入一家国企工作,“心灵”但“手不巧”的他在工厂里常常吃瘪。一些简单的操作流程也很难完成,产品废品率远高过规定,一年后他被辞退。

二、吸毒成瘾,嗜赌成性

2005年,孙梦伟因酒后滋事将对方击成重伤,被判拘役8个月。回家后听到妻子有作风问题的谣言,他非常苦恼,经常借酒消愁,却从不在妻子面前显露分毫。他需要朋友,需要有人倾诉,但这也是他缺乏的,他没有知心的朋友,他不知所措,迷茫、失落,最后不惜花钱去认识新朋友,请他们吃喝,请他们玩乐。“孙彪子”一词在朋友圈流传开来,可他并不在乎。在朋友的诱惑下,一次酒后,孙梦伟吸食了冰毒,毒品制造的那种虚幻让他一度以为吸食冰毒会让自己更睿智,思维更清晰,由此他深陷其中不能自拔。随着毒瘾越来越大,开支越来越多，随之而来的是没钱带来的窘迫。之后，孙梦伟又迷恋上了赌博，希望通过赌博来填补那一个又一个的窟窿，但总是输多赢少，最后外债累累。

一次，他在妻子的手机上发现了一个妻子老同学的电话号码，他将心思都放到了这件事情上，妻子每天和谁通过电话、和谁发过短信，他都非常敏感，妻子出门即使只有半小时，他也神经兮兮地打电话追问。有次妻子同学聚会晚上回家晚了，他在家里焦躁不安，迁怒于一切看得见的事物。妻子回家后，他却只简单地问了几句，又装作若无其事的样子。他也很爱自己的妻子，他苦恼自己的婚姻，但他在婚姻家庭的维持上经常有无力感。他渐渐变得不可理喻，同亲人朋友的关系直线下降，遇到熟悉的人也视而不见。孙梦伟的行为越来越古怪，外面鹅毛大雪，他在家里嚼着冰棍，一吃就是几十根，在某年除夕夜，看着春晚他竟然一口气吃掉20多根冰棍。

三、强制戒毒

孙梦伟在某宾馆吸毒时被公安机关当场抓获，并被决定强制隔离戒毒两年。入所时孙梦伟情绪很低落，一直说很困，提出要睡觉。我们诊断，孙梦伟正处在嗜睡期，目前，首先要做的，就是生理脱毒。

（一）生理脱毒治疗

实施生理脱毒，需要在专业人员的指导下进行。戒毒所安排孙梦伟转到戒毒医疗中心接受医学生理脱毒。我们首先对他进行了各种医疗检查，包括进行体格检查、心电图、B超、化验、X光胸腹透视等各项例行检查，然后再进行各项治疗。在口服药物，静脉输液，检测血压、血糖等一系列治疗后，孙梦伟很快就睡着了。该疗法即亚冬眠疗法，在孙梦伟睡觉时，我们的医生护士会随时对他进行检测，确保他身体各项指标正常。

3天后，孙梦伟清醒过来，开始下床活动，看到自己在医院里，穿了病号服，还有面前的医生和护士，他很迷惑：分明自己是被送到戒毒所的，怎么来医院了呢？当看到穿警服的责任警察在旁边守护的时候，他才恍然大悟！这种戒毒的方法是孙梦伟没想到的。

对于孙梦伟生理脱毒期的治疗，也是按照我们既定的计划进行的：首先用亚冬眠疗法度过最艰难的毒瘾苛求期；其次指导他进行康复训练，使他的身体技能逐渐恢复正常。同时在这个阶段进行一些心理测量，提高患者的适应能力等。孙梦伟很聪明，这一阶段的治疗他很适应，表现得很顺从，完成得也很好。

15 天后，经过考核，他完成了生理脱毒期的各项任务，进入了康复巩固期戒毒治疗阶段。

(二)行为养成训练

康复巩固期内，我们针对孙梦伟的性格缺陷问题帮助他进行调整。首先是帮助他进行行为养成训练。行为养成训练一是要求戒毒人员学习行为规范，并严格按照行为规范要求去做；二是进行严格的队列训练，改变原来那种自由散漫、好吃懒做、游手好闲的行为模式，形成良好的精神风貌和生活习惯；三是习练太极拳、康复操(见图 7-3)等有利于身体调整恢复的训练项目，促进身体康复。这一阶段对大多数戒毒人员来说都是考验，但对于孙梦伟有参军经历的人员来说，就没什么难度。行为规范孙梦伟第一个背诵完成，队列训练他轻车熟路，康复操、太极拳也没问题，目前最大的问题就是他的性格缺陷。

图 7-3　戒毒人员习练康复操

虽然孙梦伟能很快完成上述任务，但他的实际表现还是不尽人意，经常是早上不起床、晚上不睡觉、中午要祈祷，和别人不一个频率。他认为每个人习惯不同，完成任务就行。由于他孤僻、冷漠、不愿意和别人交流沟通，也造成了人际关系不良。尽管行为规范能熟练背诵，但真正做到对孙梦伟来说是个考验。人的习惯一般是 21 天形成，责任警察严格按照要求督促孙梦伟去做好。我们给他戴上了一个紫手环(见图 7-4)，当孙梦伟没有按照行为规范做的时候，自己要自觉地把紫手环换到另一只手腕上。矫治初期，他每天要换上百次，慢慢地，违反纪律、自由散漫的行为少了，最终他养成了自觉行为。

图 7-4　戒毒治疗师给戒毒人员戴上紫手环

针对分裂型人格障碍的戒毒人员，在强制隔离戒毒场所这个特定的环境里，我们会提出一些行为标准，要求他们严格执行。通过一段时间的良好行为养成，可以逐渐促使他们内在价值观念与思维模式的转变，进而达到人格重塑的目的。

（三）社交训练

针对戒毒人员的性格问题，我们也会通过社交训练来帮助他们恢复。孙梦伟也曾正视过自己自由散漫、冷漠、不善与人交往的问题，甚至为此花钱请人吃饭、广交朋友等，但都事与愿违，不仅没有交到朋友，反而误入歧途。

我们针对孙梦伟的人际沟通问题制定了具体的社交训练计划，帮助他认识性格中的缺陷，提高他的人际沟通能力。

1.确定训练内容和目标

训练内容从简到繁，从易到难。开始时我们和孙梦伟共同商定，以某一位戒毒人员为交谈对象，要求孙梦伟每次主动与其交谈 5 分钟，交谈内容和方式不限，逐渐做到主动、融洽地交谈；进而逐步增加交谈的时间，从 5 分钟增加到 20 分钟，再增加至半小时，对象由 1 人增加到 5 人。之后，改变训练内容，鼓励他转向积极参加集体活动。孙梦伟在最开始做这项训练时，很难与他人进行交流，走到其他人身边总是不知道说什么，即使开始交谈，对话也经常难以继续下去。我发现了这个问题后，鼓励他不要灰心，毕竟很久没有认真与他人沟通，现在去完成这样的交流沟通对他来说是有些困难，这是很正常的事情。在我的鼓励下，他的谈话时间越来越长，谈话氛围也越来越好，有的时候尽管已经超过了要求的谈话时间，但他们仍然能够继续交谈下去。我们很欣慰，孙梦伟已经成功地迈出了改善人际关系的第一步。

2.制定社交训练评分表，进行自我评分

每天一小结，每周一总结。总结一般以奖励表扬为主，对他们的每一点进步都要加以肯定并给予强化，以鼓励戒毒人员树立自信心，这一点很重要，切忌因为无进步或进步微小而批评责备，以免造成戒毒人员的心理反感和对自己丧失信心。

经过一个阶段的指导训练，孙梦伟发生了很大变化，他逐渐变得开朗起来，大家也愿意和他交流，他的人际关系也越来越好。

四、人格诊断

转眼间，孙梦伟已经进入康复巩固期两个月了。下一阶段人格重塑的重点是对他进行人格测量，确定吸毒前和吸毒后的人格障碍类型，然后再进一步实施人格重塑。

（一）确定吸毒前为思想型人格

思想型人格的人给人的感觉是，冷静分析的旁观者，他们对知识非常渴求，可以说对知识的渴求本身就足以成为一种推动力，不断推动他们钻研各种学术问题或研究各种原理，因为他们对自己抱有一份“不可以有不知道”的态度，认为只有通过研究与学习才能够让自己产生了解一切的充实感。同时，他们对于知识的探求又不是那种同时对很多领域感兴趣，采取一头扎进书本的方式。他们往往是在现实中经历了某件事，并在实践中发现了自己原本没有接触过的情况，包括出现了以往没有体验过的情绪、情感的时候，他们就会对这份原本没有过的体会产生疑问，此时，他们就会产生一份因“自己不了解”而空虚的感觉，进而在接下来的时间里搜寻一切相关的资料，潜心研究，但往往了解过就完事，并不一定要亲身体验。他们遇到新情况就会陷入思考和研究，而实践中的新情况总是不断出现，所以有些时候他们会陷入思考不能自拔，导致行动停滞，给人一种太过冷静的感觉。

他们对于生活质量的要求并不高，因为他们把精力主要放在研究学问上，安守属于自己的空间，对知识进行不懈钻研。他们不喜欢处理琐碎的家务，也不关心房间是否凌乱，因为他们根本就不会注意这些。家对他们来说是最好的私人空间，而他们对私人空间的定义是，让自己不受外界干扰，能够一心一意进行学术研究的地方。

他们喜欢独自活动，当然活动也主要集中在学习和研究上，学习和研究时不希望被人干扰，他们也十分享受独处，这样难免给人一种不食人间烟火的印象。他们会把资料看作最有价值的物件并珍藏起来，久而久之养成收藏图书的习惯。他们是九型人格中的智者，是处理秘密的内行人，喜欢珍藏自己的秘密。

他们很害羞，因此他们耗费大量时间来维持边界，从而建立稳固的心理栅栏，然后安然地生活在栅栏里。他们为人处世比较内敛，不善于也不喜欢与人交往。他们在人际关系处理上表现得非常冷静和富有条理，总是把人予以分门别类，但划分不是基于人际关系的亲疏远近（如关系亲密度、交往频率等），而是基于学术研究领域的不同（如喜好天文学的分在一起，研究物理学的分在一起等）。他们绝不会打乱这种分类，一定不会让不同圈子的朋友在同一聚会上出现。他们认为，这样做一方面可以让人际关系简单且有条理，避免自己陷入处理复杂关系的境地中，以致打破冷静、客观、系统的思考状态；另一方面他们觉得这样做总能确保自己绝对拥有一个属于自己的空间，保证自己的隐私不被暴露，从而在人际关系中永远置身于旁观者的地位。

他们属于情感薄弱的一类人，大多时候，他们拒绝情感、情绪表达，给人一种冷漠的感觉。他们觉得任何情绪和情感都会让他们进入主观状态，从而威胁他们冷静、客观的处世态度，所以他们比较抗拒在任何情况下出现的情绪、情感表现，当他们遇到他人表现情绪、情感时也会不知所措。同时，他们对于情感话题或家长里短也毫无兴趣。

他们大多身材瘦弱，这有可能是他们对物质生活要求过低而造成的营养不良，平日里大多数时间都是安稳地坐在那里，站立时身体动作也很少，即便是行走的时候也是径直接近目标，这是他们追求生活的简洁所决定的。他们的身体给人太过僵硬的感觉，极少的身体动作还会给人传递出这样一种感觉：请不要关注我，我只是一个旁观者，并不想进入你们的环境或话题当中。

他们着装非常简朴，因为他们对生活质量要求不高，更多关注的是自己的精神世界，亦因此常忽略掉时尚和流行的趋势，导致给人一种“过时”或“老土”的感觉。另外，他们过分沉浸在思考状态中以及厌烦琐碎家务事的特质，让他们显得不修边幅。

他们的话很少，一方面源自他们总是需要以客观的身份来观察和思考；另一方面，他们认为话语本身会引起很多情绪和情感，而他们又拒绝情绪和情感。身体语言更谈不上，最多是在谈论学术话题的时候微微点头，让人感觉他们的身体只有脖子以上才有生命。他们外表冷漠，即便正在经历激烈的情绪或感情，他们也神情木然，此时他们想的是尽早摆脱所处的环境，回到自己的空间去。情感上的漠然以及平淡的面部表情也是因为他们自己拒绝情感导致，外人很少能够从他们的眼神中觉察到情感、情绪，这也更加强化了他们的那份冷漠。当他们无法回避情绪、情感话题或环境的时候，他们也会以回避对方注视的方式保持低调，这就给人一种眼神迷离的感觉。

结合孙梦伟吸毒前的各种性格特征，综合以上思想型人格特点及诊断依据，通过对孙梦伟的人格特点分析以及九型人格测试，确定他吸毒前为思想型人格。

（二）确定吸毒后为分裂型人格障碍

据研究，思想型人格的人在沾染上毒品后，在毒品的催化下，往往最有可能形成分裂型人格障碍。分裂型人格障碍一经形成，思想型人格的吸毒者吸毒以前强有力的分析能力、思考能力等荡然无存，取而代之的是观念、外貌、行为奇特，人际关系明显缺陷，情感异常冷淡等。

如果把人格心理学对分裂型人格障碍的主要特征描述归纳起来，可以概括为以下几点：社会交往和人际交往能力不足，表现为对亲密的人际关系感到强烈不安，也无力维持这种关系；感觉或直觉扭曲，要么非常迷信，要么坚信自己拥有特殊的力量，能够在事情发生之前感知，或预先掌握他人的想法；行为怪异，言谈举止不同寻常，古怪、不合群、衣着不修边幅、不注意社交礼仪。

分裂型人格障碍的戒毒人员对一切漠不关心，既逃避参加戒毒所组织的各种集体活动，也不愿意与其他戒毒人员交往，过着一种孤独寂寞的生活，即使有一些业余爱好，也多是阅读、欣赏音乐、思考之类安静、被动的活动。他们内心世界极其广阔，常常想入非非，但缺乏相应的情感内容，缺乏进取心。他们对自己的强戒表现、戒治效果等这些实实在在的东西总是消极应付，对别人的意见也漠不关心，无论是干警的赞扬还是批评，均无动于衷，总是以冷漠无情来应付，以“眼不见心为净”的方式逃避现实，但他们这种与世无争的外表不能压抑其内心的焦虑和敌意的痛苦。他们生活平淡、死板，缺乏创造性和独立性，总是专注于自己的内心世界或某种嗜好而无法自拔，一旦出现打破常规的事件，在应激状态下甚至容易形成精神分裂症。这种特性，既是当初令他们深陷毒品无法自拔的原因，也是他们今后融入社会、保持自律的主要障碍，必须要予以矫正。

通过查阅档案、观察与面谈，对孙梦伟进行心理测量，并与他的亲友沟通了解其成长经历，结合孙梦伟来戒毒所的具体表现，我们考虑孙梦伟所患疾病为吸毒相关分裂型人格障碍共病。诊断依据如下：(1)经常向干警或其他戒毒人员吹嘘自己有奇异的能力、信念或经历。(2)行为与其文化背景、年龄、阅历不相称，如，相信透视力、心灵感应、特异功能和第六感官等。(3)言语怪异，如，并非因文化程度或智能障碍等因素所引起的离题、用词不准、繁简失当、表意不清等。(4)对人冷淡，与家人电话、书信沟通也不例外，缺少温暖体贴。(5)表情淡漠，缺乏深刻或生动的情感体验，但对干警的批评教育则极易产生羞愧感和耻辱感。在大队组织的母亲节教育活动中，大部分的人都感动到热泪盈眶，只有他在里面低着头发呆。等所有人恢复了稳定都有说有笑了，他还是默不作声，问起他参加教育活动的心得，他分析得头头是道，把其中的深意都剖析出来，我很震惊。他既然理解得这么透彻，为什么在他的情绪上却发觉不到一丝感动呢？他不是所谓的“没心没肺”，他只是把个人的情绪化冲动很好地隐藏了起来，他的内心世界还是非常丰富和细腻的。(6)多单独活动，在戒毒所基本没有密友，主动与人交往也仅限于必需的接触。他在队里很少与人搭话，我只见过他与一两个同乡说过话。(7)过分焦虑，往往伴有偏执性的害怕感，但没有对自己错误的判断。(8)对于吸毒给自己及家人造成的伤害、痛苦等，似乎无动于衷，戒毒生活得过且过，对于戒断毒瘾、重塑新生既不积极，也无信心。

五、心理治疗

对孙梦伟的诊断确定后，下一步的治疗首先以心理治疗为主。心理治疗首先要进行心理戒毒，帮助他彻底认清毒品的危害，彻底戒除毒瘾；其次要对他进行心理辅导，让他看到自己人格中的缺陷，指导他进行人格重塑。

心理戒毒是一个长期的过程，两年的强制隔离戒毒生活，我们分成生理脱毒期、康复巩固期、教育适应期、回归指导期四个阶段进行。在每一个阶段，按照戒毒所计划，安排相应课程与身体机能训练、职业生涯训练和回归教育适应。孙梦伟之前已经顺利通过了生理脱毒期和康复巩固期的考核，目前顺利进入教育适应期，这个阶段时间最长，大约一年半。在这个阶段我们分别进行毒品认知教育、毒品危害教育、法律常识教育、心理健康教育、康复训练、习艺劳动等各种教育康复活动。对孙梦伟进行心理治疗的方式有：冥想治疗、情商培养、婚姻家庭治疗。

（一）冥想治疗

1.冥想是什么

冥想是通过身心的自我调节，建立一种特殊的注意机制，最终影响个体的心理过程的一系列练习。它包括一系列复杂的情绪和注意调节训练，有提高个体幸福感和情绪平衡等作用。冥想是包括身体放松、呼吸调节、注意聚焦三个阶段的综合过程，其核心在于有目的地集中注意力于个体内心的某种体验。冥想主要通过自我调控练习，让个体获得宁静、明晰和专注，从整体上产生一种心理幸福感等。还有学者认为，冥想就是停止意识以外的所有活动，让身心达到一种忘我的境界，是对心灵的一种净化。

2.冥想的作用

研究发现，冥想对人的心理健康产生非常积极的影响。临床研究报告，冥想有助于治疗慢性疼痛、焦虑、皮肤病、抑郁症、失眠症、物质滥用、酒精依赖、饮食障碍等。经过一段时间的冥想练习后，患者在不同程度上达到了舒缓压力，释放焦虑、忧郁和愤怒等负面情绪的效果。

冥想可以看作是一种独特的精神思维锻炼，是与人心相通的内在精神，冥想对灵性的影响就是它能直达人的最高精神境界。冥想通过沉浸、静思、专注来唤醒心中沉睡的智慧和觉悟，从而达到修身养性、心神共养的目的。

3.冥想的实践操作过程

冥想可以分三个阶段：第一，通过关注呼吸、放松全身来体验身体的状态与感受生命的美好；第二，通过认识独特自我，发现内在力量、提高自信心和学会爱自己，学会接纳、善待自我；第三，通过和过去自我告别的方式，让个体认识到过去自我的不完满之处，把过去的那个有缺陷的自我放下，通过感恩生命来迎接新自我，以获得重生。戒毒治疗师对戒毒人员进行冥想训练见图 7-5。

图 7-5　戒毒治疗师对戒毒人员进行冥想训练

4.对孙梦伟的冥想治疗

我们将冥想指导语录制好，每天晚上定时循环播放，让他反复体验和感悟，以获得良好效果。我们主要通过以下三个阶段进行：第一阶段，关注身体与体验生命。主要目的是让他学会专注于自己的身体感受，体验身体的需要和关注身体发出的信号，以了解和爱护自己的身体。具体做法是通过关注呼吸的顺畅、专注身体的变化来逐步学会控制自己的意识，让自己专注于一定的事物，集中注意力，控制自己的意识，为后面的主题引导做好准备。第二阶段，认识与接纳自我，体验爱的感觉。这一阶段的主要目的是在专注的冥想状态下开始自我认识之旅，通过对独特自我以及自我所拥有的能力和资源的全面认识，提高自信心和自我价值感，从而接纳和爱惜自我，培养对新生活的勇气和积极的心态。第三阶段，告别过去，迎接新我。第三阶段的主要目的是在接纳自我的前提下，和过去的自我告别，让他认识到过去自我的不完满之处，把过去的那个自我中有缺陷的部分放下，同时把过去自我中有价值的部分留下来，通过生命的感恩和人生的改写来迎接全新的自我，最终获得重生。

这三个阶段的冥想治疗，重要的是坚持下来。我们给他配备了一个专职心理咨询师，随时指导他的各项心理治疗活动，解决心理治疗中遇到的各种困难和问题，帮助他顺利完成治疗。

孙梦伟吸毒之前是思想型人格，吸毒后他的人格里仍然带有思想型人格的特点，进行冥想训练时他非常认真。他跟我说，每天他在冥想的时候都有认真思考，从最初对于身体的探索，到最后阶段，他每天冥想的时候都会思考自己为何走到今天的地步。他说他很后悔，很多人生中的抉择他如今才察觉是错误的，但为时已晚。我告诉他：“你的人生才走了很短的一段路程，父母和家人都在等着你顺利归来，等着你改变，等着你蜕茧成蝶，回到他们身边。”其实他内心很不自信，害怕别人不接受他，于是我让他的家人给他写了一封信，告诉他，家人对他的期待与信任，大家都没有放弃他，都在等他彻底戒毒安全回家。孙梦伟看了信之后备受鼓舞，也终于有信心放下从前不好的自己，向前看。

孙梦伟的冥想治疗持续了半年的时间，通过心理测量及脑电波检测，前后数据发生了可喜的变化。

（二）情商培养

情商对应的是控制自我的情绪、理解他人的情绪以及处理人际关系的能力。对于分裂型人格障碍患者来说，人际交往能力是他们最为缺乏的一部分，因此对孙梦伟情商的培养，也是他的心理治疗的一个重要内容。

心理咨询师和孙梦伟共同制定了一个情商培养计划：

1.每天给自己鼓劲加油。清晨起床后第一件事情就是给自己鼓劲加油。面对洗漱镜中的自己，握紧拳头，对自己高喊：“孙梦伟，你是最棒的！加油！”

2.定下每天的目标。每天都要定下目标，认真要求自己按照先后顺序一件件去完成。

3.学会笑着面对生活。不要抱怨，不要计较，告诉自己并坚决做到：“我是一个成就大事之人。大肚能容天下不平之事，笑口常开笑天下可笑之人。”

4.帮助别人。让帮助别人成为自己的习惯，看到别人需要帮助的时候，毫不犹豫地去帮助别人。并尝试悄悄地去帮助，不需要任何人致谢和报答。

5.学会发现别人的闪光点，并向其学习。

6.每天尝试找一个或几个人交流，善意、谦虚、友好地与他人相处。

7.养成记日记的习惯，把每天的事情记录下来，把反思也写下来。

8.行动起来，不要让自己闲下来。

9.养成看书的习惯。每天都要看书，提高自己的觉悟和素质。

孙梦伟在我的指导和监督下，按照情商培养的这 9 条认真去做，果然收到了效果，他对别人的态度和行为发生了改变，别人对他也发生了改变，当然，都是积极的变化。他坚信："态度决定思想，思想决定行为，行为决定习惯，习惯决定性格，性格决定命运。"

（三）婚姻家庭治疗

对孙梦伟进行婚姻家庭治疗是一个很重要的心理治疗方法。通过婚姻家庭治疗，帮助他缓和与家人之间的关系，使其家庭之间的反常关系得到改善。

作为大队主要负责人，同时也是一名戒毒治疗师，在不同的情况下，转换不同的角色，达成不同的目标任务。今天，作为戒毒治疗师，我请孙梦伟来到了心理治疗室。

笔者："梦伟，这些天，看起来你有些不开心啊？说说，什么事情让你不开心？"

孙梦伟："我的婚姻出问题了。"

笔者："怎么了？"

孙梦伟："老婆来信想和我离婚。"

笔者："具体说说是什么原因，好像你们感情基础还不错。"

孙梦伟："还不是因为我吸毒，这不又强戒了。父母很伤心，妻子感到很丢人。"

笔者："就这些？"

孙梦伟迟疑了一下，说："父母都是医生，他们觉得我吸毒没救了，所以他们很失望，整天以泪洗面。老婆也听别人说，一朝吸毒，十年戒毒，终生想毒，她彻底失望了。"

说完，他流下了眼泪，低下了头。对于孙梦伟这样的分裂型人格障碍患者来说，流泪不是很常见。笔者："你是要离婚呢，还是想让家庭更和谐幸福？"我有意识地提出这样一个封闭式问题，让他选择。

孙梦伟："谁想离婚啊！当然是想让家庭更和谐更幸福啊！"

笔者："那让家庭更和谐更幸福仅仅是你的一个想法，还是一定要达成的目标？"我要看一下他的态度。

孙梦伟："当然是一定要达成的目标啊！可惜他们不知道我的心。"他斩钉截铁地说。

笔者："确定是一定要达成的目标，那你一定要有达成目标的决心，你的决心有多大呢?”

孙梦伟:“当然是非常大的。”

笔者:“如果说决心程度最低分为零分,最高分为十分,你的决心程度可以打几分呢?”

孙梦伟:“十分!”

笔者:“哦,十分?! 十分意味着这是最重要的目标,是要全力以赴必须达成的,是这样吗?”

孙梦伟:“是的。”

笔者:“那太好了! 有这样的目标和这样的决心,相信你一定能创造奇迹。”

孙梦伟:“是吗?”他抬头看着我。

治疗师:“是的! 你想想有什么办法可以达成这个目标?”

他想了一下,说:“也不是没有办法。”

笔者:“那有什么办法呢? 说说看。”我开始启发他。

孙梦伟:“主要是看我怎么做。”

笔者:“俗话说,不管黑猫白猫,抓住老鼠就是好猫。你看过的书很多,反应也迅速。那你是否同意这个观点?”

孙梦伟:“当然同意”。

笔者:“很好,还有这样一句话:有效果比有道理更重要。请问,你认为效果重要还是道理重要?”

孙梦伟:“当然是效果重要。”

笔者:“那太好了,我们有了共识。在生活工作中,我们面对任何事情,最佳状态都是有效果又有道理。而如果有效果却没有道理,那我们就坚定地追求效果! 你同意吗?”

孙梦伟:“同意。”

笔者:“还有一句话:只要帮助别人得到他想要的,你就能得到你想要的。比如一个企业家,他很想赚到钱,那他就必须去研究客户想要什么,只有满足了客户的需求,他才能赚到他想要的钱。你同意吗?”

孙梦伟:“同意。”

通过一些事例的导入,我对他的信念植入成功。笔者:“那好! 你想要的是什么呢? 你说你想要一个和谐幸福的家,是吗?”接下来我将对他进行感觉置换。

孙梦伟："是的。"

笔者："你曾经有过和谐幸福的家吗？"

孙梦伟："有的。"

笔者："那时，她是怎么做的？你是怎么做的？和谐幸福是什么样的感觉呢？现在她的烦恼有哪些？痛苦有哪些？她最渴望什么？她最想要什么？请你列出来。"我带领他进入换位思考。孙梦伟开始感知妻子的感知，在这个过程中他有内疚并反省检讨自己的不足，而不再是一味抱怨。"帮助她得到她想要的，你才能得到你想要的，你能理解这句话吗？"

孙梦伟："嗯。"

笔者："你现在列出你可以做些什么来满足她所想要的，至少要列出三十件事。"

孙梦伟："三十件？"

他感觉到有挑战，但是我要尽量鼓励他完成。笔者："给你布置一个作业，你一定能够完成！而且一定能完成得很出色！"我加重了说这句话的语气并且用眼神表达了我对他的信任。"你今天回去就做，你知道你的父母和老婆想要什么吗？你如何让他们得到他们想要的？你回去想一想，一一写下来，明天交给我。"

第二天，他把写下来的作业交给我，里面认真地列举了三十种构想，实际就是他要做的三十件事。

笔者："现在看着这三十件事，有哪些是你今天回去就立即可以做的，有哪些是一周之内可以做的，有哪些是一月之内可以做的，有哪些是每天都可以做的并可以持续到永远，现在分别打勾。"

孙梦伟："这几件是她应该给我做的，而不是我该做的！"

笔者："我理解你的心情，但是一直以来，你总是这样坚持认为是她应该给你做，结果是什么呢？是不是你们的感情更糟、家庭更不和谐呢？"我引导他思考"有效果比有道理更重要"这句话。"你是要讲效果还是要讲道理呢？你真的是要让你的家庭更和谐更幸福吗？"

孙梦伟："汤老师，我明白了，我会去做好的。"

我看到了他眼神坚定、充满信心的样子。笔者："如果你把这三十件事都完成了，你老婆还会和你离婚吗？你的父母还会埋怨你吗？"

孙梦伟："我想不会了。"

笔者：“肯定一些，到底会不会呢？”

孙梦伟：“不会！”

笔者：“接下来你应该怎么做呢？”

孙梦伟：“认真做，必须做到！”

我点了点头，这次婚姻家庭治疗达到了预期目的。下一步就是监督他一项一项完成这些承诺，帮助他实现婚姻家庭幸福的目标。

（四）行为训练

行为养成和行为训练是帮助孙梦伟戒毒的重要环节，可以帮助他建立起强大的戒毒动机并真正落实到日常行动中，这对孙梦伟来说至关重要。为此，我把他请到了心理治疗室。

笔者：“梦伟，最近感觉怎样？”

孙梦伟：“还好。”

笔者：“还好是什么？我说的是你的戒毒目标有没有建立起来？”

孙梦伟：“已经建立，但信心一直不足。”

笔者：“为什么？”

孙梦伟：“好像是能力方面的原因。”

笔者：“你需要什么样的能力？”

孙梦伟：“真正戒毒的能力。”

笔者：“你觉得能力应该来自哪里？”

孙梦伟：“应该是来自我本身吧？”

笔者：“是吗？”

孙梦伟：“应该是。”

笔者：“那你本身的能量又来自哪里？”

孙梦伟：“是哪里呢？”

笔者：“千里之行始于足下是什么意思？”

孙梦伟：“从当下开始。”

笔者：“当下你要做什么？”

孙梦伟：“戒毒啊！”

笔者：“那怎样戒毒呢？”

孙梦伟：“从我的行动开始。”

笔者：“那就是说，行动很重要吗？”

孙梦伟:“是啊！一切都是从行动开始！没有行动的戒毒,是空想戒毒、理想戒毒。”

笔者:“你当下知道怎么做了吗?”

孙梦伟:“知道了!”

笔者:“你准备好了吗?”

孙梦伟:“我准备好了!”

笔者:“跨过这条线,你就进入了行动之中。无论何时,只要你认为对,就去做。”

孙梦伟:“我跨过去了。”

笔者:“对于你来说这只是一小步,关键是你要知道为谁去做？怎么做?”

孙梦伟:“戒毒是我戒毒！为我自己戒毒！这是我的事情。我必须努力去做好每一件事情。我以前太喜欢躲进理论的世界,而忽略了外在的世界,但理论的世界好像是一个迷宫,越是深入便越难找到出路,结果与现实世界又脱了节,根本不知从何着手去实现理想。”

笔者:“现在呢?”

孙梦伟:“现在可以了。”

我告诉他,他要时刻牢记以下几点:(1)我是一个“重思想,轻行动”的人,不能总是感觉“还没有准备好”,其实,我已经思考得足够多,准备得很全面和充分了,赶紧行动！行动！行动！(2)知识本身并不是力量,如何有效运用知识产生的效益才是力量。只有行动起来才能找到新的思考方式,一万句真理不如一个行动。(3)不要举棋不定,要“知行合一”,在学中做,在做中学,摸着石头过河才能过河,不摸石头、不淌河水永远过不了河。

治疗心理疾病,重点是让患者有一个正确的认知,让孙梦伟认识到他以前的认知是错误的,才导致了今天这种结果。因为他是思想型人格的人,看的书比较多,文化基础好,对他进行认知分析很顺利,对他来说,行动更重要,监督他并让他认真地一步一步实现目标,是行为训练的核心。

六、人格重塑

人格重塑就是通过一定的步骤与方法对人格进行修复或提升。人格重塑塑造的“本性”不是指人的本能反应或本能欲望,而是因各自不同的生活环境与生活经历形成的自我暗示系统。

孙梦伟吸毒前是典型的思想型人格，吸毒后变为分裂型人格。经过一年多系统的课堂教育、行为养成、习艺矫治、康复训练，特别是心理治疗，他发生了很大的变化。针对其性格缺陷，我们进行了多方面的人格重塑，他的人格障碍得到了很大程度的修复。考虑到将来回归社会，还要面对复杂的外部世界，提高自身免疫力、增加抵制毒品诱惑的能力对孙梦伟来说很重要。在发扬性格优势、规避性格缺陷方面，还需要对他进行进一步人格升华。

孙梦伟的性格优势在于，他喜欢读书，对知识具有天生的兴趣和独特的分析能力，我们考虑在这方面帮助他提升。由此，我们大队成立了一个兴趣小组，让戒毒人员根据自己的兴趣选择加入，并将此兴趣作为未来的发展方向。孙梦伟选择了以传统文化宣传推广为主导的兴趣小组。对于他的选择，我非常高兴，特地找他进行了一次交流沟通。

笔者：“为什么选择传统文化的宣传推广作为你的发展方向？”

孙梦伟：“我的优势在于，我是一个思想型人格，喜欢看书，善于钻研文学、艺术、天文、地理等方面的问题。我思考了很长时间了，在戒毒所适合我发展的方面不多，选择传统文化宣传推广，一是有利于我彻底戒毒，二是将来回到社会上也可能有碗饭吃，更重要的是我能够为社会做点事。”

笔者：“你这样想我很高兴，根据你的情况选择这条路对你来说还是很有好处的，你准备好了没有？”

孙梦伟：“汤老师，不瞒你说，我已经读了所里传统文化方面的大部分书籍。读书笔记已经做了10余本，你愿意看我就拿给你，请您指导。《弟子规》《太上感应篇》《论语》很多章节我都能背诵，就等您给我安排新任务了。”

听了他的这番话，我脸上露出久违的笑容。第二天，我宣布孙梦伟担任新收大队戒毒人员传统文化宣传员，协助大队做好戒毒人员传统文化的学习、教育、宣传和推广。

根据分裂型人格障碍的特点，我们制定了矫治的具体方法和注意点：(1)分裂型人格障碍的戒毒人员对用词准确性、逻辑性非常敏感，在大队集体点名教育及个别批评时，要注意采取逻辑提问的方法，让其逐渐认识到自己的缺点、错误，然后再加重语气对他们进行批评教育，尽量使他们心悦诚服。(2)分裂型人格障碍的戒毒人员经常认死理，与他们交流时，尽量直白、真实、坦诚交流，不要拐弯抹角。(3)分裂型人格障碍的戒毒人员往往经不起表扬，有时显得傲慢、疏离或易被激怒，要保持足够的耐心，有理有据地与他们交流沟通。(4)分裂型人格障碍的戒毒人员往往沉醉于理想道德中，很少将理论付诸行动，要注意他们“理论一大套，实际做不到”的真实情况，要教育他们“知行合一，活在当下”。

为巩固教育矫治效果，我们经常邀请社会上优秀的传统文化讲师来所授课，孙梦伟作为传统文化宣传员，凭借他扎实的文学功底，经常把自己作为现实案例来分享，他的讲述引经据典、生动活泼，取得了很好的教育效果，戒毒人员都愿意听他的分享。他还通过广播站、刊物等多种方式宣传传统文化，大队戒毒人员的思想觉悟、道德水平都有了很大的提高。

七、回归指导

很快孙梦伟也要解除强制隔离戒毒了。现在的他为人处世相当冷静，很少出现情绪化问题，他条理清晰、分析力强、善于思考，特别是在传统文化宣传推广方面做了大量的工作。经过综合评估，孙梦伟得到了减期 4 个月的奖励。

孙梦伟现在已经认清自己人格中的不足和缺陷，他的目标也很明确，一步步改变原来那种退缩、懦弱、光说不练的样子，不断提升自己果断、敢作敢为、积极上进、快乐大方的品质，不断提高心理素质，实现自己的梦想。

临行前我和孙梦伟进行了最后一次对话。

笔者：“马上要走了，有什么感想？”

孙梦伟：“非常激动，马上可以看见爹娘妻儿了”

笔者：“今后有什么打算？”

孙梦伟：“踏踏实实做人，踏踏实实做事！”

笔者：“有信心不再受诱惑吗？”

孙梦伟：“有，当然有！必须有！”他的脸上露出决然的神色。

笔者：“记得有空多听听音乐，多和正能量的朋友交往！”

孙梦伟：“我会的！”

临行前，孙梦伟向大队警察们深深地鞠了一个躬，眼里留下了感激的热泪。人生就是一次有去无返的旅途，作为漫漫历史中的短暂过客，我们需要能量与动力、目标与信念！

第四节 吸毒相关分裂型人格障碍共病矫治思考

孙梦伟吸毒相关分裂型人格障碍共病矫治案例，笔者也思考了很多。之前，这样的患者无论从医学、心理学还是社会学上，治疗效果都不乐观，患者就医的依从性也不强，医务人员和心理从业者也不愿意介入，即使在治疗上耗费了巨大的精力与时间，也不能收到应有的效果，有时还事与愿违、得不偿失，基本上处在患者不愿就诊、医生不愿接诊的尴尬局面。孙梦伟矫治案例的成功也让我有了一些思考。

一、诊断方面的思考

工作四十余载，前三十年我是临床医生，真正从事心理医生这个行业就是十年左右的时间。接触的心理疾病患者大多是抑郁症、焦虑症、强迫症、躯体形式障碍、失眠症、恐惧症以及精神分裂症病人，真正的人格障碍患者很少接诊。这不是我不愿接诊，而是这样的病人主动就诊的很少。这主要是因为公众对于人格障碍的认识不足，人们并不觉得人格障碍是一种疾病；即使认识到是一种疾病，由于人格障碍的治疗成效微乎其微，因此很少有人选择到医院就诊；此类疾病对人的正常生活的影响并不像其他精神疾病那样大，患者仍保留独立生活的能力，人格障碍的就诊率低大概基于此。

我也曾反思，是不是自己的诊断有误，对标准卡的太宽或太窄。由此，我反复研究诊断标准，结论是关于人格障碍的诊断标准是无误的，对于吸毒相关人格障碍共病具体的诊断只能以既有吸毒史和人格障碍的诊断标准来确定。吸毒相关人格障碍共病的发病率确实明显高于常人，因为吸毒后，毒品会对大脑形成严重损伤，导致大脑功能出现问题以及大脑对激素的释放和控制出现异常，因此就更容易形成人格障碍。

一般来说，吸毒相关人格障碍共病大家都不以为然，都认为是由吸毒引起的，只要彻底戒毒，人格障碍自然就会好转甚至治愈。这个想法没有错。但吸毒相关人格障碍共病的治疗其实比想象中更难，人格障碍的治疗在心理治疗中原本就是非常困难的，又加上吸毒这一复杂因素，更是难上更难。

二、治疗方面的思考

笔者从事戒毒管理和专业戒毒工作后开始接触一大批吸毒相关人格障碍共病的患者，特别是来到强制隔离戒毒所后，随着自己在这方面的探索研究的深入，同时不断探索、研究对各种类型人格障碍进行治疗，取得了不错的效果。目前，关于人格障碍方面的研究、吸毒相关人格障碍共病的矫治案例还是很少，可参考可借鉴的资料不多，通过分析吸毒前后的人格变化，发现人格变化与吸毒之间的关联，以人格心理学理论为指导，探索人格重塑戒毒，可能是一条破解吸毒相关人格障碍共病难题的希望之路，应该引起更多同行和专业戒毒工作者的关注。

三、四种戒毒模式的思考

目前，我国的戒毒模式有四种：自愿戒毒、强制隔离戒毒、社区戒毒和社区康复。这四种模式笔者都有过接触，相比之下，笔者认为强制隔离戒毒具有更大的优越性。

(一)强制隔离戒毒体现国家意志

强制隔离戒毒是根据《禁毒法》和《戒毒条例》的相关规定，依法对吸毒成瘾的吸毒人员进行强制隔离戒毒。由司法行政部门牵头，由司法行政系统警察具体实施，经费由国家财政负担。警察具有依法管理权限，戒毒人员依从性好。

(二)强制隔离戒毒方针政策明确

强制隔离戒毒的方针政策是：以人为本，科学戒治，综合矫治，关怀救助。在强制隔离的背景下，把吸毒人员界定为违法者、受害者和慢性脑病病人，通过医疗戒毒、心理戒毒、康复训练等一系列戒毒措施，进行专业戒毒。在戒毒方针政策指导下戒毒，方向明确，方法得当，措施有力，效果可靠。

四、人格重塑戒毒的思考

这些年，针对人格重塑问题，一直都有争议。有人说，江山易改，本性难移，人格就是在人的不断发展过程中形成的一种固有的习惯，几乎不可改变。有人说，人格是能够改变的，通过科学的方法，人格可以得到重构，能够实现人格的重塑和升华。这些年，我们通过人格重塑戒毒，绝大部分戒毒人员都保持了自律，这是我们很欣慰的地方。人格重塑戒毒，可以改变戒毒人员由于性格或吸毒原因形成的心智模式，改变他们固有的思想观念，继而使他们的行为得到改变，行为发生改变一定时间后，习惯就会改变，习惯改变后性格就得到改变，性格改变，命运得到改变。由此，我们深信人格是可以改变的，人格是可以重塑的，而且还能够升华。

五、人格障碍治疗方法和效果的思考

对于人格障碍的治疗，需要将医学、心理学、物理学、康复学等方法综合运用才能达到理想效果。在医院工作的时候，关于人格障碍的治疗几乎没有什么经验可循，但大量接触吸毒人员后，由于吸毒相关人格障碍共病发病率很高，接触的人格障碍患者也相应增多，为我们研究提供了样本。经过不断探索和努力，治愈成功的案例也越来越多，回过头来思考一下，有以下几方面的体会。

(一)人格障碍与吸毒相关思考

1.吸毒相关人格障碍共病与人格障碍的不同

根据研究，国内人格障碍患病率约为15%。[①] 人格障碍与遗传和环境因素高度相关，家族中有相关精神疾病病例或个体成长过程中遇到过特殊重大事件的，后期发展成人格障碍的可能性更高，神经生物学的改变与人格障碍的形成也息息相关。并且，许多人格障碍患者同时伴随着抑郁、焦虑等其他心理或精神疾病，这意味着人格障碍的治疗难度是比较大的。人格包含着性格、气质，人格的重塑是一项艰巨的工程，并非一朝一夕可以改变。

吸毒相关人格障碍共病比较普遍，事实证明，随着吸毒史、吸毒剂量的增加，相应地对人的身体、心理、精神的危害不断增加，吸毒相关人格障碍共病发病率就更高，对人的危害就更大。

2.性格形态学与吸毒相关人格障碍共病的研究

通过对性格形态学的研究，我们发现，吸毒相关人格障碍共病与患者吸毒前的性格存在一定关联，也就是说吸毒前是什么样的人格，吸毒后就容易形成对应的人格障碍共病。例如，完美型人格吸毒后容易形成强迫型人格障碍，成就型人格吸毒后容易形成冲动型人格障碍，思想型人格吸毒后容易形成分裂型人格障碍等。两年的强制隔离戒毒，我们会根据戒毒人员的性格、特点等采取

---

① 卢宁、刘玎:《青春期人格障碍流行病学研究进展》,《中国临床心理学杂志》2010年第4期;胡佳、仇剑崟:《人格障碍诊断与评估的研究进展》,《上海交通大学学报》(医学版)2020年第8期。

针对性措施，帮助他们改变认知和行为，进而进行人格重塑。

（二）治疗人格障碍需要多方共同努力

首先，治疗师在进行治疗时，需要先和患者进行良好的沟通交流，从而取得患者的高度信任，同时治疗师也要不断进修学习，以提高治疗的技术和水平，帮助患者尽早康复。

其次，人格障碍的形成与家庭、社会有着密切的关系。特别是在成长过程中，如孩子出现心理创伤，家长要及时给予关心和帮助，必要时要咨询医生，避免情况恶化。从小要帮助孩子养成良好的生活习惯，帮助他们建立良好的社交模式，要培养孩子的独立精神。对孩子的教育，家长要采取有奖有罚的方法和手段，可以适当妥协，但在根本问题上不可以过度纵容放任，不能对孩子进行语言或行为的攻击和虐待。当我们发现周围有人格障碍者时，应对他们持同情态度，多关心他们。

总之，人格障碍是一种严重的心理疾病，对社会、家庭、个人造成很大的危害，也给患者造成不可言说的痛苦，需要引起全社会的足够重视。不管是吸毒导致的，还是其他原因导致的，我们都要真心对待他们，关心他们，帮助他们彻底治愈这个顽疾。

第八章 “冲动的魔鬼”

——吸毒相关冲动型人格障碍共病案例及其矫治

你身边是否有这样的工作狂，他们非常注重结果和成就，喜欢主动参与竞争、接受挑战，声誉、名利、地位让他们异常兴奋，他们希望用行动和成就来获得他人的爱与尊重；他们是天生的实干家，是成功的销售、优秀的项目领导，这种人格我们称为成就型人格。

成就型人格的人渴望有价值、被接受，恐惧没有成就、一事无成，为了成功他们会走捷径甚至会为了目的不择手段。有伯乐的赏识他们能成为千里马，如果不被认可就会变成脱缰的野马。

本章案例中，杨冲为了考上军校不择手段，与女友分手、考试落榜使他变得冲动疯狂，不能承受生活中出现的挫折，由此，他开始了长达十年的吸毒人生。吸毒后的他变得暴躁、自私、情绪极不稳定、傲慢并且有攻击行为，最终形成了吸毒相关冲动型人格障碍共病。入所后甚至出现袭警、吞食异物等恶劣行为。那么，什么是冲动型人格障碍？这种人格障碍能不能得到矫治？在戒毒治疗师的帮助下他是如何实现蜕变的？本章将详细介绍。

第一节 冲动型人格障碍概述

如果一个人的人格特征明显偏离正常，且总是因微小的精神刺激突然爆发出强烈又难以控制的愤怒情绪和冲动行为，那么他可能罹患冲动型人格障碍(explosive personality disorder)，也称“爆发型人格障碍”。这类人格障碍有多种形式，包括间歇性爆发障碍、纵火癖、偷窃癖和病理性赌博等。

一、冲动型人格障碍的发病原因

冲动型人格障碍的发病原因非常复杂，主要包括遗传、家庭社会等因素。

（一）遗传因素

调查表明，冲动型人格障碍患者的亲属患冲动型人格障碍的概率高于一般人群，而且血缘关系越近，患病率越高。

（二）家庭因素

一般说来，冲动型人格障碍与家庭教育有较大关系，家庭中的溺爱和专制更是起到了催化作用，被父母溺爱的孩子个人意识往往很强，受到限制就容易“还击”，容易形成冲动型人格障碍；同时，“专制型”家庭的孩子可能经常遭受打骂，心理受到压抑，可能会选择较为激烈的行为来发泄积怨，因此就容易形成冲动型人格障碍。此外，孩子也会模仿父母，父母如果经常吵架，经常出现攻击行为，孩子就会受影响，会模仿父母的攻击行为，由此形成冲动型人格障碍。

（三）社会因素

不良社会环境对人格的形成有重要影响，社会环境具有塑造人格的功能。社会上一些宣扬暴力、武打、凶杀的小说和电影容易使缺乏分析能力的青少年产生模仿和认同。进入青春期的孩子，自认为已经长大成人，热衷于对男子汉角色的认同和片面理解，喜欢强调男子汉的力量、善攻击等特征。由于这种片面理解，他们在同龄人面前特别是有异性在场时容易表现出较强的攻击性，以证明自己是一个男子汉，长此以往就容易形成冲动型人格障碍。本章案例中的杨冲在青春期时经常打架斗殴，与他对男子汉的这种片面理解不无关系。

此外，挫折也是导致攻击行为的一个重要原因，青少年的自尊心比较强，在遭受挫折时，往往反应比较敏感、强烈，特别是在遭受大的挫折越时，就可能出现攻击行为，甚至使用暴力，最终形成冲动型人格障碍。

二、冲动型人格障碍的诊断

冲动型人格障碍是指人格特征明显偏离正常，并形成异常行为模式。这种模式显著偏离特定的文化背景和一般的认知方式（尤其在待人接物方面），明显影响其社会功能与职业功能，造成对社会环境的适应不良，患者为此感到痛苦，并已具有临床意义。患者虽无智力障碍但适应不良的行为模式难以矫正，仅少数病人在成年后可有改善，大多数患者发病于童年期或青少年期，并长期持续发展至成年或终生。

（一）症状标准

冲动型人格障碍患者的内心体验与行为特征（不限于精神障碍发作期）在整体上与其所处文化背景所期望和所接受的范围明显偏离，这种偏离是广泛、稳定和长期的，并至少有以下一项：

（1）认知（感知及由此形成对自我和他人的态度）的异常偏离。

（2）情感（范围、强度及适切的情感唤起和反应）的异常偏离。

（3）控制冲动及对满足个人需要的异常偏离。

（4）人际关系的异常偏离。

（二）严重标准

特殊行为模式的异常偏离，使患者或其他人（如家属）感到痛苦或社会适应不良。

（三）病程标准

发病丁童年、青少年期，现年 18 岁以上，全少已持续两年。

（四）排除标准

如果人格偏离正常系由躯体疾病（如脑病、脑外伤、慢性酒中毒等）所致，或继发于各种精神障碍应称为人格改变。

（五）冲动型人格障碍具体的诊断标准

（1）符合人格障碍的诊断标准。

（2）以情感爆发和明显的冲动行为为主要表现，并至少有以下三项。

①易与他人发生争吵和冲突，特别在冲动行为受阻或受到批评时。

②有突发的愤怒和暴力倾向，对冲动行为不能自控。

③对事物的计划和预见能力明显减弱。

④不能坚持任何没有即刻奖励的行为。

⑤不稳定的和反复无常的心境。

⑥自我形象、目的及内在偏好（包括性欲望）的紊乱和不确定。

⑦容易产生人际关系的紧张或不稳定，时常导致情感危机。

⑧经常出现自杀、自伤行为。

三、冲动型人格障碍的治疗

冲动型人格障碍的主要治疗手段包括药物治疗、心理治疗和针对性护理，这些治疗手段对患者行为有一定的矫正作用，但冲动型人格障碍多为长期持续性治疗。

(一)药物治疗

1.心境稳定剂

(1)锂盐。碳酸锂是治疗躁狂发作的首选药，同时对于冲动型人格障碍的攻击行为以及暴力行为也可起到减轻的作用。主要不良反应有恶心、呕吐、腹泻、多尿、手抖、乏力和心电图改变等。

(2)丙戊酸盐。丙戊酸盐可以与碳酸锂联用，但剂量应适量减少。常见不良反应有胃肠道症状、震颤、体重增加、脱发等。

2.第二代抗精神病药物

(1)喹硫平。喹硫平为抗精神病药，主要用于治疗精神分裂症，此处可用来治疗冲动型人格障碍患者的情绪不稳定。常见的不良反应有口干、心动过速、便秘、头昏或昏厥、肝功能异常、体重增加、嗜睡、静坐不能、失眠、兴奋或激越、视物模糊、血压下降、肌紧张、震颤、活动减退、乏力、头痛、鼻塞、皮肤症。禁用于对本品的任何成分过敏的患者。

(2)奥氮平。奥氮平主要用于治疗精神分裂症，对躁狂发作和双相抑郁均有较好疗效，对于情绪不稳定也有较好的疗效。不良反应有嗜睡、体重增加，催乳素、胆固醇、血糖和甘油三酯水平升高，食欲增加、头晕、静坐不能、帕金森综合征等。

3.苯二氮䓬类药物

(1)氯硝西泮。氯硝西泮为抗焦虑药和抗癫痫药，对于冲动型人格障碍发作后所致的焦虑有较好的疗效。常见不良反应包括嗜睡、疲乏、抑郁、头晕、言语迟缓、记忆力下降。不可用于孕妇或哺乳期妇女。

(2)阿普唑仑。阿普唑仑为抗焦虑药，对于冲动型人格障碍发作所引起的焦虑等情绪症状有较好的疗效。常见不良反应包括疲乏、衰弱、抑郁、头晕、记忆力差。

(二)心理治疗

对于冲动型人格障碍患者可采用分析性治疗、认知治疗、行为治疗、家庭治疗等不同的心理治疗方法，主要目的是帮助患者建立良好的行为模式，矫正不良习惯。

1.分析性治疗

通过对患者不良的心理体验的干预，使患者认识自己的人格缺陷，重新建立有效的人际关系，促进患者人格的完善。

2.认知治疗

帮助患者发现自己的问题、分析原因、考虑后果，并找到解决问题的办法。

3.行为治疗

根据患者的年龄和临床表现，可选用阳性强化法、消退法和游戏疗法，帮助患者消除不良行为，建立正常的行为模式。

4.家庭治疗

运用家庭成员间的互动，改善家庭的结构和功能，使家庭关系朝健康的方向发展，引导父母用适当的方法与子女进行交流，减少家庭内的争吵和家庭成员的不当行为。

（三）针对性护理

有学者曾随机选定某精神卫生中心收治的110例冲动型人格障碍患者，把他们分为对照组和实验组，对照组采取常规护理，实验组采取针对性护理，针对性护理主要包括：分析安全问题、加强入院评估、建立健全安全管理制度和加强护患沟通等。结果表明，针对性护理可有效减轻冲动型人格障碍患者的攻击、伤人行为。[①]

四、冲动型人格障碍的预后

由于冲动型人格障碍并不是严重或持久的应激、精神疾病或脑部损伤后发生的人格改变，而是在发育过程中产生的异常，所以多数患者预后不好，各种治疗方法通常都难以改变其人格特征。遗传为主要发病因素的患者多预后不良，由病理、生理因素引起的冲动型人格障碍预后较好。冲动型人格障碍一般不会影响自然寿命。

---

① 王奎、孙磊磊：《冲动型人格障碍患者的安全问题及针对性护理分析》，《智慧健康》2018年第24期。

第二节　吸毒相关冲动型人格障碍共病概述

吸毒会使吸毒者患上严重的精神疾病，如冲动、焦虑、暴躁等，长此以往就会导致行为、人格的改变。这些精神疾病不仅危害着吸毒者本人，也会对社会和家庭造成严重威胁。

一、吸毒相关冲动型人格障碍共病的表现

（一）行为不能控制

在日常生活和工作中表现出冲动性，做事缺乏目的性，缺乏计划和安排，很难坚持完成某件事。例如，本章案例中的杨冲在妻子临产之际，突发奇想要去普陀山。

（二）情绪不能控制

情绪难以自控，不能控制或不适当地发怒，易与他人发生争吵或冲突，特别是行为受阻或受批评时；情绪变化反复无常，不可预测；常因微小的精神刺激而爆发非常强烈的愤怒，且自己无法控制，这种爆发历时数分钟至数小时，随即平静下来，事后常感到后悔和自责，但不能控制再次发作。患者间歇期正常，并无冲动或攻击的迹象。

（三）人际关系不稳定

具有不稳定的人际关系，要么与人关系极好，要么极坏，几乎没有持久的朋友。患者自私且冲动，不懂得关心爱护他人，因此人际关系极不稳定。

（四）伤人和自伤行为

病情发作时，患者对他人常做出攻击行为，轻者常与人发生口角、吵骂，重者则捣毁物品、斗殴伤人，甚至自伤、自杀。在强烈的感情冲动期间，患者意识明显狭窄，认知片面、判断力下降、注意范围缩小。事后患者可能会对发作时的所作所为感到后悔，甚至自责，但不能控制失控冲动的再次发生，具有明显的阵发性特点。

（五）容易吞噬异物

吸毒者吞噬异物可以说是司空见惯，吸毒相关冲动型人格障碍共病者尤其严重。患者吞噬的异物五花八门：铁丝、打火机、牙刷、钉子、刀、笔芯、螺丝等，

只要身边有就可以吞噬。本章案例中杨冲就吞下了一个暖气开关把手。

二、吸毒相关冲动型人格障碍共病的矫治

吸毒相关冲动型人格障碍共病的矫治包括生理脱毒治疗、药物治疗、心理治疗、移空技术、饮食调理、家庭支持和积极运动等。

（一）生理脱毒治疗

吸毒相关冲动型人格障碍共病的矫治首先就是戒毒治疗。对吸毒者进行戒毒治疗，一般包括四个阶段：脱毒—康复—教育适应—回归指导。生理脱毒是最容易出现意外事件的时期，所以，对这一阶段的治疗，专业医生发挥决定性作用。这就要求医务工作者必须充分掌握戒毒人员的身体、精神、心理状况，因此，在戒毒治疗前我们会对戒毒人员进行细致的体格检查（见图 8-1），以了解和掌握他们的具体情况。脱毒后，吸毒者仍存在心理依赖和一定的身体依赖，对毒品的渴求和稽延性戒断反应仍要持续很长时间。所以，在脱毒的基础上我们还要进行康复治疗，以巩固脱毒效果，帮助他们克服心理依赖。

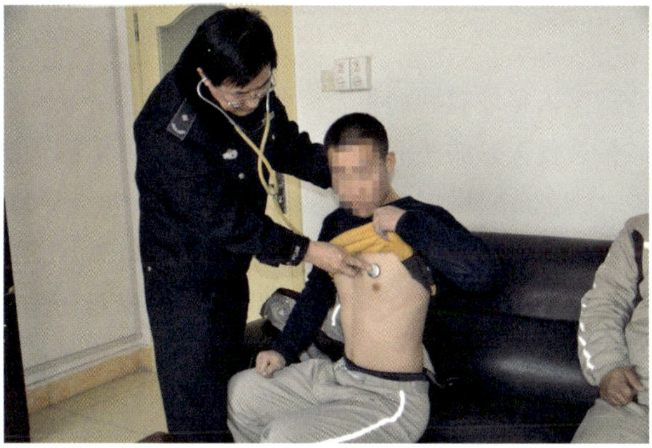

图 8-1 戒毒治疗师认真细致对戒毒人员进行体格检查

（二）药物治疗

患者冲动发作不是一个“忍”字就能控制住的，首先，我们会用药物治疗先控制住患者的情绪，当患者情绪稳定后再实施心理治疗。

吸毒相关冲动型人格障碍共病的患者情绪极不稳定、易激怒，会突然出现冲动攻击行为，且难以自控，应用药物治疗，可以缓解患者出现的异常应激和情

绪反应，比如，对于情绪不稳定的，可给予心境稳定剂丙戊酸钠、碳酸锂、喹硫平、奥氮平等；对有攻击行为的，可给予氟哌啶醇肌内注射；有焦虑症状的，可给予抗焦虑药劳拉西泮、氯硝西泮、阿普唑仑、丁螺环酮等。药物治疗属于对症治疗，剂量宜偏小，用药时间宜短，不主张长期应用和常规使用。

（三）心理治疗

在心理治疗方面，对吸毒相关冲动型人格障碍共病患者可进行认知行为治疗，充分挖掘他们冲动行为背后的想法，然后对他们进行认知重构，直到患者可以掌控自己的生活。此外，系统脱敏疗法、厌恶疗法、放松训练等对冲动性行为也有帮助。心理治疗的关键是帮助患者正确看待挫折，改善人际沟通。

（四）移空技术

移空技术是由北京中医药大学刘天君教授提出的一种本土化心理疗法，可解决由于心理疾病、生活事件引起的症状和情绪问题。移空技术可以应用在戒毒治疗方面，比如，可应用到戒毒人员刚入所时戒断症状的治疗、戒毒人员各种疾病症状的缓解、戒毒人员情绪的处理上等。移空技术可以在心理咨询师或治疗师的指导下单独进行，也可以在团体中进行共同症状的治疗。

（五）饮食调理

吸毒相关冲动型人格障碍共病患者应当从饮食中避开某些易感因素，如咖啡因、酒精等，酒精会使大脑丧失理性思维，从而更易诱发情绪的不稳定；同时应避免进食辣椒、大蒜等辛辣、刺激性食物，因为这些食物会导致人胃部的灼烧感以及消化不良，这些食物对于吸毒相关冲动型人格障碍共病患者有害无利。同时患者可适当饮用莲子芡实粥、莲子百合粥等食物，有助于养心安神，加快恢复体力，缓解因情绪暴怒和冲动行为引发的情绪波动。养成良好的饮食习惯，保持均衡的营养，有助于患者体力和精力的恢复。

（六）家庭支持

患者在发病时常常会因为某件小事而出现暴怒和攻击行为，家庭成员要避免与患者争吵对峙，要耐心劝导患者，尤其是在能够解决个体问题的心理治疗上，家庭成员如果能够参与，效果会更好。我们在心理治疗时，有时也会邀请戒毒人员的家属参与（见图 8-2），引导戒毒人员在家属面前真诚道歉认错，帮助他们缓和与家庭的关系，从而帮助他们尽早戒毒、疾病尽早痊愈。家庭成员应积极保持与患者的良好的家庭关系与家庭氛围，对于患者不恰当的行为应进行耐心的疏导和劝解，不可盲目批评，同时帮助患者建立一些积极向上的兴趣爱好，促进疾病痊愈。

图 8-2　戒毒人员家属参与心理治疗

（七）积极运动（见图 8-4）

运动会使大脑分泌更多的内啡肽和多巴胺，有助于缓解人的不良情绪。内啡肽是身体内产生的一类内源性的具有类似吗啡作用的肽类物质，运动可以刺激内啡肽的分泌，在内腓肽的刺激下，人的身心处于轻松愉悦的状态中，内啡肽因此也被称为“快乐激素”或者“年轻激素”。内啡肽能让人感到欢愉和满足，甚至可以帮助人排遣压力和不快。内啡肽的分泌量和跑步的强度有一定关系，长时间、连续性的、中量至重量级的运动、深呼吸有助于内啡肽的分泌。多巴胺是激素中的一种，是一种神经传导物质，用来帮助细胞传送脉冲的化学物质，这种脑内分泌物主要负责大脑的情欲、感觉，帮助兴奋及开心信息的传递，中枢神经系统中多巴胺的浓度受精神因素的影响，同时多巴胺又直接影响人们的情绪。运动也可产生多巴胺，使人产生愉悦感。因此，我们经常组织戒毒人员参加运动，例如，习练太极拳（见图 8-3）等，以此促进疾病痊愈。基于此，戒毒所康复训练中心与山东体育大学开展合作，我们自编戒毒康复操，成立了跑步、健走、八段锦、太极拳、五禽戏以及各类球类运动戒毒小组，购进近红外脑功能成像仪、脑电超慢涨落分析仪、经颅磁刺激仪、脑电分析仪以及运动数字分析系统，还成立了山东省戒毒研究中心戒毒康复实验室（见图 8-4），用于检测戒毒人员运动量与脑内功能的变化情况，从而科学指导戒毒人员运动戒毒。

图 8-3　戒毒人员习练太极拳

图 8-4　山东省戒毒研究中心戒毒康复实验室

第三节　吸毒相关冲动型人格障碍共病矫治案例

一、家境破落，桀骜不驯

杨冲，男，35 岁，吸食冰毒、摇头丸、K 粉 10 年。杨冲出生在一个普通的工人家庭，家境并不富裕，父亲平时揽些私活，贴补家用。在一次私活中父亲遭遇了事故，右脚脚踝粉碎性骨折。然而，父亲并没有得到应有的赔偿，反而因此被单位辞退了。父亲失去了工作，又需要大笔的医疗费，使原本就不富裕的家庭更加拮据。要强的父亲经受不了这次打击，整日饮酒，脾气也变糟了，经常为了一些琐碎的小事与母亲争吵。没过多久，父母就离婚了，家不再让他感觉到温暖。

中学时，杨冲就读的学校离家很远，父母给他买了一辆很时髦的变速自行车，杨冲欢欣鼓舞。同学们都很羡慕他，也让他在同学面前赚足了面子，他很享受同学们羡慕的目光。那时候的杨冲就知道，只有比别人强才能赢得赞美和掌声。为了让更多的人瞧得起他，他开始笼络一些要好的同学，经常打架斗殴，他自我感觉良好，甚至很享受这种被“崇拜”的感觉。

二、参军入伍，梦想破灭

初中毕业后杨冲选择了参军。入伍后，他非常努力，体能、队列、战术、射击、反侦察等课程他都学得很好，排在新兵连前列。

他对择偶有着自己的看法：只要恋爱对象是少校以上干部的女儿，自己就可以考上军校，当上领导，以后自己的人生就一马平川了。巧舌如簧的他凭借帅气的长相与某军区司令员的女儿恋爱了，但是，他们的结合并没有得到女方家长的认可，很快女朋友和他分手了。因为此事，他精神几乎崩溃。转业后，他在一家酒店担任保卫处处长。

三、冲动疯狂，吸毒成瘾

工作后，单位有一姑娘对他比较仰慕，考虑到姑娘的哥哥是集团公司的副总，他答应了姑娘的追求。经过一段时间的“布局”，他逐渐进入了集团核心管理层，主要负责酒店暗藏赌场的管理保卫工作，每天他都有几万块钱进账。钱越来越多，他的欲望也不断膨胀，他想去好好放松玩玩。

在赌场，他接触到了毒品。为了让兴奋达到极限，体验那种迷幻的感觉，他开始试着玩 K 粉，第一次他便出现了严重的幻觉。他幻想着自己是一个金领，拥有无穷的权力、金钱、地位，他觉得自己无比强大，别人都要臣服于他。在毒品的作用下，他的脾气变得非常冲动和暴躁，动不动就会气急败坏、大发雷霆。

有了金钱和人脉后，他萌生出开一家供应摇头丸迪厅的想法。杨冲一直是个“实干家”，迪厅很快就正式营业了。一次，迪厅来了一群闹事者，双方发生了严重冲突，最终造成三人重伤，他也因聚众斗殴罪被刑事拘留。在看守所，杨冲认识了开煤矿的王总。给王总当了几年马仔后，在他的帮助下，杨冲又承包了一家煤矿，凭着投机钻营的“天分”，很快他就大赚了一笔钱。他又一次“暴富”了。他开着高档汽车，脖子上也挂上了金灿灿的项链，出入豪华酒店，身边有小弟陪伴，又一次“风光无限”。

突然的暴富让杨冲忘乎所以，他想要寻找新的刺激，就这样他又一次陷入了吸毒的深渊。

再次吸毒后，杨冲无心经营煤矿，也不管家人，情绪大起大落、反复无常。有一天，他吸毒后出现幻觉，全身脱光跑到宾馆楼顶，要跳楼自杀，惊动了公安消防，经检验，尿检结果呈阳性，杨冲被行政拘留。

四、家人报警，强制戒毒

长期吸毒后，杨冲的幻觉、迫害妄想症越来越严重，长时间处于精神高度紧张状态，并且他的精神分裂症状越来越明显，其行为也更加异常。无奈之下，家属报警将其送到戒毒所进行为期两年的强制隔离戒毒。

按照规定，戒毒人员入所时要进行严格的检查。安全检查需要看口腔、腋下等容易藏毒的地方，还要让戒毒人员裸体起蹲三次，避免肛门藏毒。裸体检查还要登记身体文身、伤疤、外伤及残疾等情况。为此，许多有严重戒断反应的戒毒人员经常在这个环节和我们的收治警察发生冲突。被要求脱光衣服时，杨冲突然情绪失控，冲着收治警察大喊大叫，拒不配合。杨冲的情绪一直处在亢奋中，时常对着窗外破口大骂，张牙舞爪。检查时他趁队长不备，突然起身用拳头打向民警，造成收治警察鼻骨骨折。

五、生理脱毒治疗

当一个人吸毒成瘾后，伴随而来的既有生理反应，也有精神依赖。在进行戒毒治疗时，及早控制生理反应与精神依赖均必不可少。

生理反应是指，在正常吸食传统毒品过程中，一旦停止吸食，身体就会出现明显反应。例如，进入戒毒所后，如果不能供应身体已经适应的鸦片、海洛因、吗啡等需要，机体就会产生严重戒断反应，如打哈欠、流眼泪、瞳孔放大、畏寒或出现寒热交替的症状，有些甚至伴有心悸、疲乏无力以及难以入眠的困扰，还会出现呕吐、腹泻、大量排汗导致机体水、电解质及酸碱平衡被打破，严重可导致心脏功能衰竭。当这些戒断症状到达顶峰时，患者甚至会感到全身骨骼、肌肉疼痛难忍，如同被虫蚁咬嚼，或出现双脚持续性抽动或全身阵发性抽动，严重时就会出现幻觉、妄想，甚至出现冲动伤人、杀人等恶性事件。当吸食新型毒品后，吸毒者为了继续获得极致欣快感，内心对毒品有种近乎疯狂的强烈渴求，这个渴求就是心理依赖或精神依赖。随着吸毒时间的增加，达到相同兴奋感的毒品的使用量会随之增加。因此，要及早进行脱毒与戒毒治疗。

杨冲进入戒毒所后戒断症状严重，所里决定让他进入单独管理室进行反省，在单独管理室他为了能出去竟然吞下了暖气把手。为此，经过商讨，我们决定首先对他实施保护性约束措施。当吸毒相关冲动型人格障碍共病的戒毒人员处于冲动状态时，首先要控制住他们的情绪，待情绪稳定后再进行其他治疗。我们对杨冲实施保护性约束措施后，又对他进行药物治疗，五分钟后他渐渐平静下来，不一会就睡着了。在药物治疗过程中，医生需要严格控制药物剂量，同时根据患者的情况，随时调整用药剂量，以保证治疗效果和用药安全。

三天后，杨冲醒了过来，醒来后的他情绪比较稳定，不再胡言乱语、狂躁不安。之后我们又对他进行经颅磁刺激以修复他的大脑神经功能，经过一个多月的精心治疗，经过考核，杨冲顺利度过了生理脱毒期。下一步就要对他进行严格的新收教育和行为养成训练。

六、行为养成训练

强制隔离戒毒为什么效果好，其中最重要的原因就是可以进行强制和隔离，所有的治疗、教育、习艺、康复都是强制执行的，吸毒者吸毒后形成的自由散漫、好逸恶劳、自私自利等行为习惯，在这里都会得到矫治。

杨冲曾经当过兵，这些训练对他来说没有任何问题，而且我们也利用他的这些优势，帮助他进行人格重塑。首先是对他进行新收教育，早上要背诵行为规范、《弟子规》，并严格要求他按照行为规范做到位。上午进行队列训练，同时让他学习太极拳、康复操等一系列训练和康复课程。在新收教育中我们严格按照军事化要求，让他学会遵守纪律，磨炼他的意志，提高他的品质，从而帮助他尽早康复。在进行新收教育的同时，我们也对他进行心理矫治，帮助他纠正性格中的缺陷，从而成功戒毒。

七、心理矫治

（一）矫正性格缺陷

矫正性格缺陷时，首先要充分分析杨冲性格中的缺陷，然后针对性地找出解决方法，从而使他冲动易怒、情绪反复无常、人际关系不良等问题得到解决。

对杨冲进行性格缺陷矫正时，第一步是和他进行深入的交流沟通，引导他发现自身性格中的缺陷，然后针对他的问题给他一些改正建议，从而帮助他修正性格缺陷。我给杨冲的修正建议主要有：(1)当自己的欲望不被满足、出现冲动念头时，立刻停下来，冷静思考 10 秒钟后再开始行动，改变立刻采取冲动偏激行为的习惯。(2)明白自己必须为自己的行为负责任，每个人都是平等的个体，自己的行为要符合法律和行为规范。(3)生活中要多一份爱心，要学会爱别人、学会换位思考。第二步是帮助杨冲分析他的冲动型人格障碍与原生家庭有无关系，他的童年是否受到别人欺负或者伤害，与父母的处事和行为方式有没有关系，帮助他厘清这些问题。第三步是要求杨冲请一位关系比较密切的戒毒人员作为监督者，一旦他出现冲动观念时，就请监督者给予警告和提示，督促其及时改正。同时要求杨冲随身携带一个橡皮圈，把橡皮圈套在手上，当出现冲动行为时，用弹橡皮圈的方式惩罚自己一次，以此来提醒自己，从而帮助自己减少冲动。

上述第三步方法是我们所里推广的“21 天改变习惯紫手环在行动”活动（见图 8-5)，这个方法，对杨冲特别受用。开始他几乎无法控制自己的冲动，我们要求，当冲动出现时，调换紫手环在另一个手腕上，或者拉橡皮圈弹打手臂作为惩罚。开始的时候，杨冲一天要几百次地调换手环，逐渐他开始调整自己的情绪，77 天后，杨冲做到了 21 天不出现情绪冲动情况，这是很了不起的进步，我们在大会上公开表扬了他，他的信心倍增，表现越来越好。

图 8-5 “21 天改变习惯紫手环在行动”活动现场

（二）挫折训练

吸毒相关冲动型人格障碍共病患者常常经历一点挫折就灰心丧气、一蹶不振，情绪就会变得不稳定，因此，对杨冲进行进行挫折训练非常重要。我们设计了一些场景，让他感受挫折带来的痛苦，通过训练让他学会如何面对打击和挫折，如何在挫折中让自己变得更优秀。

开始时，杨冲在面对我们给他设计的挫折面前表现出强烈的冲动情绪，受到批评后总有不服气的表现，我们逐渐让其适应，只要有进步立刻进行鼓励与表扬。挫折训练一个月后，杨冲对待挫折的态度发生了根本的改变，能够适应不同的打击和应激刺激，彻底改变了以往冲动易怒、经受一点打击就疯狂报复甚至冲动伤人的行为模式。

八、人格重塑

转眼间，杨冲来戒毒所已经将近一年了，在警察的关心、帮助、支持下，在规范的管理、教育和心理辅导训练后，杨冲发生了很大的变化。根据他的情况我们决定下一步对他进行人格重塑。人格重塑是指改变其冲动型人格障碍思想、心理和固有行为方式，通过一定的步骤与方法对人格进行修复或提升。塑造的“本性”不是指人的本能反应或本能欲望，而是因不同的生活环境与生活经历形成的自我暗示系统，使其形成一种更适合其发展、提高的心智模式。

根据九型人格分析，杨冲是一个对目标特别敏感的人，特别有目标感，对人、事、物的态度均以目标为主，一切行为都围绕着目标达成，为人处世侧重于对事而非对人，也可以说是注重“效果”多于“道理”。他认为的成功是或获得名誉、地位、影响力，进入高级管理层，提高工作效率，更大限度地发挥人的主观能动性。杨冲非常关注自己的成就，入所后多次找到我，提出对新收戒毒人员管理教育的建议，多次提出要作戒毒人员的班长，并承诺做好各项工作。他对达成目标后带来的鲜花和掌声，有一种过分与人比较的心态，导致他不喜欢与优于自己太多的人为伍，也不喜欢与比自己相差太远的人即他眼中的“笨人”相处，总是喜欢与那些自己努力一下就可以赶上、略胜自己一筹的人，或是通过自己帮助就能跟上奔跑步伐、略逊自己一筹的人相处。与这些人相处，他能产生不断向前冲的动力，收获更多鲜花与掌声。杨冲有一种干事创业的精神，他相信世上无难事，只怕有心人；他喜欢与人竞争，并以竞争来激励自己，借由超越他人来建立自己的优越感。他也是一个工作狂，善于操纵运作，以自我为中心，如果有一个好的军师在幕后指挥，他一定会有所作为。

根据杨冲的人格特点，从九型人格视角，可以确定其为成就型人格。从医学、心理学、精神医学视角看，杨冲吸毒后形成了冲动型人格障碍，对杨冲的人格重塑从以下几个方面展开。

（一）深度交流沟通，达成目标共识

人格重塑计划实施之前，我与杨冲进行了深入交流沟通，对他的人格优点、缺点进行全面分析，一起分析他的性格特点，分析他适合做什么、不适合做什么，分析他努力的方向在哪里等。例如，他的人格优点是有进取心、积极向上、有活力等，人格缺陷是冲动、情绪不稳定、自私等。他喜欢当领导，只注重自我的荣誉与事业发展，对跟随他的同事关注较少，导致与人合作不良。通过这次交流，杨冲找到了这些年打拼失败的根本原因，重要的是找到了前进的方向——把戒毒作为自己的第一目标。

（二）委以重任，鼓舞与激励并重

一年一度的戒毒人员民管成员换届选举开始了，借这个机会，杨冲参加了竞选演说，凭借他天生的演讲口才获得了干警和戒毒人员的信任，以高票当选新收大队民管成员兼任纪律委员，协助大队警察做好管理、纪律、安全、卫生等各项工作。杨冲将成就型人格的优势特点淋漓尽致地展现出来，他的活力感染着周围的人，他以自身的行动，激励其他人也展开行动。他孜孜不倦地协助队长开展各项活动，与其他戒毒人员深入交流沟通，帮助他们尽快熟悉、掌握各项行为规范和戒毒流程；仔细检查安全隐患，协助警察做深入细致的戒毒人员思想转化工作；协助大队训练新收戒毒人员，协助开展队列、太极拳和康复操等各项康复活动……成就型人格的人非常关注自己的成就，因此我借助各种机会，为杨冲加油鼓劲，不仅是精神鼓励，而且还有物质奖励，这对杨冲大有裨益，他觉得找到了人生的目标和方向，每天都以全新的自我为全体戒毒人员做出榜样，每天对自己提出更高的要求。大队警察和戒毒人员都看在眼里，都为他的改变点赞。

（三）增加信任，实现更大价值

新收大队戒毒人员班长解除强制隔离戒毒后，我们又委任杨冲为戒毒人员班长，派给他更重要的任务，不断强化杨冲的责任意识，促进他良好行为的养成。

同时我们也为杨冲量身定做，确定了人格重塑三个步骤，不断鼓励他一步一个脚印地彻底戒毒。第一个步骤是学。向书本学，向别人学，向实践学。身边的人都是学习的榜样，每个人都有闪光点，只要别人在哪些方面比你强，就应该学习。第二个步骤是做。制定好正确目标后就要坚定不移地去做，不仅仅是去做，而且还要做好。做和做好不一样，要对自己更加严格，逼迫自己去进步。第三个步骤是谋。做事情之前要学会谋划，提前制定相应的策略，做到心中有数。

九、感恩教育

杨冲还有三个月就要解除强制隔离戒毒了，我们都为他的新生感到高兴，他更是期待新的生活。这个时候，感恩教育对他来说很重要。对杨冲进行感恩教育是因为他冲动起来特别情绪化，对自己以外的人不太关心，仅仅因为一点小事就全盘否定别人对他的好。感恩教育可以让他学位换位思考，让他知道不感恩就没有朋友，回归社会后，要感恩国家、感恩社会、感恩家庭，感恩每一个帮助过他的人，做一个对国家、社会、家庭有用的人。

感恩教育不是空洞的教育，不是一味地批评指导，而是让杨冲知道，生活在这个社会中，我们每一个人都在享受别人通过努力和付出带给自己的幸福生活，同样，我们每一个人也应不断努力给别人带来快乐和幸福。让他知道感恩是一个人与生俱来的本性，是一个人不可磨灭的良知，也是现代社会成功人士健康性格的表现，一个连感恩都不知晓的人必定拥有一颗冷酷绝情的心，那么他做事就不可能成功。我们还给杨冲准备了感恩故事影片，并让他写出观后感，着重培养其“情商”。让他熟读《孝经》《弟子规》，增加他的亲情感。接受了感恩教育的杨冲学会了换位思考，懂得了从他人角度去思考问题，并且懂得了感恩的意义以及如何感恩。

十、潜意识戒毒

人类的本性中，有一种强烈的倾向，就是希望能将自己彻底变成想象中的样子。许多成功人士之所以能够实现他们的梦想，主要是因为他们将渴望和思想具体化、形象化，并以此进行思考，他们心里所想、行为所做都倾向成功，因而最后都成为事实。把戒毒人员的正能量发挥出来的方法，就是将戒毒成功的直觉、灵感、梦境、催眠、预知力等培植于戒毒人员的脑海中，不断地将这些信念、心智模式等向戒毒人员传播，指导或自发地让戒毒人员在行为方式上改变，这就是潜能戒毒。

开发心理潜能是我们对杨冲人格重塑的最后一个训练，为了帮助戒毒人员戒毒，所里经常邀请老师来讲解授课帮助戒毒人员开发心理潜能；从而促进他们戒毒。例如，所里邀请潜意识专家路霞老师来戒毒所授课，专门讲授大脑功能及其潜意识戒毒相关理论与实践(见图 8-6)。借此我们还形成了一套潜意识戒毒的方法，对杨冲等戒毒人员戒毒产生了积极影响。

图 8-6　潜意识专家讲授潜意识戒毒

(一)正确评价自己,找到自己潜在的戒毒能量

为什么戒毒不容易成功,这是由于吸毒者的心理态度与努力程度不同,也和他们的心智模式、环境条件有关系。但除此之外还有一个重要原因,即没有认识和开发自己的潜能——人总是各有所长,各有所短,但许多人却习惯用一个统一的标准去看待别人和衡量自己。这显然不是实事求是,必然会否认人的潜能,导致人的潜能得不到正常发挥。成功的戒毒就是要发挥自身所长,而不是用其所短。

(二)让自己保持最佳状态

当大脑处于最佳状态时,大脑的运作会更加迅速、顺畅、灵敏,并且注意力可以得到最有效的集中。如何让戒毒人员放松自己,达到最佳状态,心理学上有很多种方法,常用的有循序肌肉放松法和想象放松训练等。

我们选择对杨冲进行渐进性放松训练和冥想放松训练,帮助其大脑尽快进入最佳状态,挖掘最大戒毒潜能。

1.渐进性放松训练

渐进性放松训练对应付紧张、焦虑、不安、气愤的情绪与情境十分有用。我请杨冲到心理治疗室,对他进行渐进性放松训练,以下是我对杨冲进行渐进性放松训练的过程。

笔者:“找到一个舒服的姿势,你可以靠在沙发或者躺在上面。”(杨冲调整了姿势靠在沙发上)“现在闭上你的眼睛,深呼吸,吸气,呼气,吸气,呼气,吸气,呼气。”(杨冲按照指示闭上眼睛并做深呼吸)“好,现在听我的指令。伸出右手,握紧拳头,使劲握,就好像要握碎什么东西一样,坚持一下,再坚持一下,好,放松,现在感到手臂很放松了。然后伸出左手,握紧拳头,注意体验紧张的感觉,好,放松,再放松。现在双臂伸直,两手同时握紧拳头,握紧,再握紧,好,现在放松。”(杨冲跟随指令完成手臂的放松)“现在皱起前额部肌肉,像老人的额头一样皱起,坚持一下,好,现在放松,再放松。再一次皱起眉头,皱紧,好,放松。皱紧鼻子,好,放松。现在咬紧牙关皱起脸颊,咬紧,再咬紧,好,放松。”(杨冲跟随指令完成头部的放松)“现在耸起双肩,使肩部肌肉紧张,非常紧张,注意体会这种紧张的感觉,坚持一下,再坚持一下,好,放松,再放松。然后挺起胸部,好,放松。接着拱起背部,非常好,现在放松。然后屏住呼吸,收紧腹部肌肉,体会这种紧张的感觉,好,现在放松,完全放松。”(杨冲跟随指令完成躯干的放松)“伸出右腿,右脚向前用力,像在蹬一堵墙,用力,再用力,好,现在放松,再放松。现

在伸出左腿，左脚像在用力蹬一堵墙，用力蹬，再用力，好，现在放松，完全放松。"（杨冲跟随指令完成腿部的放松）"现在你感到很安静、很放松，非常安静、非常放松，全身都放松了，现在我从10数到1，等我数到1的时候，你就缓缓睁开眼睛。"（杨冲根据指令完成放松，并睁开眼睛）

2.冥想放松训练

冥想可以帮助杨冲学习平静思想，安抚情绪，降低大脑中对消极想法的敏感度，取而代之的是清新、舒适、愉悦的想法和事物。对杨冲进行冥想放松训练的具体过程如下。

笔者："现在请你坐到沙发上，看到桌子上的苹果了吗？现在请仔细观察它，观察它的形状、颜色、纹理脉络。现在用手触摸它的表面，然后闻闻它的气味。"（杨冲按照指示进行观察和触摸）"现在找一个舒服的姿势，放松，闭上眼睛，在头脑中想象这个苹果，想象它的形状、颜色，想象它的表面是光滑还是粗糙，想象它的气味。"（杨冲根据指示进行想象）"现在放松，再放松，你现在钻进了苹果里，里面是什么样子？"

杨冲："是脆脆的，是硬的。"

笔者："里面的颜色和外面的颜色一样吗？"

杨冲："不一样，皮儿是红色的，里面是黄色的，淡黄色的。"

笔者："好。现在你尝了一口这个苹果，它的味道是什么样的？"

杨冲："甜的，非常甜。"

笔者："非常好。现在你从苹果里面走了出来，记住刚刚在苹果里面看到的、尝到的和感觉到的一切。现在深呼吸，吸气，呼气，深呼吸5次，然后你可以缓缓睁开眼睛，这时你会感到头脑轻松。"（杨冲深呼吸5次后睁开眼睛）

（三）注入戒毒能量

对杨冲进行渐进性放松训练后，当他的大脑进入最佳状态后，通过冥想催眠等不同形式，为其注入戒毒能量，帮助他认识吸毒的危害，促使他保持积极向上的心态，增强他戒毒的信念和信心，改变他固有的认知观念，促使其行为改变，从而实现戒毒。

具体做法是：对杨冲进行渐进性放松训练后，对其实施冥想训练。然后通过生物反馈仪监测其体温、脉搏、呼吸、血压等生命体征。再通过大脑脉冲波观察他的大脑是否进入最佳状态。当进入最佳状态后，戒毒治疗师与其进行交流沟通，引导其进入交互状态，同时将戒毒的理念、信念、方法、步骤以及戒毒过程中应该注意的事项通过催眠的形式注入其大脑中。这个过程大约一个小时，催眠结束后，通过呼吸放松的方式唤醒。

(四)用目标为潜能戒毒和人格重塑指明方向

制定目标可以帮助人类获得成功，在戒毒的每一个过程、时期都制定明确的目标以及达成戒毒目标的具体方法、步骤，使每一名戒毒人员都能按照自己的期许并根据自己的具体计划实施戒毒。我们把目标具体到每一个戒毒的细节，给戒毒人员明确指明前进的方向，帮助他们彻底戒毒。

十一、虚拟现实戒毒

虚拟现实技术(Virtual Reality,VR)，是20世纪发展起来的一项全新的实用技术。虚拟现实技术囊括计算机、电子信息、仿真技术，其基本实现方式是计算机模拟虚拟环境从而给人以环境沉浸感。虚拟现实技术主要包括模拟环境、感知、自然技能和传感设备等，模拟环境是由计算机生成的、实时动态的三维立体逼真图像。感知是指理想的VR应该具有一切戒毒人员所具有的感知，除计算机图形技术生成的视觉感知外，还有听觉、触觉、力觉、运动等感知，甚至还包括嗅觉和味觉等，也称为多感知。自然技能是指计算机来处理人的动作，包括人的头部转动、手势或其他人体行为动作，对用户的输入做出实时响应，并分别反馈到用户的五官。杨冲在我们的安排下进入心理矫治中心进行虚拟现实戒毒(见图8-7)。虚拟现实戒毒主要针对冰毒滥用成瘾者设计，里面包含三个部分的视频。第一部分为“诱发”，是通过还原吸毒的场景和快感，激起戒毒人员对毒品的渴望。第二部分包含六段视频，被称为“厌恶治疗”，主要播放一些吸毒导致的疾病以及吸毒被警察抓获的视频。第三部分是“回归”，视频里有热气腾腾的早点铺子、公园里悠闲散步的人、家中煮饭的日常生活、一家人欢欢喜喜生活的镜头等。杨冲对第二部分视频很敏感，没有看完就被迫停止，他头晕眼花、呕吐不止，表示不想再体验第二次。

图 8-7 戒毒人员进行虚拟现实戒毒

实际上，虚拟现实技术用于戒毒治疗，就是基于巴甫洛夫条件反射理论，把原来吸毒的愉悦印象换一种不愉快的、痛苦的、悲惨的、恐惧的感受，使戒毒人员形成条件反射。

从杨冲进行虚拟现实体验治疗发现，他的主观症状改善明显，表现出明显的厌恶情绪和负性自我感受。从计算机数据和脑电波数据分析，他对毒品的关注度和注意力明显下降。可以说，虚拟现实技术在戒毒工作中的应用前景广阔，实践中可以不断改变应用参数，逐步增加厌恶场景和矫治内涵，不断提高戒毒人员的依从性，提升矫治效果。

经过两年的强制隔离戒毒，杨冲的冲动型人格障碍彻底得到了重塑。出所后的他不再鲁莽、冲动，而是变得儒雅、大方。回到家后，他又有了干劲，家庭和事业都蒸蒸日上。

第四节　吸毒相关冲动型人格障碍共病矫治思考

冲动型人格障碍是以阵发性情绪，如暴怒，并可出现攻击行为为主要特点的一类人格障碍。发病原因主要包括生物学因素和心理社会因素，主要临床表现为情绪极不稳定，日常生活中的小事即可诱其发作，发作时难以自我控制且不计后果。患者可有攻击行为,也可有自伤、自残、自杀等行为。由于目前尚缺乏有效的治疗手段,只能针对其出现的精神病性症状使用药物治疗,大多数冲动型人格障碍患者预后欠佳。

戒毒是吸毒相关冲动型人格障碍共病治疗的必要条件,但仅仅戒毒并不能达到人格重塑的目标。杨冲这个具体案例证实了吸毒相关冲动型人格障碍共病可以矫治,并能达到较好的治疗效果。以下是我对吸毒相关冲动型人格障碍共病矫治的一些思考。

一、药物治疗的思考

药物治疗对吸毒相关冲动型人格障碍共病的治疗有很大帮助。因为吸毒者在毒瘾发作后,冲动发作不仅会出现自伤自残,还会伤及别人,出现意想不到的后果。这个时候,仅凭戒毒警察的管理教育,往往不能奏效,提前进行药物干预是非常必要的。以往的教训也提示我们:对于冲动型人格障碍的戒毒人员提前给予药物干预对预防意外事故、保护戒毒人员和警察安全具有重要意义。

目前我们应用的药物主要是心境稳定剂,我们将治疗躁狂发作的锂盐作为首选药,它对于冲动型人格障碍的攻击行为以及暴力行为可起到减轻作用;此外,丙戊酸盐对攻击行为或暴力行为的疗效也非常好,可以与碳酸锂联用,但剂量应适量减少,应严格控制适应证,并注意观察戒毒人员的不良反应,根据病情适当增减药物。针对戒毒人员吸毒后出现的精神症状,例如精神分裂症,可以使用喹硫平、奥氮平等抗精神病药物。这类药物一是能够治疗情绪不稳定,二是能够治疗精神分裂,对躁狂发作和双相抑郁均有较好疗效,对于情绪不稳定也有较好的疗效。戒毒人员中很大一部分人有戒断症状,比如焦虑、抑郁、失眠、疼痛、紧张、恐惧等,戒毒医生可以根据戒毒者的症状给予苯二氮䓬类药物进行治疗,选择氯硝西泮、阿普唑仑、艾司唑仑、地西泮等抗焦虑药,对于戒毒人员戒断症状及冲动型人格障碍发作后所致的焦虑也有较好效果。只有较好地控制了戒毒人员的情绪和精神症状,才能进行必要的心理治疗。

二、心理治疗的思考

目前对于吸毒相关冲动型人格障碍共病患者进行心理治疗的效果并不理想,分析性治疗、认知治疗、行为治疗、家庭治疗等不同的心理疗法,都可以尝试应用。根据对杨冲所做的矫治,除了传统的药物治疗外,我们还应用了生物反馈、虚拟现实技术、潜能、人格重塑等疗法，这些治疗都收到了很好的效果，但这些治疗需要专业人员操作，因此，未来戒毒所应该在培养专业人员方面多下功夫。

三、关于九型人格的思考

将九型人格理论应用于戒毒工作可以说是我对戒毒工作的一个贡献，我将九型人格理论纳入日常的专业培训中，通过培训，戒毒警察和戒毒人员都更好地认识了自己，特别是戒毒人员能更清楚自己性格中的缺陷，能有意识地选择针对性的方法去修正自己性格中的缺陷，促进疾病痊愈。

四、移空技术在戒毒矫治中的思考

刘天君教授创立的移空技术堪称西方心理治疗技术本土化的经典，我认为这项技术在戒毒工作以及吸毒相关人格障碍共病的重塑治疗中有较大的应用价值。下面先和大家谈一下移空技术，然后再谈一下应用思考。

（一）移空技术简介

移空技术源于中国传统文化中的心理调节方法，是本土化的原创心理治疗技术。由治疗师指导患者充分运用意识的想象功能，先将需要解决的心理疾病或障碍等心身症状象征性物化，并放入想象中为其量身打造的承载物，而后想象在不同的心理距离上反复移动置放了象征物的承载物，使象征物及承载物在移动的过程中逐渐变化乃至消失，从而缓解或消除心身症状。

刘天君教授在《移空技术操作过程简述》中仔细介绍了移空技术的操作过程。[①] 移空技术的操作分为静态作业与动态作业两个阶段，共有十个操作步骤。在每个阶段之前，要先做简短的三调放松训练，引导患者进入安静状态。

静态作业过程包括调身、调息、调心三调放松，确定需要处理的问题，想象问题的象征物，想象置放象征物的承载物，画出象征物及承载物五个操作步骤。动态作业的过程包括三调放松，将象征物置放于承载物，移动置放了象征物的承载物，依象征物、承载物的变化评估疗效，画出移动后的象征物与承载物五个步骤。移空技术的全过程始终由治疗师以指令或提问的方式来引导和把握。

实际治疗时，患者需端正坐姿，伸腰直背，双手平放于膝上，双目轻合。安

① 刘天君：《移空技术操作过程简述》，《心理学进展》2015 年第 11 期。

静下来后将注意力停留在呼吸上。回想发生过的事情，体会、感受那时的心理状态和身体状况。将这些感觉想象成一块石头，想象石头的大小、重量、颜色和形状等。把石头放进木箱，然后分别检查、清洁石头与木箱，重新放置石头后将木箱加上锁。想象将放了石头的木箱放置在眼前，停顿片刻，看清楚，向正前方移动木箱1米至3米，再回到1米处，每次移动间停顿片刻，然后移回眼前。如此重复1～2次。之后在可见的范围内，向正前方以不同距离来回做3～5次移动，而后可询问患者有无最佳距离，继而再前后移动约10次，例如，由1米移至5米再移至10米，然后回返至5米，再逐步移到10米、20米（最佳距离）、30米，然后逐步回返至1米。然后将木箱移至超越能够看见的距离至无限远使木箱消失，在无限远处停留1～3分钟，体会安静、休息、无念、空。然后再从无限远处逐渐移回木箱直至眼前，仔细观察承载物外观有何变化，体会身心感受的变化。如果木箱已空、石头完全消失，表示问题已经解决。如果石头已经缩小、变形等，表示问题的规模已经削弱。如果石头完全变为其他种类，表示问题的性质已经改变。

移空技术学习熟练后，患者完全可以自行操作，做到自己面对问题、解决问题，达到自我成长的目标。

（二）移空技术在戒毒矫治中的思考

1.关于移空技术对吸毒相关冲动型人格障碍共病患者认知层面作用的思考

吸毒相关冲动型人格障碍共病的戒毒人员认知模糊，他们不知道自己的人格改变是由吸毒导致，不知道吸毒的危害；他们不懂得人的认知是由大脑产生，而冲动型人格障碍的人的行为是由人的认知、意识发出指令后才形成的；他们不知道改变人的行为需要先改变人的认知。移空技术恰恰通过移动使冲动型人格障碍的戒毒人员的认知发生微妙变化，通过“至空”和“致空”，使他们的境界和心态发生改变，从而使认知发生变化。

2.关于移空技术对吸毒相关冲动型人格障碍共病患者症状层面作用的思考

冲动型人格障碍的戒毒人员有冲动症状，包括不计后果的行为爆发，突然的自伤、自残、自杀等危及生命的行为，家庭暴力及吞噬异物行为。可以利用移空技术，将这些症状进行象征性物化，并放入想象中为其量身打造的承载物，而后想象在不同的心理距离上反复移动置放了象征物的承载物，使象征物及承载物在移动的过程中逐渐变化乃至消失，从而缓解或消除心身症状。这是一种可行的治疗方法，目的是改善患者的冲动行为。

3.关于移空技术对吸毒相关冲动型人格障碍共病患者情绪层面作用的思考

冲动型人格障碍的戒毒人员情绪问题严重。如何解决情绪问题，也是一个需要思考的问题。可以将冲动型人格障碍戒毒人员的情绪进行象征性物化，然后选择合适的承载物进行移空训练，在移空的过程中不断地将情绪化解，最后全部“移空”，达到缓解和消除消极情绪的目的。

当然，移空技术只是一种本土化心理疗法，可解决由心理疾病、生活事件引起的症状和情绪问题。对于吸毒导致的各种人格障碍的治疗，是否适合以及治疗效果如何，有待进一步实践和验证。

五、家庭治疗的思考

吸毒后容易形成冲动型人格障碍的主要有以下三部分人：一是从幼年开始人格就不是很正常，脾气很大、易冲动、经常和别人发生冲突，但没有人格障碍或精神疾病。二是吸毒前没有任何异常，只是因为吸毒才导致了冲动型人格障碍。三是吸毒前基本上就达到冲动型人格障碍的标准，吸毒后症状更加严重。家庭因素是冲动型人格障碍形成的重要因素，因此，家庭治疗是不可缺少的治疗手段之一。通过我们开展的家庭治疗的情况来看，亲情在戒毒治疗中发挥了重要作用。

第九章 “寄居蟹”的独立之路

——吸毒相关依赖型人格障碍共病案例及其矫治

你身边是否有这样的朋友，他们追求人际关系的和平，为了大家的和气宁可自己受委屈，他们不愿意看到矛盾纠纷。他们是和平的化身，他们善于倾听、冷静配合、服从领导；他们面面俱到、低调平静、乐知天命，跟他们相处你会感到放松，没有压力。但是安于现状的心理会让他们听天由命、不思进取、优柔寡断、懒惰消极，他们在生活中缺少话语权，易受人摆布。

本章案例中，陈默吸毒前为人低调平和、随遇而安，平日里做事没有主见，优柔寡断，事业上进取心不强，整日游手好闲，不善拒绝的他在一次聚会中被朋友引诱，开始吸食冰毒。此后，陈默逐渐丧失选择判断能力，他害怕人际矛盾，回避社会交往，将毒品视为唯一的精神寄托，行为愈发随波逐流，被诊断为吸毒相关依赖型人格障碍共病。那么依赖型人格障碍是什么？吸毒相关依赖型人格障碍共病应该如何矫治？本章将详细介绍。

第一节 依赖型人格障碍概述

依赖型人格障碍（dependent personality）是一种对他人及他人帮助产生强迫的、盲目的、非理性的过分渴求的心理障碍。患者往往对他人表现得过分顺从，对人际交往充满恐惧，并存在一定的社交焦虑。他们心中充满着对被拒绝、被抛弃的恐惧，所以对亲近与归属的需求在生活中不断演变扭曲。但这种混乱的情感状态与真实的感情无关。

依赖型人格障碍患者需要找到一座靠山，时刻得到别人对他的温情，甚至为了达到这个目的宁愿放弃牺牲自己。依赖型人格障碍者的这种处世方式使得他们越来越懒惰、脆弱，越来越缺乏自主性和创造性。

一、依赖型人格障碍的形成原因

（一）生物因素

有一些孩子出生时即表现出害怕、孤独和忧郁，从而得到了父母更多的关心和保护，这种关心保护让孩子的性格特质持续存在并有所发展。因此，依赖型人格障碍与生物学因素有一定关系。

（二）环境因素

依赖型人格障碍的形成不仅受到遗传因素的影响，还受到后天环境的影响，具体分为以下几个方面。

1.家庭教养方式

儿童在幼年时期需要父母的照料与保护，如果这时候父母的教育方式不妥，在家庭中形成一种“少爷”式照料和全部代办式教养，不让孩子做任何事情，就会使其逐渐产生对父母或权威的依赖心理，从而形成一种完全“无能”的行为模式，导致其极度缺乏自信，总需要依靠他人来做决定，不能负担起承担日常任务、工作的责任，最终形成依赖型人格障碍。

2.社会角色固着

依赖型人格障碍者多见于女性，研究发现，女性的依赖性是文化赋予的而非性别固有；进一步的研究还发现，如果一个人接受了社会所赋予他的依赖性社会角色，他便会有依赖性行为，甚至还可能发展成为依赖型人格障碍。[①]

（三）主观因素

在青春期，自我意识较强，有些人会意识到自己没有竞争力或没有吸引力。“自己没有竞争力”的看法会对人产生消极的影响，使人否定和怀疑自己，从而选择依赖和顺从别人，并逐渐发展为依赖型人格障碍。

（四）药物因素

对苯二氮䓬类药物依赖性的研究中发现，依赖性人格特征或障碍患者停用

---

① 刘阳杨、王娟涓：《依赖型人格障碍问题成因及对策研究》，《晋城职业技术学院学报》2019年第4期。

苯二氮䓬类药物后，戒断症状发生率高。[①]

二、依赖型人格障碍的性格特征

(一)缺乏独立性

依赖型人格障碍患者缺乏独立性，经常感到无助、无能，缺乏精力，害怕被人遗弃，将自己的需求依附于他人，过分顺从他人的意志，要求或容忍他人安排自己的生活。

(二)逃避现状

当与他人的亲密关系终结时，依赖型人格障碍患者有被毁灭的体验，并有一种将责任推给他人来对付逆境的倾向。患者对亲近和归属有过分的渴求，这种渴求是强迫的、盲目的、非理性的，与真实的情感无关。

(三)缺乏自主性

依赖型人格障碍患者只要能找到一座靠山，他们宁愿牺牲自己，只要时刻得到别人的温情就心满意足了。这种处世方式使得他们越来越懒惰、脆弱，越来越缺乏自主性和创造性。

(四)委曲求全

由于处处委曲求全，依赖型人格障碍患者会产生越来越多的压抑感，从而渐渐放弃自己的追求和爱好。

三、依赖型人格障碍的诊断

根据DSM-V的诊断标准[②]，依赖型人格障碍患者多有顺从和依附行为，过分需要被人照顾，害怕离别；发病自成年早期，前后过程多种多样。有下列五项及以上症状，即可诊断。

(1)如果没有他人大量的劝告和保证，便难以做出日常决定。

---

① K. Rickels, E. Schweizer, W. G. Case, D. J. Greenblatt, "Long-Term Therapeutic Use of Benzodiazepines, I: Effects of Abrupt Discontinuation", *Archives of General Psychiatry*, vol.47, no.10, 1990, pp.899-907; S. M. Murphy and P. Tyrer, "A Double-blind Comparison of the Effects of Gradual with Drawal of Lorazepam, Diazepam and Bromazepam in Benzodiazepine Dependence", *British Journal of Psychiatry*, vol.158, no.4, 1991, pp.511-516.

② A. M. Jaffe, H. Goller, & A. F. Friedman, "Psychology and the Law: Dependent Personality Disorder as an Affirmative Defense", *Journal of Forensic Psychology Practice*, vol.12, no.3, 2012, pp.189-210.

(2)需要他人为其生活的大部分领域承担责任。

(3)因害怕失去支持或认可而难以表达不同意见(不包括有现实依据的恐惧)。

(4)难以独自开展项目或做事(对自己的判断缺乏信心,而非缺乏做事动机)。

(5)过分努力地争取他人的照料和支持,甚至为此主动去做令自己不愉快的事情。

(6)由于过分害怕无法照顾自己而在独自一人时感到不舒服或无助。

(7)在亲密关系结束时,迫切寻求另一段关系作为关心支持的来源。

(8)不切实际地沉湎于害怕被人遗弃以致不得不自己照料自己的恐惧中。

(9)容易因批评或回绝而感到受伤害。

四、依赖型人格障碍的治疗

目前,对于依赖型人格障碍的治疗方法主要有五种:药物治疗、教育引导、认知行为疗法、习惯纠正和重建自信。其中,认知行为疗法是比较常用的方法,重建自信则可以从根本上对患者的人格进行矫正。

(一)药物治疗

对于严重的依赖型人格障碍,如焦虑抑郁情绪严重,可配合使用抗焦虑、抗抑郁药物治疗。[①] 当出现焦虑症状时,可给予苯二氮䓬类药物,比如阿普唑仑、劳拉西泮、氯硝西泮、地西泮、奥沙西泮等,也可以给予逍遥散、逍遥丸、解郁安神颗粒、朱砂安神丸等中成药配合治疗。当出现抑郁症状时,可给予三环类抗抑郁药物,如丙咪嗪、阿米替林等,治疗效果较好。当出现抑郁焦虑并存时,可给予帕罗西汀、舍曲林、氟伏沙明、西酞普兰、度洛西丁、文拉法辛等5-羟色胺去甲肾上腺素再摄取抑制剂,治疗效果更好。

(二)教育引导

依赖型人格障碍多由不恰当的抚养教育引起,因此,及时与患者父母沟通非常必要,帮助他们意识到不合理的教育方法带来的危害,让他们尝试换位思考,给子女更多自由自主的空间。

---

① 何克、刘丽君:《依赖型人格障碍的表现、形成和治疗》,《贵州师范大学学报》(自然科学版)2001年第1期。

(三)认知行为疗法

认知行为疗法是目前较常用的疗法之一,主要通过和患者的密切交流沟通,引导患者改变认知思维,继而进一步改变其行为模式。认知行为治疗主要针对抑郁症、焦虑症等心理疾病和不合理认知导致的心理问题,它的主要着眼点在患者不合理的认知问题上,通过改变患者对已、对人或对事的看法与态度来改变患者存在的心理问题。[①]

(四)习惯纠正

依赖型人格障碍患者的依赖行为已成为一种习惯,治疗应首先破除这种不良习惯。患者需要清查自己的行为中哪些是习惯性地依赖别人去做,哪些是自己做决定的,并每天进行记录。同时将这些事件按自主意识强、中等、较差分为三等,每周一小结。对自主意识强的事件,以后遇到同类情况应坚持自己做。例如,某一天患者按自己的意愿穿鲜艳衣服上班,那么以后就坚持穿鲜艳衣服上班,而不要因为别人的闲话而放弃,直到自己不再喜欢穿这类衣服为止。这些事情虽然很小,但却是改正不良习惯的突破口。对自主意识中等的事件,应提出改进的方法,并在以后的行动中逐步实施。例如,在制定工作计划时,患者听从了朋友的意见,但对这些意见并不欣赏,便应把不欣赏的理由说出来。这样,在工作计划中便掺入了患者本人的意见。随着患者自己意见的增多,他便能从听从别人的意见逐步转为完全自己做决定。对自主意识较差的事件,采取控制法逐步强化,逐步提高自主意识。控制法是指在别人要求的行为之下增加自我创造的比例。例如,患者从爱人的暗示中得知她喜欢玫瑰花,便为她买一束玫瑰花,似乎有完成任务之嫌。但这类事情的次数逐渐增多以后,患者会觉得这样做也会给自己带来快乐。如果患者能主动提出一些意见就证明他的自主意识已大为强化了。

依赖行为并不是轻易就可以消除的,一旦形成习惯,就很难戒除,即使短时间内改善了,后期也可能会不知不觉地回到老路上去。因此为防止这种现象的发生,最好是为患者找一个监督者,最好是找他最依赖的个人。

(五)重建自信

如果只是简单地消除依赖的习惯,而不从根本上找原因,那么依赖行为也可能复发。重建自信法便是从根本上对依赖行为进行矫正,具体分为以下两个

① 刘阳杨、王娟涓:《依赖型人格障碍问题成因及对策研究》,《晋城职业技术学院学报》2019 年第 4 期。

步骤。

1.消除童年不良印迹

依赖型人格障碍的人缺乏自信，自我意识十分低下，这与童年时期的不良教育在心中留下的自卑痕迹有关。面对这种情况，可以让患者回忆童年时父母、长辈、朋友对自己说过的具有不良影响的话，鼓励患者把这些话仔细整理出来，然后一条一条进行认知重构，并将这些话语转告给其亲友，让他们在患者试着做一些事情时不要指责，而是热情地鼓励、帮助。

2.重建勇气

帮助患者做一些略带冒险性的事，每周做一项，例如，独自一人到附近的风景点做短途旅行，独自一人去参加一项娱乐活动或一周规定一天“自主日”，这一日不论什么事情，绝不依赖他人。通过做这些事情，以提高患者的勇气，改变患者事事依赖他人的弱点。

第二节　吸毒相关依赖型人格障碍共病概述

根据九型人格理论，吸毒相关依赖型人格障碍共病者吸毒前大部分为和平型人格。其吸毒大多是因为别人的拉拢、煽动，而自己又没有原则立场，从而导致被动性吸毒。

一、吸毒相关依赖型人格障碍共病的表现

（一）丧失信念信心，无助无用感明显

深感自己软弱无助，总是感觉自己可怜，每当需要自己拿主意时便感到一筹莫展。

（二）独立能力明显减退

工作和生活的独立能力减退，没有从他人处得到大量的建议和保证之前，不能对日常事务做出决策。

（三）需要别人帮助做出决断

让他人为自己做大多数的重要决定，如在何处生活，该选择什么职业等。

（四）自卑退缩，优柔寡断

感觉自己毫无能力，理所当然地认为别人比自己优秀、有吸引力、能干，无

意识地倾向于以别人的看法来评价自己。

（五）讨好他人，压抑需要

过度容忍，为讨好他人甘愿做低下的或自己不愿做的事；缺乏独立性，很难单独展开计划；害怕被他人忽视，明知他人错误也随声附和，很容易因为没有得到赞许或遭到批评而受到伤害。

（六）孤独逃避，悲观失望

当亲密的关系中止时常感到无助或崩溃；独处时有不适和无助感，竭尽全力逃避孤独；经常被遭人遗弃的念头折磨。

二、吸毒相关依赖型人格障碍共病的治疗

（一）戒毒治疗

对于吸毒相关依赖型人格障碍共病的治疗首先是要进行戒毒治疗。方法不再赘述。

（二）药物治疗

吸毒相关依赖型人格障碍共病患者如果有严重的躯体症状，比如严重的抑郁、焦虑、烦躁、失眠、疼痛等，可以应用抗焦虑、抗抑郁、镇静镇痛药物。对于一些顽固病例和症状明显者，也可以服用中成药配合针灸、推拿、按摩、理疗、热疗、电疗及经颅磁等方法缓解或消除症状。

（三）认知行为疗法

认知行为治疗是一种通过改变思维和行为来改变不良认知，达到消除不良情绪和行为的一种心理治疗方法。大量临床对照研究显示，在治疗抑郁障碍、焦虑障碍及依赖型人格障碍等一系列疾病方面，发挥了较好的作用。

通常将认知行为疗法分为三个阶段来理解。第一阶段是行为疗法和认知疗法的相互独立阶段；第二个阶段是认知和行为两类疗法的整合时期，代表疗法主要有合理情绪行为疗法、认知疗法以及认知行为疗法等；第三阶段，随着多元文化、后现代主义的兴起和神经基础科学的发展，出现了正念疗法、接纳与承诺疗法、辩证行为疗法等为代表的新兴认知行为疗法，但目前尚未推广应用。所有认知行为疗法中，认知疗法因为系统架构灵活，吸收了其他认知与行为疗法中的核心技术，技术内容不断丰富和充实，是目前科学实证性最强、理论和技术最先进的疗法。

在对吸毒相关依赖型人格障碍共病患者进行认知行为治疗中，治疗师如同

一位向导，带着关于认知和行为的专业知识，来引导依赖型人格障碍的戒毒人员找到达到目标的方法，协助其了解信念和态度如何影响情绪和行为。治疗师应该积极主动地对依赖型人格障碍的戒毒人员的观点追根究底，并用温暖、同感和真诚，表达对依赖型人格障碍戒毒人员世界观的尊重。但是，仅仅具有这些良好的治疗关系并不足以达到治疗效果；治疗师还需要做到明确叙述问题、教导特定的认知和行为技巧，从而改变患者固有的认知思维，继而进一步改变患者的行为模式，达到治疗目标。

（四）改变固有习惯

吸毒相关依赖型人格障碍共病患者的依赖行为已成为一种习惯，治疗中应着重改变他们这种不良习惯。首先应该改变他们的心态和思想，帮助他们形成自主、勇敢、勤奋、积极、上进的心态，进而在这种心态的指导下做出行为，实现“我的命运我做主”。

（五）家庭支持

吸毒相关人格障碍共病的治疗是一项长期而复杂的工作，需要家庭成员共同参与。家属需改变与患者的互动方式，特别是那些习惯溺爱孩子、事事都替孩子代办的父母，需要将孩子应当承担的责任“还”给孩子，在生活的点点滴滴中教授患者独立生活的方法，鼓励患者自己的事情自己做，帮助患者重建自信，逐步引导患者独立做决定。

第三节　吸毒相关依赖型人格障碍共病矫治案例

陈默，男，29 岁，吸食麻古、冰毒 7 年。1985 年，陈默出生在一个海滨小城，有一个大他 3 岁的姐姐，因为父母工作的原因从小他就被寄养在乡下奶奶家。

一、无奈的选择

陈默从小就乖巧温顺，从来没有在外边惹过麻烦，让父母很省心，是出了名的“乖乖男”。陈默中考那年，正值姐姐高考。姐姐以优异的成绩考进了重点大学，而他却以 9 分之差落榜了。

摆在陈默面前的只有两条路：一是缴纳高额借读费进入高中复读，三年后再考大学；二是放弃求学，开始工作。姐姐四年的学费、生活费已经压得这个普通家庭喘不过气来，如果再支付陈默的借读费家庭将不堪重负。于是，父亲劝说他早日进入社会闯荡，为了不让父亲为难，陈默最后还是跟父亲妥协了，他不想再给家里增加负担了。

二、听天由命的事业与婚姻

离开校园之后，陈默一时间很茫然，不知道自己该做什么。一个亲戚建议他去摆夜市。听了亲戚的建议，陈默在亲戚的联络帮助下，找到了一个渠道购进了一批女装，开始了他的摆摊生活。由于陈默人长得高大帅气，平易近人，很好说话，久而久之，他的回头客越来越多。一个夏天过去，陈默收获了人生之中的第一桶金，虽然数额不多，但是他感到很充实，他很喜欢这种踏实的生活。在那个秋天，陈默还收获了他的爱情。

陈默原本就不是一个有野心的人，夜摊的收入还算稳定，他也习惯了这样的生活：早上睡到自然醒，到了傍晚跟女朋友一起出摊。他感觉这样的生活很充实，很满足。冬天夜市的生意并不是很好。在女友的建议下，他们在大学城附近开了一家服装店，经过半年的运营，陈默的小店渐渐地步入正轨，生意开始红火起来。2007 年秋天，陈默和女友要结婚了。结婚后，在妻子的张罗下，服装店的生意还能过得去。在商业街，陈默的人缘也很好，左邻右舍有点事，都让他去帮忙。谁家来个客人，也让陈默去陪一下，慢慢地他学会了打扑克、打麻将，大家都愿意让陈默过来一起凑个场子。

三、被动吸毒

2007 年年底的一天，陈默在朋友的软磨硬泡下，半夜随朋友来到一家 KTV，在昏黄的灯光下朋友拿出一小包晶体状的东西："陈默，让你开开眼。"旁边的一个朋友告诉他，这就是"冰"，然后他们几个驾轻就熟地吸了起来。对于吸毒，陈默还是有清醒的认识，他知道这是违法的，所以他从内心还是很排斥的。朋友再三让陈默"溜冰"，陈默都婉拒了。旁边一个朋友不高兴了："不给面子是吧？你要不玩，以后别找我们了。"陈默一时犹豫了，为了照顾朋友的面子，他只能跟着一起吸了。就这样，碍于朋友的情面，陈默迈出了吸毒的第一步。在冰毒的作用下，伴随着亢奋的音乐，他开始兴奋起来……就这样，借由冰毒带来的飘飘欲仙的感觉，陈默和朋友走得越来越近，店里的事情他开始不闻不问。

一天，陈默吸毒被当场抓获，家里人这才知道陈默吸毒的事。对于家里人来讲，这无疑是一个晴天霹雳。在家人的印象里，陈默是一个平易近人、随和的好孩子，他们无论如何也不会把陈默跟吸毒的“瘾君子”联系在一起，妻子怎么也想不到自己在外面为了这个家忙碌奔波，而陈默竟然做出这样的事情！在家人的劝说下，陈默发誓要戒掉毒品，妻子也原谅了他，事情就这样告一个段落。

后来陈默和妻子由于一直没有孩子渐渐变得疏远起来，渐渐地他对妻子失去了耐心，脾气也变得暴躁，对戒毒失去了信心。他开始觉得，只有跟那帮一起玩冰毒的朋友在一起才能真正地快乐、开心，也只有那帮朋友才能真正相信我。于是陈默又开始联系以前在一起玩的朋友，并在他们的怂恿下，开始了复吸。时间久了，陈默渐渐地支付不起高额的毒资。朋友给他出主意：“反正你也有店里的钥匙，干脆晚上趁店里关门咱去拿点钱得了。”陈默没有拒绝，半夜他们开车回到了店里，趁机把当天的营业额全部拿走了。就这样，陈默在这些“朋友”的怂恿下一步步地坠进了以贩养吸的深渊，他开始变得自暴自弃，自甘堕落，因为吸毒被拘留也不知悔改，直到被送进强制隔离戒毒所。

四、强制戒毒

初进戒毒所的陈默，看到这么多人，他突然有些无所适从和惊恐。离开了冰毒这唯一的精神寄托，他像断了线的风筝。刚进新收大队第一天，陈默配发的水杯就不见了。旁边的人跟他说：“一定是其他学员给你拿走了，告诉班长去。”“别别别，别把事儿闹大，对大家都不好，我是新来的，万一这个事情闹起来，就会被老学员孤立，千万别说。”陈默说。这事不知怎么传到班长的耳朵里，当班长找到陈默询问情况时，陈默否认道：“班长，水杯是我自己弄丢的，不怪别人，你别查了。”

新收戒毒人员刚来的时候，要进行为期一个月枯燥、严酷的军事化训练，这让在外面崇尚享乐主义的新收戒毒人员叫苦不迭。这天下午一点半，太阳晒得柳树都打了卷儿，操场上的沥青都要被晒化了。一个队里的老乡给陈默出主意：“干脆等大家出操的时候，咱俩别出去了，藏宿舍里得了，你看外面这么热。”陈默看着外面像下了火一样的天气，心里也在打退堂鼓，可是想到严明的纪律又犯了难。可是老乡这么要求，又是一个宿舍的，他实在不好拒绝。为了迎合老乡，陈默跟老乡一起留在了宿舍。当警察找到他俩时，老乡把所有的责任都推到陈默身上。“我们是老乡，我要是跟队长说了，那么老乡就要受到处分。以后低头不见抬头见，责任我就揽下来吧。”就这样，陈默替这个老乡背了黑锅，受了处分。给妻子打电话时陈默总是反复地问：“老婆，你会等我么？为什么爸妈不来看我，是不是我伤了他们的心，他们不想见我了？”陈默总是处于特别纠结的状态。

五、诊断为吸毒相关依赖型人格障碍共病

陈默吸毒后，对毒品过分依恋，长期沉迷于吸毒中，毒品成了他的唯一。进入戒毒所后，由于突然失去了毒品，陈默经常有无助感、无奈感、无能感、失落感和沮丧感，逐渐深陷于一种严重的孤独与被抛弃的担忧中，无论是习艺劳动还是学习教育均心不在焉，整日郁郁寡欢，垂头丧气，有时甚至产生轻生念头以逃避现状。陈默特别害怕与其他戒毒人员发生争论、矛盾、误会和冲突，一件无关紧要的事情，他都百般解释，生怕引起一点点的误会。陈默过分顺从其他戒毒人员的意志，甚至要求和容忍其他戒毒人员安排自己的生活。他这种性格很容易被一些居心不良的戒毒人员唆使、利用。

戒毒所对每一个戒毒人员进行诊断都很慎重，在戒毒人员入所后的不同阶段都会对他们进行各项心理测试，戒毒治疗师根据他们入所后的表现、存在的症状、体征以及各项生理心理检查结果，综合判断，得出诊断结论。根据测量结果，综合陈默的现实表现，他被确诊为吸毒相关依赖型人格障碍共病。诊断依据是：(1)初进入戒毒所时有严重的不适感和无助感，甚至接近崩溃边缘。(2)即使干警询问一些简单的问题，都很难及时回答。(3)当干警就某件简单的事征求其意见时，在没有从干警那里得到建议和保证之前，不能对日常简单事务做出决策。(4)与其他戒毒人员相处时人云亦云，没有自己的立场，甚至明知他人错误也随声附和。(5)无意识地倾向于以别人的看法来评价自己。(6)理所当然地认为其他戒毒人员比自己优秀，比自己有吸引力，比自己能干，绝大多数时间甘心担当陪衬。(7)缺乏独立性，没有戒毒计划和对自己未来的规划。(8)过度容忍，为讨好其他戒毒人员甘愿做自己不愿做的事。(9)很容易因为没有得到赞许或遭到批评而感觉到严重伤害。(10)在戒毒所有严重的不适和无助感，与家人电话或书信沟通时，流露出怕被家人遗弃的担忧。

六、人格重塑

人格重塑就是通过一定的步骤与方法对人格进行修复或提升。依赖型人格障碍的戒毒人员缺乏自信，自我意识低下，这与其过去的经历在心中留下的自卑痕迹有关。进行人格重塑之前，我们与陈默的家人取得联系，将陈默的情况和他们进行了交流沟通，并嘱咐他们，当陈默给家里打电话或写信时，尽量不要指责和批评，要多说一些鼓励、支持的话，以增加陈默的自信心。

（一）纠正依赖习惯

对陈默进行人格重塑，首先要纠正他的依赖习惯。陈默来到戒毒所后，大多时候都随波逐流。所以，当他主动做事的时候，需要及时给予鼓励赞扬。

入所后，我们要求每个戒毒人员都要制定戒毒计划，我看了陈默的计划并与其交流，观察到他欲言又止，看到他又处于犹豫状态，便让他大胆说一下自己的意见、看法。陈默承认自己的计划是依照别人写出来的，并告诉我回去将独立制定戒毒计划，踏踏实实地做好每一件事。在我的鼓励下，陈默很快写出了戒毒计划书和人格重塑方案，而且给出了自己的长远目标和每日计划。看到陈默的进步，我又在全体戒毒人员面前给予了他充分的肯定，鼓励他按照自己制定的日计划、周计划、月计划、年计划去做好每一件事。从那以后，陈默慢慢能自己做决定。

有一次，我发现陈默主动清理厕所卫生，随即就当着全体戒毒人员的面表扬了他，他很激动，不仅在公共卫生方面做得更好，教育戒治、习艺劳动、纪律规范、康复训练等各方面都有了明显的进步。

依赖行为一旦形成习惯并不是轻易就可以消除的。大队警察知道陈默的情况，他的每一个进步，大家都看在眼里，经常用眼神、语言、行动鼓励并强化他的行为，并让他坚持 21 天从而形成一个习惯，不断地改变陈默固有的心智模式。同时，一周一次回头看点评，一月一次认真讨论体会，三个月一次总结，责任警察负责对他指导监督，如此，陈默发生了很大变化。在思想认知、行为表现等各方面都有了很大提高。

（二）重建自信心

对于吸毒相关依赖型人格障碍共病的治疗，如果只是简单地改变他们依赖的习惯，而不从根本上找原因，那么依赖行为就可能复发。而重建自信便是从根本上矫正依赖的方法。

针对陈默的情况，我们制定了帮助他重建信心的矫正计划。按照计划，我们鼓励陈默在各项活动中挑最前面的位子坐，练习正视别人的意见、建议，勇于提出自己的见解并给出可行性方案，让别人服气。陈默走路速度不快，我们便鼓励他把走路的速度加快25%，提高他做事的效率。鼓励他练习当众发言，遇到快乐高兴的事情，就咧嘴大笑，怯场时，就道出真情，和大家一起分享自己的心情……在不知不觉中，陈默变得越来越自信。

（三）行为习惯养成

弗洛伊德把人分为本我、自我和超我三个部分。本我，就是一个人生出来就有追求快乐的能力，为“快乐原则”，可以认为是人的一种本能反应。自我奉行的是现实原则，带有一定的包装和面具，从现实出发，力求自己的道德行为符合规范。超我是追求完美，超道德行为。这三个“我”不是静止不变的，自我作为本我和超我的调和者，使三者处于微妙的平衡之中，而一旦超出了平衡，就会造成一些心理疾病。

如果一个人能把问题看得清楚、想得明白，就不会在思想上产生迷茫、行动上出现犹豫。如何从思想形成行动，从行动形成习惯，从习惯形成性格，戒毒治疗师和陈默一起进行了深入的分析、研究和探索，督促陈默从思想上认识，从行为上改变。陈默在性格上属于慢热型，不容易坚持，特别容易随波逐流。为此我们鼓励他参加体育运动队，每天坚持三公里跑步，既锻炼了身体，更让他形成坚韧不拔的意志品质。

七、九型人格理论应用

通过九型人格分析，陈默吸毒前属于和平型人格。和平型人格的人渴望人人能和平共处，怕引起冲突，怕得罪别人，性格温顺，与世无争。和平型人格的人在说话时，声音平和、语调委婉，很少处于激情状态，大多时候都是娓娓道来。和平型人格的人内向、被动、乐观、顺从、避免冲突，是一个和平、友善、随和、包容和忍耐的人。和平型人格的人沾染上毒品后，在毒品的催化下，有可能形成依赖型人格障碍。依赖型人格障碍一经形成，吸毒以前的中庸、随和的和平型人格特质荡然无存，取而代之的是盲从、推诿和毫无主见，并且对亲近与归属变得过分渴求。他们宁愿放弃原有的个人兴趣、价值观念甚至尊严，只要能吸毒，哪怕处处委曲求全亦乐此不疲。吸毒后形成依赖型人格障碍，吸毒是具体的变异源，吸毒前固有的人格也是影响依赖型人格障碍形成的重要因素，一旦脱离变异源就具有明显的可逆性。所以，我们在对陈默进行吸毒相关依赖型人格障碍共病矫治的过程中，就利用了和平型人格的性格特点，对陈默进行了针对性矫治，并利用团体活动提高陈默的自信心。

和平型人格的人往往不能大胆表达自己的观点，陈默在这一点上表现明显。在毒品认知讨论会上，我们引导大家用正向开放的心态谈论吸毒与戒毒问题，并以积极的心态对戒毒问题坦诚交流，鼓励大家畅所欲言。讨论会中，我鼓励陈默积极发言，积极谈谈自己的感受，在我的鼓励下他勇敢地说出了自己吸毒后的感受。通过这样的辩论会，大家都敞开心扉，都能更直观地认识到毒品对身体、精神、心理的危害。我经常创造条件，让陈默处于一个高密度、高频率、高节奏的戒毒生活中，帮助他适应并更好地生存。

为帮助陈默等吸毒相关依赖型人格障碍共病人员成功戒毒、矫正性格缺陷，我们为他们量身定做了一套行为训练计划：(1)有意识地用眼睛正视别人，不要躲避，并且学会用坚定的目光看别人。不断训练，提高心理素质，逐渐变得自信而且坚强。(2)改变走路的姿势与速度，在原来的速度上提高25%，抬头挺胸走快一点，增强自信心。(3)尽量在会议中发言，改变那种“我的意见可能没有价值，如果说出来，别人可能会觉得很愚蠢，我最好什么也不说”的想法。(4)尝试多笑，从而治愈不自信带来的不良情绪。(5)尝试进行内观疗法，冷静地观察自己内心的情况，而后毫无隐瞒地说出观察结果。把心理秘密毫不隐瞒地用言语表达出来，减少烦恼的产生。通过这些训练不断强化陈默对于自己这种积极、主动、自信的角色的认同，从而为他建立一个良好的正向循环，帮助他不断养成好习惯。

八、在团队中锻炼成长

团体游戏是我们经常开展的心理素质提升和人格矫治活动，比如戒毒人员新人欢迎会(见图9-1)、生理脱毒结束后的新生训练营团体活动。按照时间节点进行不同形式、不同主题的团体游戏，既有利于活跃大队氛围，又能够根据戒毒人员的不同性格特征进行分类戒治，效果很好。

图 9-1 戒毒人员新人欢迎会现场

团体游戏的开场一般是破冰活动，在指导老师的带领下，先进行一两个热身游戏，让戒毒人员进行心理放松，然后再进行主题团体活动。对陈默的心理训练，主要还是放在改变依赖性格方面，所以，在进行分组游戏的时候，我们特地让陈默当小组长，给他一个带领小组成员进行展示的机会，改变他以前退缩、回避、依赖的状态。开始时的确很困难，但是通过一段时间的训练，他逐渐适应了担当带领者，之后他又在心理情景剧表演中担任主角、在团队大比拼中当队长、在职业生涯规划中第一个上台分享……

九、优秀传统文化改变人生

2013 年夏天，我们开始举办优秀传统文化培训，邀请国学教育领域的老师到戒毒所给戒毒人员讲授国学传统文化课（见图 9-2）。从那次课程后，文化戒毒在戒毒方面发挥了很好的作用。

图 9-2　国学传统文化授课现场

那个时候，传统文化在社会上刚刚兴起，将传统文化引进戒毒所进行文化戒毒是一个新的尝试也引发了很大争议。当时的所长潘治胜说：戒毒是一项社会系统工程，光靠戒毒所的力量远远不够，必须引进社会专业力量与社会救助力量，所内戒毒与所外帮教相结合，让戒毒人员树立正确的人生观、道德观、价值观，不仅从身体上戒毒，更重要的要从思想上、心理上、精神上彻底戒毒。让他们感受到国家、社会、家庭没有抛弃他们，让他们感受到温暖。每次邀请传统文化讲师来所开展传统文化戒毒教育，所领导都要到现场听课，并提出意见建议，有力地推动了文化戒毒工作的开展。由我们大队发起的饭前一支歌和感恩词传承至今，已经成为戒毒所的传统。

我们把优秀传统文化作为心理戒毒的一个支撑点，邀请社会上优秀传统文化老师到戒毒所讲课，举办专业警察传统文化戒毒培训班（图 9-3 是文化戒毒公益培训后我与培训导师如平的合影）。之后，戒毒所还与相关领域专家一起创立了“中华心学戒毒法”，此戒毒方法在江浙等省份得到了较好的传播，发挥了很好的作用，在戒毒系统内部形成了一定影响。

图 9-3 培训后与如平老师合影留念

解除强制隔离戒毒后，陈默继续和妻子经营服装生意。在二人的共同努力下，他们的生意越做越大，越做越红火，连续开了好几家连锁店。他的家庭和事业都在向着好的方向发展。

第四节 吸毒相关依赖型人格障碍共病矫治思考

吸毒相关依赖型人格障碍共病患者在戒毒所并不少见，他们往往不能对日常生活中的事情独自做决定，他们竭力避免独处，如不得已独处时也会感到不舒服，感到孤独和无助。他们害怕被别人抛弃，当亲密关系终结时，感到非常绝望。有时他们明知道别人是错误的，也不敢反对，情愿做出降低自己身份的事情，以赢得别人喜欢。鉴于他们没主见、随波逐流的特点，通常情况下戒毒和人格重塑很难保持长期效果。

一、关于心理治疗的思考

对于依赖型人格障碍戒毒人员的戒毒治疗和人格矫治，效果比较好的还是心理治疗中的认知行为疗法。

认知行为疗法应用到戒毒工作中，开始只是按照理论指导去实践，发现具体效果不是很理想，我们分析原因主要是认知分析流于形式，只是单纯给戒毒人员讲一些毒品危害的课程，并没有进行深入探讨，因此戒毒效果并不理想。

之后，我们开始坐下来认真研讨，针对每一名依赖型人格障碍戒毒人员制定具体的矫治方案，然后进行有针对性的专业治疗。

认知行为治疗的第一步是认知分析，戒毒治疗师要与戒毒人员形成良好的交流沟通，共同探索研究毒品对人体躯体、精神、心理的危害，使戒毒人员对毒品的成瘾机理和对毒品的危害认识到位，然后再从行为上不断强化，帮助他们做到彻底戒毒。认知改变后，行为才能改变。我们把工作精细化，做到行为改变具体化：一是与戒毒人员共同制定行为改变时间表、行为改变任务清单，按照计划逐项按时完成。二是开展行为展示活动，对同期依赖型人格障碍戒毒人员的戒治效果按照计划进行成果展示，请领导、警察和其他戒毒人员共同参与，给予优秀人员鼓励和支持。三是成立戒毒人员同伴互助组，定期开展活动，鼓励他们相互提出优点和不足，达到共同提高的目的。同时，针对认知行为疗法中存在的问题，我们与山东师范大学心理学院成立心理戒毒实验室，引进内观、冥想疗法，增强戒毒人员的戒治动机，提高戒毒成效。

二、关于后续照管的思考

戒毒人员在强制隔离戒毒所中，通过规范化的生理脱毒、心理戒毒、康复训练及各种戒治活动，两年时间基本上能达到预期戒毒效果。但回归社会后，各种诱惑又摆在他们面前，对戒毒人员形成巨大考验，因此，对他们的后续照管非常重要。

（一）建立后续照管指导站

根据国家的统一要求，应对解除强制隔离的戒毒人员实行后续照管。近年来戒毒所与各地市建立密切沟通协作机制，成立戒毒人员后续照管工作指导站，由戒毒所专业警察定期到指导站对出所戒毒人员进行专业帮扶指导、跟踪随访以及提供力所能及的帮助（见图 9-4）。目前，山东省鲁中强制隔离戒毒所共建设指导站 6 个，先后投入 300 多万，购置必要的医疗、心理、康复设备，专业警察深入指导站、社区、家庭进行后续帮扶，对预防出所戒毒人员复吸、保持自律起到了积极作用。

图 9-4　戒毒治疗师到后续照管指导站对出所戒毒人员进行帮扶

(二)建立密切沟通随访机制

目前，戒毒所已经建立戒毒所专业警察与出所戒毒人员及其亲属密切沟通机制，通过微信、电话、抖音等方式，对出所戒毒人员进行全方位的指导与帮扶。通过几年的实践，有效提升了戒毒效果。通过实际调研，戒毒人员离开戒毒所三年后仍有 78%的人能保持自律。

(三)邀请社会知名人士来所帮戒

戒毒工作是一项社会系统工程，光靠所内的力量远远不够，需要社会的广泛参与。为提高戒毒成效，我们聘请爱心人士担任戒毒形象大使，邀请广场舞老师王广成来所现场指导戒毒人员进行康复训练，还多次邀请社会知名人士到戒毒所帮助戒毒人员戒毒，发挥了很好的社会帮教作用。

(四)戒毒所专业警察到社会进行禁毒、戒毒宣传

要做好戒毒工作，必须从源头上禁毒。这些年，在各级领导的支持与帮助下，戒毒系统广大专业工作者走向社会，组织了禁毒戒毒骑行团、宣讲团，走进社区、农村、企业及大中专院校、中小学等地进行禁毒、戒毒宣传，扩大了司法行政系统戒毒的影响力，有力地推动和促进了禁毒、戒毒工作的开展。

(五)选派专业警察到基层开展帮扶工作

这些年，司法行政戒毒系统邀请社会各界人士到戒毒所开展各项戒治活动的同时，也选派优秀警察到基层开展帮扶工作，先后选派几百人次到相关司法局进行刑法一体化工作，选派优秀党员到不同地市县区开展党群教育活动，选派优秀干部到地方担任第一书记，选派专业警察到派驻点进行专业化指导培

训。笔者这些年也经常受邀到山东司法警官职业学院、地市司法局及兄弟所进行心理学和戒毒专业培训(见图 9-5、图 9-6),发挥了专业特长,扩大了司法行政戒毒系统在社会上的影响力。

图 9-5　笔者在山东司法警官职业学院警衔培训中授课

图 9-6　笔者对社区戒毒、社区康复人员进行团体心理培训

三、关于借助社会专业力量进行戒毒矫治的思考

(一)寻求社会专业力量的帮助

鉴于戒毒所专业人才短缺的现状,我们与社会专业机构形成合作共建单位,共同为戒毒事业做贡献。

山东省戒毒管理局与山东社会科学院、山东大学、山东农业大学、山东师范大学、山东中医药大学、山东体育学院等单位共同成立了山东省戒毒研究中心，借助社会专业力量对戒毒人员进行专业戒治。如与山东中医药大学在生理脱毒期开展中医扶正祛毒疗法研究；与山东师范大学艺术团开展联合帮教合作；与山东体育学院共同建立运动戒毒实验室，开展运动戒毒研究；与山东大学合作，进行大数据分析，进行戒毒指标量化研究。与社会科研机构、大学合作对戒毒专业化建设提供了有力的保障；等等。

（二）建立“治疗联盟”

戒毒工作是世界难题，仅凭司法行政戒毒系统很难进行有效突破。笔者在这方面有以下思考。

1.进行专业攻关课题研究

根据戒毒专业工作需要，整合社会专业人员和戒毒所专业人员形成课题组进行攻关，设立医疗、心理、康复、社会科学等专业戒毒课题，由相关科研单位牵头成立专业戒毒科研课题组，向国家、省市科研机构申报项目，争取资金和各方面支持，充分发挥专业力量和现代化治疗设施的作用，为戒毒工作服务。

2.建立并发挥“治疗联盟”作用

在戒毒所成立“治疗联盟”，由戒毒所根据戒毒人员吸食毒品种类的不同，将戒毒人员分成不同的治疗小组，比如人格重塑组、中医中药组、内观戒毒组等，形成不同的“治疗联盟”，分组开展戒治活动，在保障安全的前提下，内外结合，相互协助，共同攻关，努力完成既定目标任务，实现戒毒工作的专业突破。

四、关于家庭治疗的思考

家庭的教育方式对人格形成具有较大的影响，形成依赖型人格障碍的戒毒人员，其家庭因素关系重大，因此进行家庭治疗显得尤为重要。在戒毒所开展家庭治疗存在一定的局限性，但我们可以从以下几个方面去开展家庭治疗。

（一）发挥现代化通信设施的作用

根据戒毒所实际情况，在保障安全的情况下，建立戒毒人员与家庭主要成员密切交流沟通的渠道。通过现代化通信工具，比如微信、抖音、视频等进行必要的家庭治疗。

（二）戒毒开放日活动

在保障安全的情况下，可以考虑开展开放性戒毒工作，比如开展戒毒开放日，开设戒毒人员家属学校，定期或不定期邀请戒毒人员亲属到戒毒所参加家庭治疗或者各项戒治活动等(见图 9-7)。这些活动对戒毒人员能够产生积极影响。

图 9-7　戒毒人员家属到戒毒所参加家庭治疗

五、关于文化戒毒的思考

戒毒是世界性难题，是一项复杂性工程。实践证明，戒毒并不是简单的生理脱毒，心理戒毒才是戒毒的根本，彻底戒除毒瘾需要多方面共同努力。

(一)山东省戒毒系统开展传统文化戒毒的实践

从 2009 年承担强制隔离戒毒和戒毒康复职能以来，山东省司法行政戒毒系统综合运用医疗、心疗、工疗、体疗、食疗等戒治方法的同时，依托国学、齐鲁文化的优势，充分发挥传统文化在戒毒工作中的“化疗”功能，丰富和完善山东戒毒模式，讲好山东戒毒故事，进一步提升提高科学戒治水平。

1.推陈出新，挖掘传统文化内涵

山东省戒毒管理局制定《关于健全“国学・齐鲁文化入心工程”长效机制的意见》，全省戒毒系统全面实施“国学・齐鲁文化入心工程”，同时成立传统文化戒毒课题组，加强对“国学・齐鲁文化入心工程”的理论研究，特别是将国学、齐鲁文化引入戒毒所，以创新思维、系统思维、长效思维谋划实施“国学・齐鲁文化入心工程”。

2.突出特色，精心营造文化氛围

山东省鲁中强制隔离戒毒所创设场所文化氛围，建成由 47 块宣传栏构成的齐鲁文化长廊。九个戒毒大队分别以“二十四孝”等不同主题制作宿舍文化墙，床头上悬挂警察寄语，使戒毒人员生活在传统文化的氛围中，不断学习和思考，持续接受文化熏陶。

3.言传身教，影响带动戒毒人员

2013 年以来，山东省鲁中强制隔离戒毒所选派多名警察参加传统文化培训班、传统文化论坛、传统文化交流大会，戒毒警察言传身教，影响带动戒毒人员学习传统文化，提升了戒毒教育系统戒毒矫治的能力。

山东省戒毒管理局开展传统文化教育以来，戒毒人员遵规守纪，文明礼节意识增强，戒毒人员间相互谦让，场所矫治秩序明显好转。通过传统文化进场所活动的开展，探索出新形势下强制隔离戒毒教育矫治工作的新模式，为山东戒毒系统打造了一张亮丽的“文化名片”。

在戒毒人员中开展优秀传统文化教育，引导戒毒人员深刻解剖自己，反省自己，将自己从“失魂落魄”的状态中解救出来，重新连接上中华优秀传统文化这个根深叶茂的文化基因，从而立志做一个有道德的人。

（二）戒毒场所引进优秀传统文化的思考

1.宣传、推广中华优秀传统文化

通过孝道、感恩、善乐、中医养生等中华优秀传统文化的感染，戒毒人员浮躁的心会沉静下来，反求诸己，立改立行。戒毒场所在宣传推广中华优秀传统文化时，要在长期性、系统性、后续性跟踪教育等方面加大力度，对戒毒人员给予持续的关心与帮助，不仅要巩固“所内戒断率”，还要尽力延长“保持自律的时间”，做好所内外教育的有效衔接。

2.宣传推广中华优秀传统文化，努力创造自己的特色

山东作为优秀传统文化戒毒推广省份，形成了独特的文化戒毒模式，形成了品牌效应，吸引了越来越多的人加入学习研修、做志愿者的活动中，产生了较好的社会影响。戒毒所在推广中华优秀传统文化戒毒做法的同时，也要注重学习其他省份的成功做法，结合戒毒所的教育特点与戒毒人员的心理特征，设计行之有效的教育模式。

后　记

2012年7月16日是我难忘的日子。因为这一天，我从司法行政系统医生岗位正式调入戒毒所工作。从原来医院的业务院长，变成了一名戒毒所新收大队大队长；从原来的一名医院执业医师，成了一名戒毒所警察、专业戒毒工作者，一位名副其实的戒毒治疗师。这对我来说，是事业的一个转变，更是人生的一大考验。

在医院时，每天门诊看病，病房查房，接触的对象都是病人。进入这个全新的领域，每天接触的是强制隔离戒毒人员。这些人大多在20～50岁，吸毒后由家庭的顶梁柱一下子变成了家庭的罪人、累赘和祸害。吸食毒品后，他们在不知不觉中发生了根本性的变化，与吸毒前判若两人。原本勤奋、善良、上进、孝顺的一个人，吸毒后变成了冷酷、残忍、没有亲情、没有道德的人。这就是我们所说的吸毒后的人格障碍。组织上把我调到戒毒所工作，就是因为我是一个专业医生，同时也是一名心理治疗师。之所以任命我为新收大队大队长，就是因为在新收时期戒毒人员毒瘾易发作，戒断症状明显，需要专业人员进行处理。另外一个原因是所里将新收大队作为试点，希望探索出一条强制隔离戒毒的新路子，为下一步开展科学戒毒做出示范。

人性就是这样，每当遇到需要医治和救助的人，那种善良、责任和普度众生的念头就出来了。在这个岗位上不知不觉中已经度过了10个年头，其中的酸甜苦辣只有自己知道。不过这一切都是值得的，多少个家庭因为我们的努力而获得了新生，再辛苦也值得，更要坚定地走下去。

这些年，我一直想把自己做的事情写下来，为从事戒毒工作的同仁们提供有益的帮助和借鉴，至少给他们提供一些经验或者教训，让同志们少走一些弯路。几经周折、几经更改，终于定下本书的基本框架。历时三年的时间才完成本书的写作，总算是对得起自己的初心，没有辜负这些年来各级领导和同志们对我的殷切期望。

写这本书，大部分是在工作之余完成的。非常感激我的家人，因为他们的理解、支持和不断的鼓励，才让我在即将退休的时间里完成了这项光荣的使命。

山东师范大学心理学院的研究生郑金超、王一如、韩萌、杨舒其、徐淏苒、刘霈瑶、宁尚豪对本书的编写做出了重要贡献，他们帮助查阅了大量的中英文资料，对文稿进行了部分修改和校对，在此表示衷心感谢。

本书顺利出版，非常感谢山东省司法厅原副厅长（现任山东省司法厅一级巡视员）齐延安同志，他担任山东省司法厅副厅长兼任戒毒局党委书记、局长期间，在专业戒毒工作上给予我大力支持和帮助。初稿完成后，齐厅长又在百忙之中看完全部书稿，提出了宝贵的意见建议，真诚地感谢、感恩齐厅长。

感谢山东大学出版社尹凤桐副社长，因山东大学出版社出版"当代中国戒毒创新研究"系列丛书相识，尹社长在出版工作中认真负责、精益求精、严谨细致的工作作风给我留下了深刻的印象，在本书的审核修改过程中提出了宝贵的意见建议，特此致谢。

感谢山东大学出版社编辑刘晓燕老师，对本书认真编辑、修改、核对，付出了辛勤劳动，她对工作兢兢业业、任劳任怨、精益求精的精神值得我学习。

山东省司法厅戒毒矫治处毕于乾处长对本书内容及照片进行了全面审核并提出了宝贵的意见建议，在此表示衷心感谢。

感谢山东省鲁中强制隔离戒毒所所长、党委书记、二级警务专员金兴会同志对专业戒毒工作的高度重视和大力支持，在警力特别紧张的情况下成立了戒毒医疗、心理矫治、教育矫正、康复训练、诊断评估五大中心，挑选优秀警察从事专业戒毒工作，充分发挥了专业戒毒警察生力军作用。

感谢我的老领导，山东省鲁中强制隔离戒毒所原所长潘治胜同志，感谢他在担任戒毒所所长期间对我的关心关爱。没有领导的支持和帮助，那些开拓性的戒毒工作就无法开展。

感谢山东省鲁中强制隔离戒毒所教育矫正中心主任科员苗军同志、山东省鲁中强制隔离戒毒所政策研究室郝庆福主任，他们提供了大量的真实照片作为本书插图，才让本书图文并茂，更加亲切、接地气、贴近现实戒毒生活。

山东省鲁中强制隔离戒毒所三大队教导员石磊同志，他以读者身份通篇阅读了全书，并对书稿内容进行了全面的校对和修改，特此致谢。

感谢王昌义先生，他是我的好友，也是我的一位老领导，本书写作过程中，他不断给予鼓励、支持，发挥了很大作用。初稿完成后，他又对文稿进行修改、校对，从1000多张照片中筛选出几十幅照片作为插图。在此，对王昌义先生的辛勤付出表示衷心感谢。

非常感谢这些年来一起奋斗的战友和同事，我们一起度过了无数个难以忘怀的日日夜夜，共同克服了数不清的艰难险阻，把一个个几乎病入膏肓的吸毒者从死亡的边缘救了回来。这本书，凝聚了你们的智慧和辛勤付出，感谢你们！感恩你们！祝福你们！

非常感谢书中真实案例戒毒人员的真诚分享，他们也是戒毒工作的直接受益者。正因为有党和国家对戒毒人员的关心厚爱、戒毒治疗师对戒毒工作的无私奉献，才使无数个吸毒者家庭恢复了欢笑。祝福我们的国家繁荣昌盛！愿天下无疾，人民安康！

作　者

2022年11月